双元网络赋能视角下
新兴市场企业创新的实证研究

高照军　著

北京出版集团
北京出版社

图书在版编目（CIP）数据

双元网络赋能视角下新兴市场企业创新的实证研究 /
高照军著 . — 北京：北京出版社,2023.12
　ISBN 978-7-200-17120-4

　Ⅰ. ①双… Ⅱ. ①高… Ⅲ. ①制造工业－企业创新－
研究－江苏 Ⅳ. ① F426.4

中国版本图书馆 CIP 数据核字（2022）第 055230 号

双元网络赋能视角下新兴市场企业创新的实证研究
SHUANGYUAN WANGLUO FUNENG SHIJIAO XIA XINXING SHICHANG QIYE CHUANGXIN DE SHIZHENG YANJIU

高照军　著

出　　版　北京出版集团
　　　　　北京出版社
地　　址　北京北三环中路 6 号
邮　　编　100120
网　　址　www.bph.com.cn
总 发 行　北京出版集团
经　　销　新华书店
印　　刷　三河市天润建兴印务有限公司
开　　本　787 毫米 ×1092 毫米　16 开本
印　　张　15
字　　数　284 千字
版印次　2023 年 12 月第 1 版　2023 年 12 月第 1 次印刷
书　　号　ISBN 978-7-200-17120-4
定　　价　68.00 元
质量监督电话　010-58572697,58572393
如有印装质量问题，由本社负责调换

什么是企业双元网络？企业间网络联结是一种超网络结构，成为制造业实现高质量发展的重要途径。企业集团内部网络与外部网络、社会网络与知识网络等构成了典型的双元网络。数字经济背景下，双元网络对企业创新绩效的影响日益突出，正在促进组织跨边界学习。本书试图揭示双元网络对创新的赋能机制，探究其推动制造业高质量发展的路径与机制。首先，进行了规范分析，运用社会网络、企业创新等理论提出了双元网络对企业创新赋能的理论框架。其次，展开了双元网络系统的实证分析。最后，提出了促进制造业高质量发展的政策建议。

江苏省制造业亟须实现高质量发展。本书以制造业为例，从开放式创新视角探讨了双元网络背景下产业融合推动制造业高质量发展的路径。首先，以企业集团为对象讨论了企业内外部双元网络对创新的赋能过程。其次，以中小企业为对象探讨了社会网络与知识网络赋能创新的过程。再次，从不同层次阐述了组织跨边界学习及对双元网络赋能的启示。从宏观制度理论视角探讨了企业内外部制度耦合对创新行为的影响机制；从中观行业层次讨论了开放式创新对技术标准竞争的影响；从企业层面分析了二次创新等影响创新绩效的内部机理与情境因素。最后，基于以上组织跨边界学习特点，分析了双元网络赋能企业的启示，并提出了双元网络赋能企业创新的理论框架，阐述了通过双元网络赋能企业创新实现江苏省制造业高质量发展的政策建议。

高照军（常州大学）

目 录

第1章　绪论

1.1　研究背景与目的

在经济全球化的当今世界，创新对国家和地区的经济发展显得尤为重要；对于企业，创新已成为出奇制胜的法宝。经营环境的巨大变化更使得创新成为企业生存和发展的关键。它表现在社会经济生活的方方面面，如科技创新成为经济增长的重要动力；"知识"和"人才"成为推动经济增长的首要因素；创新成为产业结构调整的首要因素；科技竞争迫使企业不断创新。作为新兴市场国家的中国，先后建立了多个国家级高新技术产业开发区，极大地促进了企业创新和经济发展。有关高新区的研究层出不穷，对高新企业的创新活动进行了系统的讨论，揭示了在新兴市场中企业如何开展创新活动（周维颖，2004；刘瑞明等，2015）[1, 2]。可见，创新是衡量个人、民族、国家、社会生存和竞争能力的试金石，也是国家、地区乃至每个企业发展推动力（董静, 2003）[3]。新兴市场中的企业创新具有自身特征。在企业类型上，企业集团与中小企业是引起学者们广泛关注的两类企业。在创新过程上，组织学习通常成为企业获取外部资源、不断开展创新活动的重要途径。在创新情境上，网络链接组织结构提供了不可忽视的环境，也为企业开展组织学习，传递与分享知识提供了条件。那么，从网络视角对上述典型企业系统地开展组织学习与企业创新的相关研究，具有一定的理论意义与实践启示。

双元网络为企业提供了组织学习的重要途径。在知识经济时代，知识是企业最有价值的战略性资源，核心知识已经取代资本和能源成为企业创造并保持竞争优势的重要资产，因此，通过企业网络提升组织学习能力，已成为重要的研究课题。企业要想获得满意的绩效，有必要从影响企业绩效的各种因素入手，其中组织学习就是重要的因素之一。组织学习受到企业网络的影响，随着经济全球化和信息技术的飞速发展，企业所赖以生存的环境正发生急剧的变化，以前那种稳定的商业环境已经被以"变化"为特征的动态环境所取代。这种动态性特征可以分为市场环境的动态性、技术环境的动态性以及信息环境的动态性。处在剧烈变动的环境中，组织学习才是组织必要的生存条件，对组织而言，比竞争对手更快更有效地进行组织学习，是应对当前快速变化的环境及维持竞争优势的最佳利器。企业之所以能够在竞争中生存下来并取得巨大的成功，其中一个重要的原因就是企业能够识别、评估和发掘市场机会（Hitt，2000）[4]。企业能够迅速扩大市场份额并提高企业绩效，取决于企业在竞争中通过不断学习所积累的一种特质，这种特质突出表现为企业拥有知识的差异性，被称为企业的异质性，企业竞争优势就来源于企业的异质性。企业凭借拥有的知识，可以发挥杠杆的作用，从而识别市场机会，实现技术差异化，实施更有效的生产过程等（Meyer 等，2009）[5]。因此，组织学习理论可以回答在激烈竞争的环境中，有些企业更富于创新性、善于识别和发掘市场机会，而有些企业则不能。只有那些组织学习能力强的企业才会保持持续的竞争优势。组织在学习过程中的信息获取、信息传播、分享解释和组织记忆能力，并由此保证组织发展新知识和洞察力的能力，目的是改善组织的行为能力，进而提高组织的获利能力。如果没有组织学习能力，企业就会依赖于现有的知识，产生路径锁定行为，变成一个问题解决导向的组织，而非一个富有创新能力的组织，更谈不上核心竞争能力。这样，企业仅仅因为环境的变化被动解决那些出现的问题，在迅速变化的环境条件下，很难有好的绩效表现。相反，那些具有较强组织学习能力的企业则能够主动识别市场机会，并且将这些市场机会付诸行动，在这一过程中能够创造出新的知识，从而在竞争中更富效率。

双元网络塑造着组织学习能力，促进了创新绩效的提高。组织学习能力充分体现在组织的学习过程之中。组织学习能力可以体现在信息获取能力、信息传播能力、知识创造能力、知识分享和记忆能力等。学习过程的控制是保证学习结果的必要因素。企业也可以从与其他企业或非企业组织（如顾客、供方、分销商、咨询机构甚至是竞争对手）那里获取信息和知识，提高学习能力。古拉蒂（Gulati，1999）[6] 曾指出，学习是企业建立和参与企业网络重要原因之一。获取网络资源，增强企业学习能力和竞争优势是企业参与网络组织的主要目的。

企业与企业之间、企业与其他组织之间的合作，特别是知识型企业或非企业组织之间的合作将有利于知识的研究、交流和共享，并可以加快隐性知识的显性化、外部知识的内部化。显然，在研究组织学习的问题时，绝不能忽视组织网络关系在组织学习中的重要作用。事实上，随着竞争日益激烈加上环境变化的复杂性，组织间的网络关系对组织的作用也日益增强，忽略组织间相互学习的研究，是不能全面揭示组织学习相关问题的。

双元网络中的组织学习具有自身的特点，也具有多种表现形式。例如，在双元网络情境下，企业可以通过国际化、技术标准与战略联盟、跨边界学习与跨界搜索等企业行为或者组织形式，进行开放式创新活动，从而获得外部资源，塑造市场竞争优势。首先，双元网络有助于新兴市场企业通过国际化进行开放式创新，获取国际先进的管理理念与思想，为企业创新积累知识与机会。国际化过程中的开放式创新在企业获取竞争优势过程中显得越来越重要。新兴市场环境下的企业经营环境更加复杂，面临着更为激烈的市场竞争。同时，新兴市场企业的战略选择也具有多样化，例如企业通过国际化过程实现组织学习与知识更新，这个过程中企业的创新行为更具有开放性，即开放式创新变得尤为普遍。采取开放式创新的企业，面临着国际与国内两个市场的竞争，两种资源的获取。吴航等（2016）[7]讨论了中国企业在国际搜索与本地搜索之间的抉择，结合组织双元与外部知识搜索理论，从平衡维度和联合维度检验了外部搜索对创新绩效的积极影响，并指出创新复杂性与产业竞争压力具有正向调节作用。

其次，技术标准也在双元网络结构中得到快速发展，为企业创新提供了新的平台与优势。知识产权比知识本身重要，技术标准比技术本身重要。知识产权是知识价值的权力化、资本化；技术标准是技术成果的规范化、标准化（宋明顺等，2009）[8]。信息时代的来临以及经济全球化的发展，标准竞争成为获得比较优势，也是跨国公司实施价值链治理的关键工具（文嫱，2007）[9]。"赢家通吃"（All-or-nothing）是竞争市场中企业参与技术标准竞争的法则。因此标准竞争成为学术界的研究热点。技术的非兼容来自网络外部性，即顾客对市场规模的期望决定了他们对产品的边际价值，市场竞争价值法则从而决定了企业的生存与发展，而价值与创新密切相连。国外学者很早开始关注技术标准问题。企业的市场竞争通常具有网络扩散效应（De Maeijer等,2017）[10]。国内学者吴洁等提出，开放式创新与技术标准竞争力密切相关，企业获取资源并转移知识的过程表现为动态性（吴洁等，2017）[11]。制度环境下的制度合法性决定着高新企业的创新绩效与国际化过程，内外部制度合法性具有不同的影响机制，开放式创新同样从一定程度上决定着企业技术标准竞争。然而，目前研究尚缺乏针对技术标准竞争的系统研究。学术界与企业实践都提供了开放式创新与技术标准相互作用机理的经验证据。例如，李冬梅等（2017）[12]探讨了技术标准开发前技术发起者的网络模式对标准联盟及主导设计的影响过程，研究发现这种影响取决于网络关系强度及标准联盟所处的不同阶段。集群网络的研究表明高新企业通过技术标准许可定价方式为集群创新提供了推动力（魏津瑜等，2017）[13]。因此，以开放性创新为视角探究国际企业的技术标准制定具有重要的理论与实践意义。

最后，对于新兴市场中的企业的转型升级，产业链的攀升等，双元网络都发挥着不可替代的作用。学者们普遍认同的是企业创新离不开与大量外部企业的合作，这种开放性同时伴随着竞争性，适当保护创新成果的商业化过程有时候是必需的（Laursen等,2014）[14]。在这种创新与价值创造过程中，企业需要不断打破组织边界，与外部组织建立合作关系，包括正式与非正式的获得创新资源的方式（阳银娟等,2015）[15]。较具有知识与经验的企业更倾向于发挥自身优势，吸收转化外部资源，选择内向型模式。因此培养吸收能力，增强知识积累至关重要。当面对国际化竞争时，企业应该采取权变的创新方式，选择不同阶段最为适宜的模式。国际化初期，内向型模式有利于创新绩效，而国际化后期，外向型不失为组织学习的重要形式，同样有助于创新绩效的提高。开放式创新模式之间，即外向型与内向型学习之间的冲突。吕迪伟等提出开放式创新具有特定模式，不同模式研究对于开放式创新理论构建作用各异（吕迪伟等，2017）[16]。对于国际化企业而言，这种作用机制更为复杂。另外，企业也在利用多种路径完成跨组织边界的学习，其中跨国技术联盟获取先进的知识与管理经验，便是重要的途径之一。

综上所述，双元网络为企业创新活动所获取的知识等资源，创造了有利的条件，塑造了企业创新相关的各项能力，也为企业创新提供了多种途径。

1.2 研究方法与研究路线

1.2.1 研究内容

针对新兴市场中的代表性企业，以双元网络赋能为视角，阐述了双元网络对企业创新的赋能过程。在理论规范分析的基础之上，提出了双元网络赋能的崭新理论框架，并对未来研究进行了展望。

一、研究对象

本书的研究对象是新兴市场国家中的企业，包括较具代表性的企业集团、中小企业。为增加样本的广泛性和代表性，我们的研究对象不仅包括被广为关注的上市公司，而且包含了有代表性的国家高新区内的创新企业。在研究企业国际化与创新的关系时，本书选择自由贸易区性质的高新区作为数据的收集来源。

二、总体框架与具体内容

双元网络赋能视角下新兴市场企业创新是一个复杂的、系统性的研究问题，不仅涉及对双元网络的类型、结构与作用机理等的讨论，还包含了新兴市场中较为典型的企业，例如企业集团、中小企业等的具体分析。通过规范分析，确定本书的理论框架并围绕研究问题提出相关的研究假设，在此基础之上展开实证分析对假设进行检验，进而根据研究结果提出相关的政策措施与建议。

本书总体框架见图1.2-1，具体内容：

首先，阐述了双元网络的内涵及对企业创新的赋能过程，并围绕新兴市场中的代表性企业的双元网络展开了讨论，详细探讨了企业集团为代表的企业内部与外部网络，以及中小企业为代表的社会网络与知识网络。

其次，系统地阐述了双元网络赋能企业创新的内部机理及外部情境。一方面，以企业集团为代表的典型双元网络为研究对象，讨论了外部政治关联与内部网络对企业创新的赋能过程。另一方面，以中小企业为代表的典型双元网络为研究对象，探究了社会网络与知识网络对企业创新的赋能过程。在比较分析的基础之上，揭示双元网络对企业创新的赋能机制。

再次，深入研究了双元网络情境中的组织跨边界学习。鉴于双元网络对组织学习的独特影响，本书从三个维度阐述了组织跨边界学习对企业创新的影响机理，即宏观制度环境、中观产业环境与微观企业的不同维度。希望以此揭示组织学习与双元网络之间对创新绩效的共同影响机理。

最后，讨论了双元网络对新兴市场企业转型升级的积极影响。围绕现实企业与双元网络紧密相连的企业行为以及双元网络的具体表现形式，包括技术标准与产业链等，详尽地阐述了新兴市场企业在上述情境下构建网络链接，促进转型升级的过程，并进一步阐述了其理论贡献与实践启示。

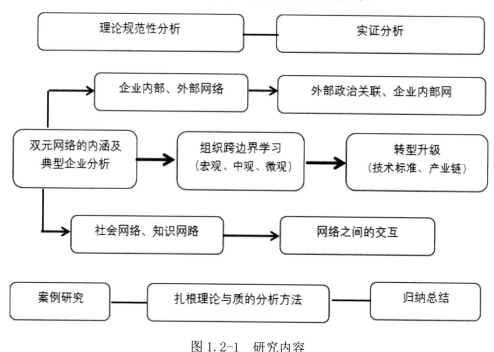

图 1.2-1　研究内容

1.2.2 研究方法

一、基本思路

本书遵循"现状调查—理论探索—实践应用"逻辑，研究思路如图 1.2-2。

二、具体研究方法

1. 文献研究。收集代表性的企业集团、中小企业创新、社会网络与知识网络的国内外文献，运用 Citespace5.5、CMA2.0 开展文献计量及 Meta 分析，构建集团公司内外部双元网络、中小企业之间社会网络与知识网络双元网络下创新绩效提升的理论框架。

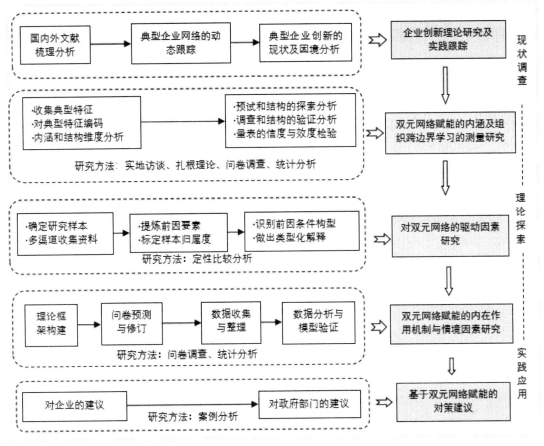

图 1.2-2　研究思路

2. 实地访谈与扎根理论。在中小企业聚集区域，杭州滨江高新区、南京江宁高新区选取 30 家企业开展访谈，运用 Nvivo12.0 对访谈数据编码，明确双元网络以及跨网络边界学习内涵与结构维度。

3. 定性比较分析。在南京江宁高新区选取 50 家企业，收集数据运用 fsQCA 软件对数据进行校准，开展真值表分析识别出对企业内外部双元网络、中小企业社会网络与知识网络双元网络共同提升创新绩效的前因条件构型。

4. 问卷调查与统计分析。A. 在明确双元网络以及组织跨边界学习的内涵与结构维度基础上，编制初始调查问卷，在长三角地区（上海、南京、杭州）完成 200 家企业问卷调查，开展探索性与验证性因子分析、信度与效度检验开发问卷量表；B. 在长三角（上海、南京、杭州）、珠三角（广州、深圳）、京津冀完成 100 家企业集团、300 家中小企业创新的问卷调查，运用 SPSS25.0、LISREL10.0 开展回归分析、结构方程建模，实证检验企业内外部双元网络、中小企业之间社会网络与知识网络双元网络，影响创新绩效的内在作用、情境因素。

　　5. 案例分析。将在长三角地区（上海、南京、杭州）选择研究对象，原因在于该地区企业创新网络较为普遍。通过对企业集团如何综合运用企业内外部网络、中小企业如何管理社会网络与知识网络以提升创新绩效的比较分析，理论提炼实践中的经验，揭示双元网络赋能创新的规律，并提出相关对策建议。

1.2.3 研究的技术路线

　　综上所述，本书的技术路线图如图 1.2-3 所示。

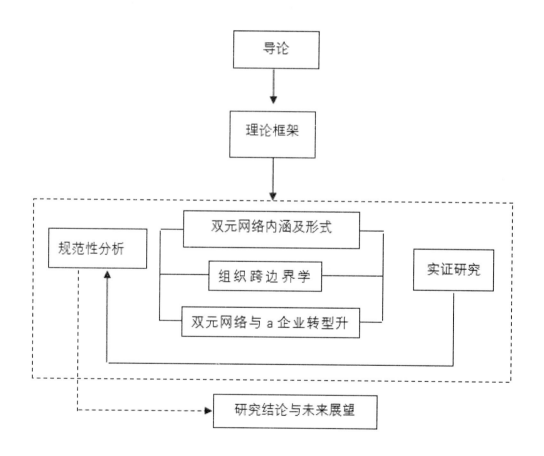

图 1.2-3　技术路线图

1.3 主要创新点

一、学术思想方面的特色和创新

对于双元网络，以往研究缺乏较为深入的理论探究，也缺乏组织跨边界学习的全面衡量，忽略了内外部网络对集团公司、社会网络与知识网络对中小企业创新的赋能机制。本书认为，由内外部网络、社会网络与知识网络交织而成的双元网络结构情境是企业跨边界学习的突出特征，双元网络实现了对企业创新的赋能作用，应当充分利用双元网络赋能机制克服企业创新的瓶颈。

二、学术观点方面的特色和创新

第一，对于双元网络，本书讨论了企业集团内外部网络、中小企业社会网络与知识网络所构成的双元网络结构，并阐述了两类代表性的双元网络对企业创新的赋能机制。研究结论拓展了社会网络与知识网络之间的理论边界，也丰富了网络链接组织的相关理论。

第二，对于跨网络边界学习的测量，现有研究缺乏跨网络边界情境的全面衡量，本书基此对跨网络边界学习量表进行设计开发，为后续开展相关实证研究提供测量工具。

第三，现有研究多关注双元网络创新赋能对创新绩效影响的后果变量，本书从双元网络赋能的驱动因素出发，探究了影响集团公司内外部双元网络、中小企业之间社会网络与知识网络双元网络的驱动因素，丰富了前因变量研究。

第四，在跨企业边界阶段，社会网络嵌入实现了跨组织边界、知识网络嵌入实现了跨知识边界，进而在超网络结构下跨越网络边界，既有研究割裂了跨企业边界与跨网络边界的学习过程，本书综合考察跨企业边界与跨网络边界之间的关系，深刻揭示双元网络赋能机制。

第五，双元网络对创新的赋能机制既依赖于外部环境的信息来提供丰裕知识，也需要组织开放性沟通氛围以吸收知识，这一分析将有助于厘清交互赋能机制发挥影响的边界条件。

三、研究方法方面的特色和创新

运用定性比较分析（QCA）方法，其综合了定性研究特点与定量研究优势，就决定社会网络与知识网络之间交互的前因变量开展真值表分析，以识别前因条件构型。此外，以往研究以单一维度衡量跨网络边界学习，本书采用量表开发方法结合跨企业边界学习与跨网络边界学习的情境，从多维度全面衡量组织跨边界学习，相比以往研究更有特色和创新价值。

本章小结

首先，分析了研究背景与目的，聚焦于新兴市场中的代表性企业所形成的双元网络，论述了研究双元网络创新赋能的理论价值与实践意义。其次，介绍了本书所采用的主要研究方法与研究路线。最后，阐述了本书的主要创新点。

本章参考文献

[1] 周维颖. 新产业区演进的经济分析 [M]. 上海：复旦大学出版社，2004.

[2] 刘瑞明，赵仁杰. 国家高新区推动了地区经济发展吗？——基于双重差分方法的验证 [J]. 管理世界，2015, (8)：30-38.

[3] 董静. 企业创新的制度研究 [D]. 上海：复旦大学管理学院，2003, 38.

[4] Hitt M A, Dacin M T, Levitas E, et al. Partner selection in emerging and developed market contexts: Resource-based and organizational learning perspectives[J]. Academy of Management Journal, 2000, 43(3)：449-467.

[5] Meyer K, Estrin S, Bhaumik S, et al. Institutions, resources, and entry strategies in emerging economies[J]. Strategic Management Journal, 2009, 30(1)：61-80.

[6] Gulati R. Network location and learning: The influence of network resources and firm capabilities on alliance formation[J]. Strategic management journal, 1999, 20(5)：397-420.

[7] 吴航，陈劲. 国际搜索与本地搜索的抉择——企业外部知识搜索双元的创新效应研究 [J]. 科学学与科学技术管理，2016, 37(9)：102-113.

[8] 宋明顺，赵志强，张勇等. 基于知识产权与标准化的贸易技术壁垒——"国际贸易技术壁垒与标准化问题"研讨会综述 [J]. 经济研究，2009, (3)：155-158.

[9] 文嫒. 技术标准中专利分布影响下的价值链治理模式研究——以移动通信产业为例 [J]. 中国工业经济，2007, (4)：119-127.

[10] De Maeijer E, Van Hout T, Weggeman M, Post G. Studying Open Innovation Collaboration Between the High-tech Industry and Science with Linguistic Ethnography-battling over the Status of Knowledge in a Setting of Distrust[J]. Journal of Innovation Management, 2017, 4(4), 8-31.

[11] 吴洁，彭星星，盛永祥等. 基于动态控制模型的产学研知识转移合作博弈研究 [J]. 中国管理科学，2017, 25(3)：190-196.

[12] 李冬梅，宋志红．网络模式、标准联盟与主导设计的产生 [J]．科学学研究，2017, 35(3)：428-437.

[13] 魏津瑜，刘月，南广友等．基于技术标准的高技术产业集群创新绩效与定价模式研究 [J]．科学管理研究, 2017, 35(1)：51-54.

[14] Laursen K, Salter A J. The paradox of openness: Appropriability, external search and collaboration[J]. Research Policy, 2014, 43(5)：867-878.

[15] 阳银娟，陈劲．开放式创新中市场导向对创新绩效的影响研究 [J]．科研管理，2015, 36(3)：103-110.

[16] 吕迪伟，蓝海林，曾萍．基于类型学视角的开放式创新研究进展评析 [J]．科学学研究, 2017, 35(1)：25-33.

第2章 双元网络与企业创新

2.1 内部网络与外部网络

2.1.1 企业集团子公司内部网络

企业集团在新兴市场中的普遍存在的网络可以从多个角度加以阐述。其中，新兴市场中的制度缺失便是一个很好的研究视角。因为创新并非完全自发产生，制度上的安排将对创新的发生产生影响。制度理论对组织的研究，通常强调特定的组织如何形成、发展，从而具有"合法性"（Radaelli 等，2017；Sherer，2017）[1,2]。制度合法性是影响企业绩效的重要因素（李宏贵等，2017）[3]，学者多关注不同国家制度距离对国际化企业的影响（Liou 等，2016）[4]，对制度合法性的探讨尚处于起步阶段，相关研究较少。人类社会的活动不可能游离于制度之外，科斯和诺斯为代表的新制度经济学推动制度成为经济学的重要研究对象，并且对制度的起源变迁和作用机制进行了认真探讨。以诺斯为代表的新制度理论认为技术进步不是经济增长的原因，再先进的设备和技术，如果存在于低效的制度环境中，也将无法高效率地贡献于经济增长。任何企业创新都是在特定的制度环境中进行的活动，创新的成败是包括制度因素在内的多重因素综合作用的结果，在很大程度上依赖于一定的制度安排。结合转型经济背景下后发企业的技术追赶，魏江等提出了"制度性市场"的概念，识别了包含并进式、采购式等四种学习模式，并解构了制度型市场与技术不连续性交互驱动技术追赶的机理（魏江等，2016）[5]。制度合法性反映了制度环境对企业行为的影响机制，具有三个维度：模拟合法性、强制合法性与规范合法性（Chung 等，2016）[6]。刘洋等在制度理论与知识基础观理论基础上，探讨了转型经济的后发企业在创新能力追赶过程中的研发网络边界、地理与知识边界拓展（刘洋等，

2015）[7]。企业集团的母公司与子公司构成了自身独特的网络结构，随着母子公司不断地向企业外部建立自己的网络链接，从而形成了企业外部网络。可见，企业内部网络与外部网络便是一种极具特色的双元网络结构，探讨这种双元网络如何对企业集团子公司的创新活动进行赋能，成为亟待解决的学术问题，具有重要的理论意义与实践启示。

2.1.2 企业集团外部网络

首先，企业集团子公司之间存在着一定形式的网络链接，在企业集团内部形成了特定的网络组织结构。连锁董事是一种较为普遍的网络链接形式，在企业集团内部对企业创新等发挥着不可替代的作用。从社会网络视角探究连锁董事网络的创新赋能机制，具有一定的理论价值与实践意义。社会网络对企业行为与绩效的影响不容忽视。作为组织间重要的一种形式社会网络可以传递创新活动的积极效应。连锁董事作为社会资本成为企业获得竞争优势的重要方式。本书讨论连锁董事网络成员的创新行为，以及对企业绩效的影响机制。

其次，企业集团通过构建外部网络，例如政治关联等获取企业外部资源，形成了企业外部网络。企业高管的政治联系便是一种重要的社会网络资源。公司存在政治关联是全球一个普遍现象，企业家在不成熟的市场环境和低层次的法律保障体系中参与政治的可能性大大增加。作为新兴市场国家的中国，其市场转型中出现的国有和民营企业对政治关联的需求有着极大的差异，并且会根据外部制度环境做出调整。高管对企业越有控制力，越会强化这种"理性选择"。

可见，企业内部网络与外部网络构成了双元网络，为企业集团以及其子公司获得了市场竞争优势。新兴市场国家中的企业集团是普遍现象，在转型经济中发挥着重要作用。中国企业集团对国家工业产出贡献巨大，有龙头带动效应，对产业结构与转型升级有极大促进作用。另外，双元网络在为企业积累资源的同时还积极地推动企业国际化。国际化是企业集团参与世界竞争的重要途径，从近年来国家级高新区的建设便可见一斑。企业集团通过国际化过程提高创新能力，促进区域性创新，有利于创新驱动战略的实施。但是国际化程度对创新绩效有何影响？企业集团又有何不同？这些问题并没有得到很好的回答。技术创新是产业进化的基本动力，推动着中国产业结构优化和经济转型升级。

2.2　社会网络与知识网络

双元网络还表现在社会网络与知识网络构成的创新网络之中，对于中小企业较为普遍。创新网络是一种超网络结构，既包含了社会网络也包含着知识网络。社会网络与知识网络对企业创新具有交互赋能机制，表现出双元网络对创新绩效赋能的优势。

社会网络与知识网络在中小企业集聚中较为普遍，两者相互作用对企业创新产生着影响（池仁勇，2007）[8]。探究这种网络交互有助于深入理解创新网络的形成与演化过程以及对创新绩效的作用机理。如果从相对独立的视角看来，社会网络嵌入视角分析了网络关系、网络结构等对企业绩效的具体作用机制；知识网络嵌入视角则更注重于显性知识间的联结及对企业绩效的效应机理。然而，两类典型的异质性网络构成的创新网络以及在组织学习过程的内部作用机理还未得到充分阐述，更缺乏外部情境因素的厘清与分析。与知识网络相比，围绕社会网络与企业创新之间关系的研究较为常见，普遍认为社会网络已成为企业间获取资源、传递知识等重要的途径，构建高质量的社会网络的企业更能够取得成功（胡新华等，2020）[9]。以往研究表明社会网络在团队学习与团队绩效关系间发挥着重要影响（臧祺超等，2020）[10]，知识网络中的知识流动效率也影响着创新尤其是协同创新（苏加福等，2020）[11]，知识交流深度与知识交流广度的匹配从一定程度上决定着知识网络交流效率（吕鸿江等，2018）[12]。社会网络与知识网络的研究都强调了组织学习相关概念的重要性，指出了高度的学习导向能够促进企业的外部知识获取（江旭，2015）[13]。

2.3　双元网络对创新赋能机制

以社会网络与知识网络构成的双元网络为例，本书重点关注了双元网络对创新的交互赋能。社会网络是由特殊类型社会关系组成的网络，知识网络是由知识连接彼此交错形成的网络（Granovetter，1973）[14]，针对两者交互赋能的研究有如下主题：

2.3.1 交互赋能的内涵

交互赋能的概念来源于社会网络与知识网络对企业创新的协同影响（Cui 等，2018；钟竞等，2008）[15, 16]。对其内涵的研究有如下路径：一是基于双重网络嵌入性，探讨社会网络或知识网络的双重嵌入，大多得出了促进创新或创业绩效的结论（魏江等，2014；郑成华等，2017）[17, 18]，也有学者基此提出了交互创新并探讨了网络交互策略、网络交互能力等（Wang 等，2014）[19]；二是从跨边界学习视角阐述交互赋能过程，指出创新网络是包含社会网络与知识网络的超网络结构，组织学习表现出从跨企业边界到跨网络边界的动态过程。总体看来，交互赋能的研究已取得一定进展，强调了从跨企业边界到跨网络边界的组织学习过程，但社会网络与知识网络构成的超网络结构，使得跨网络边界学习的测量成了一个研究难题，也赋予了交互赋能崭新的内涵。

2.3.2 对社会网络与知识网络交互的驱动因素

学者们从制度环境、组织和网络嵌入性三个层次对驱动因素进行了剖析。在制度环境层面上，制度缺失促使企业网络成为介于市场与企业之间的组织形式，是一种非正式制度安排，制度理论基此探究了正式制度安排（权力授予关系、市场交换关系）与之相应的互补机制（王欢等，2012）[20]。在组织层次上，以内部创新为组织学习导向的企业注重跨知识边界，外部客户导向的企业注重跨组织边界，两者存在着重叠（车密等，2018）[21]。在网络嵌入性层次上，社会网络嵌入使企业跨越了组织边界，知识网络嵌入使企业跨越了知识边界，两者存在着交织互补（Langley 等，2013；康青松，2015）[22, 23]。总体看来，针对驱动因素的研究取得了一定进展，但缺乏对多层次驱动因素直接及间接影响的整合探究，不利于理解社会网络与知识网络对创新的交互赋能过程。

2.3.3 交互赋能对创新绩效的影响

呈现了如下三条路径：一是交互赋能对创新绩效影响的直接影响效应，学者们指出网络具有明显的互动特征，不同网络互动嵌入生成新的网络优势，而交互效应强调通过系统间的相互关系而产生的结构性效应和协同效应（何会涛等，2018）[24]；二是对交互赋能的中介机制研究，探讨了跨网络边界学习、整合以及吸收能力的中介效应，并区分了跨网络组织边界、跨网络知识边界；三是针对交互赋能影响创新绩效的情境因素，主要包括外部环境与组织层次。环境冗余度反映了外部资源丰裕以及资源获取难易程度（查颖冬等，2017）[25]；当开放性沟通氛围较好时，组织学习能够更有效地提升创新绩效。总体看来，以往研究取得了一定进展，但是跨边界学习视角下的交互赋能内在作用机理尚未明晰，情境因素仍需拓展，跨边界条件仍不清晰。

本章小结

首先，讨论了双元网络的内涵以及两类代表性双元网络对企业创新的赋能过程。其次，分析了两类代表性的双元网络对企业创新可能存在的赋能过程，即以企业集团为例探讨了企业内部网络与外部网络构成的双元网络，以中小企业为例探究了社会网络与知识网络所构成的双元网络，以便为后续详细讨论双元网络创新赋能奠定基础。

本章参考文献

[1] Radaelli G, Currie G, Frattini F, et al. The Role of Managers in Enacting Two-Step Institutional Work for Radical Innovation in Professional Organizations[J]. Journal of Product Innovation Management, 2017, 34(4): 450-470.

[2] Sherer P D. When is it time to stop doing the same old thing? How institutional and organizational entrepreneurs changed Major League Baseball[J]. Jouranl of Business Venturing, 2017, 32(4): 355-370.

[3] 李宏贵，谢蕊. 多重制度逻辑下企业技术创新的合法性机制 [J]. 科技管理研究, 2017, (3): 15-21.

[4] Liou R S, Chao M C, Ellstrand A. Unpacking Institutional Distance: Addressing Human Capital Development and Emerging-Market Firms' Ownership Strategy in an Advanced Economy[J]. Thunderbird International Business Review, 2016, 59(3): 281-295.

[5] 魏江，潘秋玥，王诗翔. 制度型市场与技术追赶 [J]. 中国工业经济, 2016, 9: 93-108.

[6] Chung J Y, Berger B K, DeCoster J. Developing Measurement Scales of Organizational and Issue Legitimacy: A Case of Direct-to-Consumer Advertising in the Pharmaceutical Industry[J]. Journal of Business Ethics, 2016, 137(2): 405-413.

[7] 刘洋，应瑛，魏江等. 研发网络边界拓展、知识基与创新追赶 [J]. 科学学研究, 2015, 33(6): 915-923.

[8] 池仁勇. 区域中小企业创新网络的结点联结及其效率评价研究 [J]. 管理世界, 2007, (1): 105-112.

[9] 胡新华，喻毅，韩炜. 谁更能构建高质量的社会网络？——创业者先行经验影响社会网络构建的作用研究 [J]. 研究与发展管理, 2020, 32(5): 126-138.

[10] 臧祺超，曹洲涛，陈春花. 团队社会网络的研究热点与前沿的可视化分析 [J]. 科学学与科学技术管理, 2020, (5): 54-68.

[11] 苏加福，杨涛，胡森森．基于 UWN 的协同创新知识网络知识流动效率测度 [J]．科研管理，2020，(8)：248-257.

[12] 吕鸿江，程明，吴利华．知识交流深度与广度的匹配对知识网络交流效率的影响：基于整体知识网络结构特征的分析 [J]．管理工程学报，2018，(1)：84-92.

[13] 江旭．基于社会网络视角的学习导向与企业外部知识获取研究 [J]．管理评论，2015，(8)：141-149.

[14] Granovetter M S. The Strength of Weak Connection[J]. American Journal of SocioLogy，1973，78：1360-1380.

[15] Cui V，Yang H，Vertinsky I. Attacking Your Partners：Strategic Alliances and Competition Between Partners in Product Markets[J]. Strategic Management Journal，2018，39(12)：3116-3139.

[16] 钟竞，吴泗宗，张波．高技术企业跨边界学习的案例研究 [J]．科学学研究，2008，(3)：578-583.

[17] 魏江，徐蕾．知识网络双重嵌入、知识整合与集群企业创新能力 [J]．管理科学学报，2014，17(2)：34-47.

[18] 郑成华，罗福周，韩言虎．创新集群知识网络环境系统构成及实证分析 [J]．管理世界，2017，(11)：182-183.

[19] Wang C，Rodan S，Fruin M，et al. Knowledge Networks，Collaboration Networks，and Exploratory Innovation[J]. Academy of Management Journal，2014，57(2)：454-514.

[20] 王欢，汤谷良．"借道"MBO：路径创新还是制度缺失？基于双汇 MBO 的探索性案例研究 [J]．管理世界，2012，(4)：125-137.

[21] 车密，江旭，高山行．学习导向、联盟管理实践采用与联盟管理能力 [J]．科学学研究，2018，(2)：313-323.

[22] Langley A，Smallman C，Tsoukas H，et al. Process Studies of Change in Organization and Management：Unveiling Temporality，Activity and Flow[J]. Academy of Management Journal，2013，56(1)：1-13.

[23] 康青松. 组织学习导向、知识转移和吸收能力对国际企业绩效的影响研究 [J]. 管理学报, 2015, (1): 53-60.

[24] 何会涛, 袁勇志. 海外人才创业双重网络嵌入及其交互对创业绩效的影响研究 [J]. 管理学报, 2018, 15(1): 66-73.

[25] 查颖冬, 梅强, 顾桂芳. 环境冗余度对中小企业自主创新能力的影响研究: 以创新开放度为中介变量 [J]. 现代经济探讨, 2017, (11): 86-92.

第3章 内外部网络对企业集团子公司的创新赋能

3.1 外部政治关联与创新绩效

3.1.1 理论基础与研究假设

资源理论认为企业获得竞争优势的关键在于资源与能力的异质性（Vandaie 等，2014）[1]。Barney 认为，公司通过实行竞争对手无法实现、创造价值的战略，获得比较优势（Barney，1991）[2]。社会网络学者 Granovetter 提出了社会嵌入性的概念（Granovetter，1973）[3]。现实中的个人、团队和公司运用社会网络得到其想要获取的资源（Moran，2005；Walter 等，2007）[4,5]。与资源理论相比，社会资本指的是蕴含于个人、组织、网络和社会中的关系，而这些关系能够提供现实和潜在的资源（Nahapiet，1998）[6]。社会资本是影响公司绩效和行为的重要因素。研究证明社会资本能够促进公司的有效性。Ahuja 认为拥有社会资本的个体可以获得某种优势（Ahuja，2000）[7]。社会网络作为社会资本的重要形式之一，为其他提供了众多优势。例如，处于网络中心度的高科技新创企业通常能够获得显著的竞争优势（董保宝，2013）[8]。企业之间，企业与政府之间的网络链接都是获得资源的重要形式，给企业带来更多机会（Li 等，2014）[9]。社会网络甚至可以帮助地震中遭受重创的企业利用社会资本，迅速整合资源，恢复经营活动（Olcott 等，2014）[10]。从微观企业经营到宏观社会治理，都呈现出网络化治理形态。当代社会治理突破了传统的线性模式，表现为网络化、多样化、自组织的特征（范如国，2014）[11]。

企业高管的政治联系便是一种重要的社会网络资源。Khwaja 等发现，有政治关联的公司与没有政治关联的公司相比，获得了两倍多的大额贷款，而且这些贷款的违约率超过 50%（Khwaja 等，2005）[12]。Faccio 认为公司存在政治关联是全球一个普遍现象（Faccis，2006）[13]。以中国为背景的研究方面，Li 等说明企业家在不成熟的市场环境和低层次的法律保障体系中参与政治的可能性大大增加（Li 等，2006）[14]。国内学者吴文锋等发现，高管的地方政府背景对公司价值的正面影响要大于中央政府背景的影响（吴文锋等，2009）[15]。

企业所处的制度环境是公司治理研究不可或缺的因素，传统的研究忽略了治理结构背后的制度环境（杜莹等，2002）[16]。公司在适应所处的环境中，总是根据特定的制度环境，趋利避害。因此，公司治理结构在很大程度上内生于公司所处的制度环境。国内外学者们普遍认为，了解制度环境如何影响治理结构是公司治理研究的基础（Williamson，2000；夏立军等，2005）[17,18]。Boubakri 等、Leuz 等对多个国家或特定国家中上市公司的政治关联做了针对性的研究（Boubakri 等，2008；Leuz 等，2006）[19,20]。作为新兴市场国家的中国，政治关联更是吸引了大量学者的注意。

综观以往的研究，很少有研究将企业外部制度环境和内部治理因素结合起来探讨企业寻找政治资源的机制。因此，本书试图做出以下探讨，我们提出一个内外部结合的研究视角，讨论了外部制度环境、内部股权集中度与政治联系之间的作用机理。首先，从外部制度环境方面，我们探讨了制度发展程度与企业高管建立政治联系动机的关系。在此基础之上，我们比较了国有和民营企业在不同环境下对政治资源的不同需求，以及两者寻求政治资源的差异。最后，我们从公司治理角度探讨了国有和民营两类企业的股权集中度对以上因素的调节作用，并阐述了国有和民营企业股权集中度对其作用机制的不同。

一、制度发展程度与政治关联

制度因素和市场化进程是影响政治关联的非常重要的一个因素，一直是学者们关注的热点。Fan 等考察了中国地方政府控制的上市公司建立金字塔式组织结构的原因和后果（Fan 等，2007）[21]。他们发现，在财政赤字越少、失业率越低、政府更具有长期目标以及市场化进程越快、法治水平越高的地区，地方政府控制的公司与其最终控制人之间的层级越多。主要原因在于法律对国有股权转让的限制，而层级数的增加是国有股权转让受到限制时的一种替代性分权方式。

新兴市场国家制度环境特殊性使得政治关联更具研究意义。但政治关联的相关研究发现其对企业经营的影响不一。张平等关于创业板的研究发现，创业企业政治管理对企业创新能力有显著的负向影响（张平等，2014）[22]。田利辉等提出了社会负效应、产权保护效应和政府偏袒效应三大假说，并实证检验了政治关联有助于我国上市公司的长期绩效（田利辉等，2013）[23]。徐业坤等以上市民营企业为对象，研究了政治不确定性对企业投资的影响，发现面临政治不确定性时，企业投资支出会明显下降，政治关联企业受到的影响更大（徐业坤等，2014）[24]。

我们认为制度发展程度与政治关联之间有着内在机理。首先，在政府干预市场越少的地区，政府由 "干预型" 向 "服务型" 的功能转型可能越快，因而越倾向于和企业保持适当的距离，并且政府官员从企业中获得不当私利的机会也会越少。这表明，随着市场的发展，企业的政治关联的重要性会逐渐减弱。其次，与国有企业保持政治关联的目的之一，在于实现社会就业。而在制度发展到一定程度后，出现了许多非国有经济发展程度越高的地区，非国有经济提供的就业机会也越多，从而地方政府通过控制国有企业实现就业目标的动机也越弱。这也导致政府与企业建立政治关联动机减弱。另外，在中介机构发育和法律执行越好的地区，政府官员从企业中获得不当私利受到的约束可能越强，地方政府对企业放松控制后也可以更有效地利用中介和法律系统对国有企业经理实施监督，使得通过政治关联获利的投机行为丧失了必要的基础。

因此，制度发展程度越高，企业越有可能通过公平竞争的途径获得资源，建立政治关联的激励和获得的回报自然要下降。也就是说，在制度发展程度较高的地区，企业对政治关联的需求要小得多。正是因为市场的发展和成熟，资源分配可以通过市场机制完成，政治关联的重要性便下降。我们有如下假设：

假设 1：上市公司所处地区的制度发展与公司建立政治关联的可能性负相关。

二、企业所有制

我们认为国有和民营企业在获得政治资源过程中有着不同的动机和路径。国有企业来讲，企业是由政府控制的，地方政府控制企业的程度可能会影响上市公司的治理结构，而这一程度又与当地的制度发展水平相关。对于国有企业来说，制度发展水平越高，国有企业面临的竞争越强，这一方面使得经营和维持国有企业所需的成本越大，从而减轻地方政府控制国有企业的动机；另一方面，国有企业往往依赖其政治关联带来的潜在收益，在市场中获得竞争优势，一定程度上加强了国有企业寻求政治关联。所以，在获取政治资源过程的后期，国有企业的动机会逐渐下降。国有企业与生俱来的政治背景和政府基因，很容易获得政府的资源和支持，这也使得其寻求政治资源的动机降低。基于上述分析，我们认为，制度发展水平与国有企业建立政治关联的可能性之间存在一个倒U形曲线的关系。

大量研究提供了政治关联影响民营企业行为的证据，转型时期对中国的影响更不能够忽视（Claessens等，2008）[25]。民营企业而言，由于政府掌握着相当一部分资源，而资源总是有限的，这就使得企业有了为争夺有限资源而与政府建立特殊联系的动机。尤其是制度发展不完善情况下，国家对资源的限制，例如特定行业的准入等，使得民营企业有为自身利益与政府建立关系的充分理由。但是，如果外部制度环境发展成熟，较低的交易成本和完善的市场环境使得民营企业通过多种途径参与竞争，使得民营企业通过建立政治联系获得资源和发展的动机显著降低。因此，我们对于国有和民营企业有如下假设：

假设2a：上市国有企业所处地区的制度发展水平与其高管具有政治关联的可能性之间存在着倒U形关系。

假设2b：上市民营公司所处地区的制度发展水平越高，其高管具有政治关联的可能性越低。

三、股权集中度

国内外有很多研究探讨股权集中度的形成的主要因素。已有的研究大多是从公司绩效、公司规模等角度来研究其对股权集中度的影响，却忽略了公司所处的制度环境。通常情况下，股权集中度随着资产规模的扩大而降低，系统管制强的行业中的公司股权集中度低于系统管制弱的行业中的公司股权集中度。Thomsen等检验了产业与上市公司股权集中度的关系，他们选择了公司资产规模、销售增长率、净资产收益率、资本密集度、收益销售额、R&D支出作为分析变量，得出行业与股权集中度存在相关性（Thomsen等，2000）[26]。Mcguckin等则从劳动力市场对股权集中度影响的角度加以研究（Mcguckin等，2001）[27]。

他们通过对美国公司兼并案例的考察，最终得出劳动力市场是一个影响股权集中度形成的因素。国内的研究中，冯根福、韩冰和闫冰考虑哪些主要因素影响上市公司股权集中度的变动，认为上市公司绩效、公司规模、持股主体与行业分布等是影响上市公司股权集中度变动的主要因素（冯根福等，2002）[28]。上市公司绩效越好，股权集中度越高；上市公司规模越大，股权集中度越低的假设不成立；上市公司中，国有股比例越低，股权集中度越低等。孙兆斌针对中国上市公司的研究发现，股权集中度与上市公司技术效率以及技术效率水平的提高显著正相关（孙兆斌，2006）[29]，股权结构与公司绩效存在相关性（刘银国等，2010）[30]，而转型经济情境使得股权结构超出了公司治理的范畴。

已有的研究表明，政治关联能给公司带来很多潜在的收益，而这些收益离开了控制权就无法实现。因此，当大股东具有政治关联时，能够确保公司的决策能够和与其有政治关联的官员达成一致，大股东就有激励集中股权，以增加对公司的控制力。股权集中度较高情况下，处于控制地位的控股股东参与经营的积极性很高，股权带给他们的激励也会很强。处于控制地位的管理者往往是董事长或总经理，或者说，他们是控股股东的直接代表或控股股东本人，因而这些经营者的利益与股东的利益高度一致。这些拥有控制权的高管人员中，在制度发展过程中，试图通过各种途径实现公司的利益，从而实现自身利益的最大化。他们会根据企业发展的需要，以自身的需要出发决定是否发展与政府的政治关联。

股权集中度越高的企业，高级管理人员越有决定权，希望发展与政府的政治关联。国有企业而言，由于其本身具有国家控股的特征，企业高管更愿意与政府保持密切联系，参与政治活动中，为公司和个人发展获得更多的资源。当国有企业高管拥有较高决策权时，他们更愿意去寻求政治关联。

外部制度环境发展相对成熟时，民营企业通过建立政治联系获得资源和发展的动机将不再强烈，因为其可以通过完善的制度安排、较低的市场交易成本获得发展。政治资源的价值对于处于完善制度环境的民营企业而言显著降低，当民营企业股权集中度较高，企业管理者可以有效做出决策时，他们会相应地减少与政府建立政治联系的可能性。

相应的，对于国有和民营企业，我们有如下假设：

假设3a：对于国有企业，股权集中度正向调节制度发展与政治关联的关系，即当股权集中度越高时，制度发展和政治关联的正向关系越强。

假设3b：对于民营企业，股权集中度负向调节制度发展与政治关联的关系，即当股权集中度越高时，制度发展和政治关联的负向关系越强。

3.1.2 研究设计

一、样本选择与数据来源

我们选取上市公司作为研究对象，收集了2004年至2013年信息，下载了公司年报并手工摘录了公司管理层是否有政治背景的数据[①]，最终我们的样本包含5325条记录。表3.1-1是本书所有变量的描述统计。

因变量：上市公司的政治关联，即公司管理层是否有政治背景的数据，均手工摘录于上市公司的年报。如果董事长或CEO同时任职于政府或曾效力于中央政府、地方政府或军队，哑变量为1；否则，哑变量为0。

自变量：对于制度发展方面，我们用中国经济改革研究基金会国民经济研究所的《中国市场化指数》中的三个指数衡量[②]：市场发展指数（Mktscore）、法律发展指数（Lawscore）、政府与市场的关系（Govnscore），分别从三个不同纬度衡量了制度发展的状况。是否国有企业（变量type2）：国有企业为1；民营企业为0。

股权集中度我们用前10大股东持股比例的Herfindahl指数衡量，即：

$$Herf\_10 = \sum_i Share_i^2 \quad (Share_i 为第 i 大股东的持股比例)$$

我们的控制变量包括：企业绩效（ROA），企业年龄（Age），从上市时间开始计算到我们收集数据的时间，即2007年；企业规模（Logasset），公司资产取对数；年份哑变量和行业哑变量。

二、研究方法

本书采用Logit模型[③]，其回归方程如下：

$$pol_{it} = \begin{cases} 1, & if \quad pol_{it}^* = \alpha_{it} + \beta_{jt}MKT_{jt} + \gamma_{it}Herf\_10_{it} + \eta_{ijt}MKT_{jt}*HERF_{it} + X_{it}\theta_{it} + \varepsilon_{it} > 0 \\ 0, & else \end{cases}$$

其中，pol_{it}^{*} 代表公司是否有政治关联的隐含变量，MKT_{jt} 是所在地区的制度发展水平变量，$Herf\_10_{it}$ 是 t 年 i 公司中包括控权股东在内的最大的十个股东的赫芬达尔指数，用来表示所有权的集中度。赫芬达尔指数越大表明公司的股权更为集中。$MKT_{jt}*HERF_{it}$ 是公司的政治关联与公司所在地区制度发展程度的交叉项。X_{it} 是公司层面的其他控制变量。ε_{it} 是误差项，假设 ε_{it} 服从正太分布。在公司的控制变量中，我们控制了企业绩效（ROA）、企业年龄（Age）、企业规模（Logasset），年份哑变量和行业哑变量。

3.1.3 实证结果

一、分析结果

下图 3.1-1 反映了各个省份中企业高管政治关联的情况，纵坐标是计算出的具有政治关联的企业数量。可以看出，具有政治关联的企业数量在省市际的差异比较大。

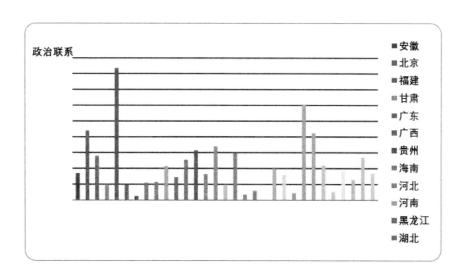

图 3.1-1　政治关联的地区分布情况

下图 3.1-2 是样本中企业类型的分布情况，可见国有企业较多，约占 65.50%，民营企业占 32.69%，其余的是其他类型的企业。

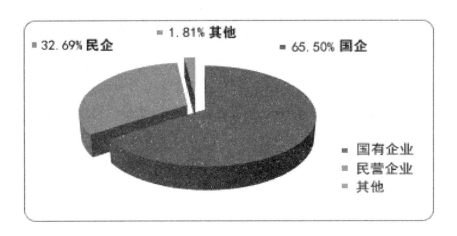

图 3.1-2 企业类型

变量描述性分析和相关性分析见表 3.1-1，可以看出研究中主要变量之间都存在着限制的相关关系，初步反映了本书假设的合理性。

表 3.1-1　变量描述及相关性分析

项目	均值	标准差	1	2	3	4	5	6	7	8	9
政治关联	0.245	0.430	1								
市场发展指数	8.162	2.034	-0.025*	1							
法律发展指数	7.405	3.517	-0.029*	0.925***	1						
政府与市场的关系	8.939	1.374	-0.031*	0.842***	0.703***	1					
是否国有企业	0.655	0.475	0.107***	-0.082***	-0.071***	-0.073***	1				
股权集中度	0.243	1.536	-0.024*	0.018	0.018	0.014	-0.003	1			
企业绩效	0.015	0.251	-0.008	0.021	0.014	0.019	0.025*	0.003	1		
企业年龄	8.700	3.777	0.066***	0.051***	0.103***	0.038**	0.115***	0.003	-0.035*	1	
企业规模	21.277	1.216	0.065***	0.112***	0.114***	0.063***	0.288***	0.036***	0.002	0.021	1

注：$N=5,325$；*** 表示 $p<0.001$，** 表示 $p<0.01$，* 表示 $p<0.05$，† 表示 $p<0.1$；双尾。如无特别说明均表示此意。全书同。

假设 1 和 2 的结果见表 3.1-2，其中模型 1、2 和 3 是关于假设 1 的验证；模型 4 至模型 9 是关于假设 2 的验证。

表 3.1-2　逻辑回归结果（假设 1&2）

变量	模型 1	模型 2	模型 3	模型 4	模型 5	模型 6	模型 7	模型 8	模型 9	模型 10	模型 11	模型 12
市场发展指数	-0.0315*			0.039	0.535***					-0.179***		
	(0.0186)			(0.024)	(0.173)					(0.0358)		
法律发展指数		-0.031***				0.0012	0.108*				-0.121***	
		(0.01`)				(0.014)	(0.059)				(0.023)	
政府与市场的关系			-0.0333					0.061*	0.198			-0.156***
			(0.0260)					(0.035)	(0.166)			(0.0411)
市场发展指数 Square					-0.031***							
					(0.0107)							
法律发展指数 Square							-0.006*					
							(0.003)					
政府与市场的关系 Square									-0.00864			
									(0.0102)			
是否国有企业	0.373***	0.370***	0.375***									
	(0.0802)	(0.0802)	(0.0801)									
企业绩效	-0.545*	-0.531*	-0.555*	-1.263**	-1.314**	-1.157**	-1.206**	-1.262**	-1.257**	-0.292	-0.304	-0.310
	(0.297)	(0.298)	(0.296)	(0.583)	(0.585)	(0.583)	(0.584)	(0.582)	(0.582)	(0.360)	(0.360)	(0.358)
企业年龄	0.0421***	0.0454***	0.0411***	0.0172	0.0217*	0.0210*	0.0229*	0.0183	0.0193	0.0855***	0.0918***	0.0867***
	(0.0101)	(0.0102)	(0.0100)	(0.0124)	(0.0125)	(0.0126)	(0.0126)	(0.0122)	(0.0123)	(0.0207)	(0.0210)	(0.0203)
企业规模	0.0253	0.0314	0.0209	0.0391	0.0353	0.0501	0.0457	0.0424	0.0414	-0.0149	-0.00967	-0.0257
	(0.0322)	(0.0324)	(0.0319)	(0.0396)	(0.0397)	(0.0396)	(0.0397)	(0.0393)	(0.0393)	(0.0504)	(0.0509)	(0.0497)
年份和行业虚拟变量	Control	Control	Control	Control	Control	Control	Control	Control	Control	Control	Control	Control
Observations	5,325	5,325	5,325	3,517	3,517	3,517	3,517	3,517	3,517	1,549	1,549	1,549
Log likelihood	-2711	-2708	-2711	-1870	-1865	-1871	-1869	-1869	-1869	-680.5	-678.1	-686.2
Pseudo R2	0.0886	0.0895	0.0884	0.102	0.104	0.101	0.102	0.102	0.102	0.0816	0.0849	0.0739
	全样本			国有企业样本（SOE）						民营企业样本（POE）		
	假设 1			假设 2								

注：括号内为标准差。*** 表示 p<0.01，** 表示 p<0.05，* 表示 p<0.1。

由表 3.1-2 可见，首先，模型 1 至 3 中，制度发展的三个指标的系数均为负，且变量"市场发展指数（Mktscrore）"和"法律发展指数（Lawscore）"的统计检验显著（显著性水平分别为 p<0.1，p<0.01）。这说明，制度发展越好，上市公司的建立政治关联的可能性越小，假设 1 得到验证。

我们在假设 2 中，认为上市国有企业所处地区的制度发展水平与其高管具有政治关联的可能性之间存在着倒 U 形关系；而上市民营公司所处地区的制度发展水平与政治关联的可能性呈负相关。模型 4 至模型 12 验证了假设 2。国有企业样本（模型 4 至 9 模型），以变量 Mktscore 为例，模型 6 中，其系数显著为正（显著性水平分别为 p<0.01），而其平方项的系数显著为负（显著性水平分别为 p<0.01），意味着变量 Mktscore 与政治关联呈倒 U 形的关系。

同理，变量 Lawscore 与政治关联亦呈倒 U 形关系，但变量 Govnscore 的统计检验并不显著。民营企业样本（模型 10 至 12 模型），变量 Mktscore、Lawscore 和 Govnsocre 系数显著为负，说明了制度发展与民营企业是否寻求政治关联之间存在着负相关。

表 3.1-3 是对假设 3a 的验证。在假设 3a 中，我们认为，对于国有企业（SOE），股权集中度正向调节制度发展与政治关联的关系，即当股权集中度越高时，制度发展和政治关联的正向关系越强。表 3.1-3 中的模型 3、5 和 7 是相应的检验结果，可以看出交互项系数显著为正（除模型 7 中变量"herf_10×govnscore"统计检验不显著外），假设 3a 得到验证。

表 3.1-3　逻辑回归结果（SOE 假设 3a）

变量	模型 1	模型 2	模型 3	模型 4	模型 5	模型 6	模型 7	模型 8
市场发展指数		0.0393	-0.00168					0.0729
		(0.0239)	(0.0307)					(0.105)
股权集中度 × 市场发展指数			0.172**					0.589*
			(0.0813)					(0.314)
法律发展指数				0.00109	-0.0138			-0.0718*
				(0.0135)	(0.0163)			(0.0421)
股权集中度 × 法律发展指数					0.0566*			-0.132
					(0.0343)			(0.105)
政府与市场的关系						0.0617*	0.0103	0.0347
						(0.0348)	(0.0470)	(0.0863)

续表

变量	模型 1	模型 2	模型 3	模型 4	模型 5	模型 6	模型 7	模型 8
股权集中度 × 政府与 市场的关系							0.237	-0.198
							(0.148)	(0.276)
股权集中度		-0.0599	-1.404**	-0.0592	-0.377*	-0.0602	-2.079	-2.241
		(0.0556)	(0.672)	(0.0551)	(0.221)	(0.0560)	(1.315)	(1.540)
企业绩效	-1.152**	-1.250**	-1.215**	-1.143**	-1.137*	-1.249**	-1.244**	-1.161**
	(0.580)	(0.583)	(0.585)	(0.583)	(0.583)	(0.583)	(0.583)	(0.589)
企业年龄	0.0213*	0.0176	0.0194	0.0214*	0.0231*	0.0187	0.0199	0.0268**
	(0.0121)	(0.0124)	(0.0124)	(0.0126)	(0.0126)	(0.0122)	(0.0123)	(0.0127)
企业规模	0.0507	0.0410	0.0342	0.0520	0.0447	0.0443	0.0388	0.0436
	(0.0390)	(0.0397)	(0.0399)	(0.0397)	(0.0400)	(0.0394)	(0.0396)	(0.0405)
年份哑变量	Control	Control	Control	Control	Control	Control	Control	Control
行业哑变量	Control	Control	Control	Control	Control	Control	Control	Control
控制变量	-1.239	-4.205	-6.225	-4.143	-5.221	-4.496	-8.761	-6.016
	(1.684)	(4.223)	(11.63)	(4.192)	(7.196)	(4.259)	(33.65)	(7.745)
Observations	3,517	3,517	3,517	3,517	3,517	3,517	3,517	3,517
Log likelihood	-1871	-1868	-1866	-1870	-1868	-1868	-1866	-1859
Pseudo R2	0.101	0.102	0.103	0.102	0.102	0.102	0.103	0.106

注：括号内为标准差。*** 表示 $p<0.01$，** 表示 $p<0.05$，* 表示 $p<0.1$。

假设 3b 的验证见表 3.1-4。我们的假设 3b，认为对于民营企业（POE），股权集中度负向调节制度发展与政治关联的关系，即当股权集中度越高时，制度发展和政治关联的负向关系越强。模型 3、5 和 7 中的交互项的系数都为负，其中模型 3 中的变量"herf_10×Mktscore"的系数通过了显著性检验（显著性水平为 $p<0.1$）。因此，假设 3b 得到部分验证。

表 3.1-4　逻辑回归结果（POE 假设 3b）

变量	模型 1	模型 2	模型 3	模型 4	模型 5	模型 6	模型 7	模型 8
市场发展指数		-0.180***	-0.155***					0.143
		(0.0358)	(0.0388)					(0.147)
股权集中度 × 市 场发展指数			-0.116					-0.394
			(0.0714)					(0.373)
法律发展指数				-0.12***	-0.110***			-0.158**
				(0.0229)	(0.0242)			(0.0695)
股权集中度 × 法 律发展指数					-0.0492			0.106
					(0.0354)			(0.181)
政府与市场的 关系						-0.156***	-0.127***	-0.0985
						(0.0411)	(0.0474)	(0.0950)

续表

变量	模型 1	模型 2	模型 3	模型 4	模型 5	模型 6	模型 7	模型 8
股权集中度 × 政府与市场的关系							-0.138	0.176
							(0.110)	(0.216)
企业绩效	-0.327			-0.305	-0.309	-0.310	-0.312	-0.319
	(0.355)			(0.360)	(0.359)	(0.358)	(0.358)	(0.360)
企业年龄	0.0900***	0.087***	0.0894***	0.09***	0.0940***	0.0868***	0.0881***	0.0950***
	(0.0198)	(0.0206)	(0.0207)	(0.0210)	(0.0211)	(0.0203)	(0.0203)	(0.0214)
企业规模	-0.0362	-0.0181		-0.0109	-0.0166	-0.0264	-0.0295	-0.0159
	(0.0486)	(0.0495)		(0.0510)	(0.0505)	(0.0498)	(0.0496)	(0.0507)
年份哑变量	Control	Control	Control	Control	Control	Control	Control	Control
行业哑变量	Control	Control	Control	Control	Control	Control	Control	Control
控制变量	-1.416	-0.535	-0.654	-1.366	-1.361	-0.246	-0.467	-1.306
	(1.079)	(1.110)	(1.108)	(1.123)	(1.112)	(1.144)	(1.152)	(1.273)
Observations	1,549	1,549	1,549	1,549	1,549	1,549	1,549	1,549
Log likelihood	-693.2	-680.9	-679.0	-678.0	-676.6	-686.2	-685.4	-675.4
Pseudo R2	0.0645	0.0810	0.0837	0.0849	0.0869	0.0740	0.0749	0.0885

注：括号内为标准差。*** 表示 $p<0.01$，** 表示 $p<0.05$，* 表示 $p<0.1$。

为了让读者更为清晰地分析研究结果，我们在表 3.1-5 中汇报了本书所有假设检验的情况。可以看出，本书中所有假设都得到了统计检验结果的支持。

表 3.1-5　假设及检验

假设主要内容	预测符号	检验
假设 1：制度发展与政治关联的建立	负向	支持
假设 2a：国有企业情况	倒 U 形关系	支持
假设 2b：民营企业情况	负向	支持
假设 3a：股权集中度正向调节	正向调节	支持
假设 3b：股权集中度负向调节	负向调节	支持

二、稳健性检验

我们还使用了面板数据的方法进行了稳健性检验，我们使用随机效应的 Logit 模型，检验数据，仍然发现，上市国有企业所处地区的制度发展水平与其高管具有政治关联的可能性之间存在着倒 U 形关系；而上市民营公司所处地区的制度发展水平与高管具有政治关联的可能性负相关[④]。

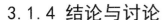

3.1.4 结论与讨论

一、研究结论

政治关联是新兴市场国家一个重要的话题，企业通过与政府建立政治关联获取资源，得到制度上的"合法性"。我们运用一个内外部相结合的视角，采用中国上市公司数据，探讨了制度发展、政治关联和股权集中度的内在机理。研究发现，上市公司所处地区的制度发展与公司建立政治关联的可能性负相关，即制度发展越成熟，企业建立政治关联的可能性越小。上市国有企业所处地区的制度发展水平与其高管具有政治关联的可能性之间存在着倒 U 形关系；而上市民营公司所处地区的制度发展水平与高管具有政治关联的可能性负相关。

我们发现股权集中度是政治关联和制度发展的重要的调节变量，并且国有企业和民营企业呈现不同的关系。具体地说，对于国有企业股权集中度正向调节制度发展与政治关联的关系，即当股权集中度越高时，制度发展和政治关联的正向关系越强。对于民营企业股权集中度负向调节制度发展与政治关联的关系，即股权集中度加强了制度和政治关联的负向关系。两者都说明控制权有利于两类企业加强特定制度环境下对政治资源的选择。

二、理论贡献与实践启示

政治关联的含义已经超出了公司治理的范畴。本书试图回答，究竟政治关联是"谁"的资源这一研究问题。我们认为，作为新兴市场国家的中国，其市场转型中出现的国有和民营企业对政治关联的需求有着极大的差异，并且会根据外部制度环境做出调整。高管对企业越有控制力，越会强化这种"理性选择"。

上述研究结论具有深刻的理论和现实意义。首先，新兴市场国家中的企业可以理性地选择政治资源，建立政治联系，并且选择过程是一个内外部环境相互作用的结果。政府相应地应该通过制度建设促进企业的理性选择，发挥市场机制的作用。因此，我们的结论对企业行为理论具有重要的贡献。

其次，国有和民营企业表现出截然相反的选择机制，本书的研究结果深化政治关联对两类企业经营活动影响的理解。现实的意义在于，一方面政府和管理者如何利用上述结论更好地管理国有和民营企业；另一方面，企业管理者如何更有效地管理和运作自己的政治资源。

三、研究不足及未来研究方向

尽管如此，我们的研究也存在着一些研究缺陷。例如，样本只是包含上市公司，研究时间跨度较短。我们建议以后的研究克服以上不足，同时对发达国家中的企业与新兴市场国家的企业进行比较研究，加深对它们获取政治资源的理论认识。

注释：

①考虑到数据 2008 年是全球金融危机，未来剔除这种突发事件的影响，我们主要关注了 2007 年以前的公司。

②根据樊纲、王小鲁、朱恒鹏 (2007) 的研究，市场化进程可以分为五个方面：政府与市场的关系、非国有经济的发展品市场的发育程度、要素市场的发育程度以及市场中介发育和法律制度环境。总体上，在这五个方面，逐渐形成了东部优于中部、中部优于西部的不平衡格局。

③为了保证数据分析的稳健性，并控制变量内生性问题，我们同时采用高斯混合模型（GMM），构建动态面板计量经济学模型，对本书研究问题进行分析。研究结果并未发现与逻辑回归（Logit）有显著差异。因此，文中只汇报了逻辑回归的结果。

④我们在选择固定效应还是随机效应时，发现由于数据的组内变化较小，不适用固定效应模型，因此，我们用随机效应模型作为稳健性分析的方法。由于篇幅限制，面板数据随机效应模型的结果未在文中呈报。

3.2 内部网络与创新绩效

3.2.1 理论基础与研究假设

企业集团与市场失灵或制度缺失具有相关性。有学者基于企业集团创新约束条件，将资源基础观、行业与制度基础观融合到一个框架（张斌等，2015）[1]。

制度结构来解释研究中发现的创新绩效差异，例如，Kim 和 Lui 发现市场与制度两种类型网络对企业集团隶属公司的产品与组织创新具有正效应（Kim 等 , 2015）[2]。而"复合基础观"认为新兴市场企业的核心竞争力是对拥有的或外部获得的资源加以整合，通过创新创造出来的（陆亚东等 , 2013）[3]。企业集团一方面具有丰富的资源，另一方面组织结构较为复杂。有研究表明企业集团多元化战略对财务绩效的影响具有两面性，多元化经营的企业集团使得国际化过程对创新绩效影响更为复杂（Mahmood 等 , 2004）[4]。海本禄等探讨了国际化对企业创新收益的影响机理，他们采用国际市场销售额占总销售额的比重作为国际化的指标，发现国际化程度是企业"创新—绩效"关系的重要调节变量（海本禄等 , 2012）[5]。

　　以上研究表明了企业集团对经济发展的重要性，以及国际化、创新行为对提升新兴市场国家企业集团竞争力的重要意义。但是现有研究并没有基于企业集团属性特点，阐述其国际化对创新绩效的影响机制。针对以上的研究问题，本书在对现有文献进行梳理的基础上，构建了理论框架和概念模型，比较了企业集团与非企业集团国际化对创新绩效影响机理的不同，运用国家高新技术企业样本对假设进行了检验。研究结论对新兴市场国家企业集团和制度建设具有十分重要的理论和实践意义。

一、国际化与创新绩效

　　以往研究关注国际化与企业绩效的较多，结论迥异。在近二十年的实证研究中，国际化与企业绩效至少存在五种截然不同的关系（吴晓波等 , 2011）[6]。国际化研究的文献十分丰富，存在着若干理论流派，包括对外直接投资理论和国际生产折中范式（Dunning, 2003）[7]，以及代表企业跨国商务活动的制度安排的海外市场进入模式研究、跨国并购等。经济全球化使得我国企业不断通过国际化战略追求竞争优势。这种竞争优势就是将企业内部资源、知识能力在国际市场上发挥，进一步获得资源和能力。企业国际化目的在于更大程度上利用创新形成的技术优势，在更为广阔的国际市场上获取创新收益（Kotabe 等 , 2002）[8]。国际化企业可以在全球市场上选择廉价原料，并选择适宜的地区设立研发部门，有效地降低了创新和研发的成本（Kafouros 等 , 2008）[9]。互补性资产的获得使得国际化企业从中开发而获益，国际化增强了企业获得互补性资产的机会和能力（Rothaermel, 2001）[10]。国际化过程中，在东道国建立联盟，获得联盟优势，减少了技术的不确定性，提高了创新效率（Santos 等, 2004）[11]；通过知识外溢实现全球范围的资源整合（Chesbrough, 2003）[12]。

国际化同时伴随着消极效应。首先，国际化程度越高，越增加了企业知识泄露的危险。当东道国市场的知识有限，知识泄露的成本将超过知识溢出的回报。企业往往采用集中化的网络研发保护专有技术。其次，国际化增加了交易成本与管理难度，全球性协调与控制带来的是成本的提高。地理距离、制度差异等显著影响信息沟通的质量、频率，造成效率下降和误解风险提高。再次，国际化过程中技术创新的复杂性导致战略联盟的失败风险，企业许多专用资产投资将会成为沉没成本。国际化过程伴随着巨大的成本。最后，国际化本身需要一定比较优势、区域优势和学习过程，国际化初期面对的制度距离和文化差异等，使得企业国际化初期对企业创新绩效的作用十分微小。而在国际化后期，伴随着国际化成本的提高，资源的价值和重要作用便逐渐显现出来。企业资源是相对有限的，随着企业参与国际化程度的提高，企业上述局限性日益突出。可见，国际化对企业创新绩效的促进并不是持续永恒的，会逐渐减缓，最终呈现下降的趋势。因此，本书有如下假设：

假设 1：高新区企业国际化与企业创新绩效之间呈现倒 U 形的关系。

二、企业集团国际化

关于企业集团国际化与创新绩效的研究初步显示，隶属公司间的活动提高创新绩效，这一点在国际上比国内市场明显（Iona, 2013）[13]。企业集团在新兴市场是一种普遍组织形式，广义的企业集团概念，即"企业集团是以成员的自主权为前提，在对等互利原则下结成的持续长久的经营结合体和经营协作体制"。从宏观层面讲，这些特定的企业组织通常是该地区经济发展的主要拉动力。微观层面，这些独立的法律实体相互的协作，如同一个实体进行经营。国内的学者认识到，企业集团是一种介于一体化企业和市场之间的中间组织（周治翰等, 2001）[14]。我国企业国际化特征各异，如华为的全球研发、海尔的全球制造、TCL 的跨国并购。

国际化后期，企业集团提供给隶属公司诸多优势，一定程度上减轻甚至消除了国际化过程中的消极影响。首先，国际化过程中知识泄露成本超过知识溢出回报时，创新绩效降低。企业集团众多隶属公司之间的网络链接充分获得和分享信息，减少了信息不对称性和知识泄露的风险。其次，企业集团以协同创新、动态控制为特征，突破了一般性中间组织的界限，创造了价值，提高了知识溢出的效用（冯自钦，2013）[15]。再次，企业集团可以降低制度缺失带来的消极影响，降低市场中的交易成本（Guillen, 2000）[16]。最后，网络链接组织结构使得企业集团隶属公司可以相互分享资源和知识，企业集团在资源上有着巨大的优势，其可以减缓甚至消除国际化后期对企业绩效的消极影响。本书有如下假设：

假设 2：企业集团隶属公司国际化与其创新绩效正相关。

如上所述，与非企业集团相比，企业集团的国际化可以持续地促进企业创新绩效的提高，其作用见图 3.2-1 所示。

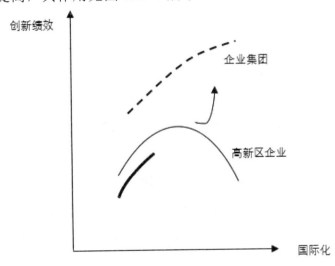

图 3.2-1　企业集团国际化

三、调节变量：企业集团隶属公司

如上所述企业集团在国际化中有着特定的优势，但同时存在着一定的缺陷。例如隶属公司之间的关系专用资产使得国际化的战略很难同步实施。Chang 等人研究发现，企业集团的多元化可能限制各个隶属公司的创新（Chang 等，2006）[17]。

　　针对台湾地区案例分析表明企业集团之间"买方—供应"关系增加了市场机会但最终导致"组合耗竭"（Combinatorial Exhaustion），从而限制了创新（Mahmood, 2013）[18]。Wang 和 Yi 等认为企业集团与制度之间存在着互补机制，企业集团具有更高层级的政治联系或处于更高区域市场化程度时，更容易发挥集团创新的优势（Wang 等, 2015）[19]。运用制度理论与创新搜索理论（Innovation Search Theory），研究发现企业集团隶属公司创新绩效较低，并且吸收能力与 R&D 联盟程度具有调节作用。企业集团影响着产业创新升级，例如网络能力具有间接正效应（李宇等, 2014）[20]。

　　然而，国际化过程中企业集团组织结构也带来了特殊困难与成本（Khanna 等, 2000）[21]。首先，大股东和中小股东之间的利益冲突可能导致投资和决策的低效率甚至失误（Gaur 等, 2009）[22]。其次，内部分配问题导致的管理冲突等也会影响到企业集团的国际化过程伴随着额外成本。再次，企业集团组织结构的复杂性影响着信息的有效传递，可能造成决策的无效。最后，关系型专用资产、组织复杂性等问题都可能给企业集团国际化带来更多的成本，甚至导致经营决策的失败。企业集团虽然资源丰富，但同样资源冗余、组织结构复杂，灵活性较差，各隶属公司的关系专用型资产而产生相互扼制。这些加重了企业集团国际化过程中的决策有效性，尤其面临崭新的国外环境时，消极影响尤为突出。

　　企业集团大部分优势依赖于新兴市场，这种依赖情景的、与生俱来的属性形成"情景依赖性"（Context Dependent Nature），可能成为企业集团在国际化过程中的主要障碍。新兴市场国家中的企业集团具有经营优势，因为其可以克服制度缺失，获得更多的政府支持，或者在市场失效和市场中介之间起到不可替代的作用。例如，Chen 和 Jaw 从社会镶嵌与社会网络视角，探讨了小世界网络对企业集团战略与经济绩效的影响，研究发现小世界网络因具有资源传递的有效性的优势，产生正向效应（Chen 等, 2014）[23]。这些优势依靠新兴市场特殊情景，只有在这些情景中企业集团才能取得比较优势。国际化进入其他国家后，企业集团先前优势不仅不复存在，而且面临"情景依赖性"带来的消极影响。因此，本书有如下假设：

假设 3：国际化程度对创新绩效的正向作用而言，非企业集团公司要强于企业集团公司，即企业集团属性负向调节国际化与创新绩效之间的关系。

从实证角度，本书考虑非企业集团和企业集团国际化与创新绩效正向关系的区别，企业集团而言，国际化程度与企业创新绩效之间正向关系相对较弱，见图 3.2-2 所示。

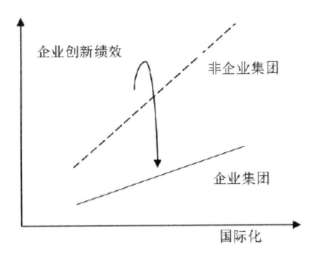

图 3.2-2　企业集团调节作用

本书理论构想模型见图 3.2-3 所示。研究者在探讨高新区所有类型企业的国际化与创新绩效关系基础之上，基于对比分析方法，阐述了企业集团隶属公司的不同影响机理。

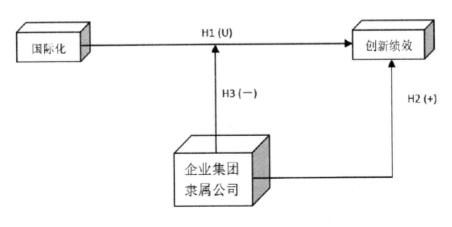

图 3.2-3　理论模型

3.2.2 研究设计

一、样本选择

本书样本来自南宁国家高新区内高新技术企业。其具有如下几个优点。首先，国家高新区是一个特殊的区域，企业创新活动非常活跃。其次，作为自由贸易区类型的国家高新区，国际化本身便是一个重要的经营活动和研究课题。最后，国家高新区制度建设是政府和学者关注和研究的重点，许多学者对如何建设和完善国家高新区企业的制度环境做出了有益的探讨，特殊制度性环境很好地满足了研究需要。本书着重讨论不确定性条件下的企业行为，本书选取 2009 年金融危机作为研究背景，因此研究样本从 2008 年至 2010 年三年的总共 684 家企业数据。

二、变量定义

首先，本书的因变量为企业创新绩效，其采用两种衡量方式：企业专利申请数量和企业发明专利授权数量。其次，自变量包括企业国际化、是否为企业集团隶属公司。具体而言，本书用企业当年的出口总额作为高新区企业国际化的衡量指标。是否为企业集团隶属公司，1 为企业集团隶属公司，0 为非企业集团隶属公司。最后，本书模型中的控制变量包括：年份哑变量、企业所处行业哑变量、企业规模、企业财务绩效。本书用固定资产合计，取对数后作为企业规模的衡量。本书控制企业的财务绩效，选用企业的净利润作为衡量指标。

三、研究方法与稳健性分析

首先，面板数据模型与 Heckman Selection 模型。本书采用面板数据负二项总体平均负二项模型（GEE, Population Averaged Negative Binominal Model），原因是作为因变量是专利数量的负二项模型是非线性的，单纯运用面板数据固定和随机效应并不适宜。同时采用生存分析（Survival Analysis）和潜变量因子分析的方法。创新绩效作为因变量，取值为零的较多时，零胀计数模型较为适宜，因此本书用 Vuong 检验验证是否采用零胀计数模型。Vuong 检验，原假设是负二项模型，被择假设是零胀负二项回归模型。检验统计量服从标准正态分布，显著的整数倾向于采用零胀负二项回归模型，而显著的负数倾向于采用负二项模型（王群勇，2007）[24]。Vuong 检验为正值但不显著（z=1.16，Pr>z=0.1231，以表 3.2-3 中模型 1 为例），说明零胀计数负二项模型并不优于普通负二项模型。本书最终采用负二项回归结合面板数据 GEE 总体平均模型的方法。同时，在单独考察企业集团时，由于样本数量的限制，面板数据方法并不是有效的方法。本书采用零胀负二项模型（With Cluster），并考虑公司个体效应带来的影响，将公司作为聚类加以考虑。

其次，生存分析。为了检验企业是否被授予了发明专利，以及被授予首项发明专利的快慢程度，本书采用生存分析（Survival Analysis），亦称为事件史（Event History）的分析方法，在 GEE 模型的基础上，进一步探讨影响企业创新绩效的因素，研究企业首次获得发明专利授权的行为。在事件史的模型中，因变量是（未被观测到的）风险比率。风险比率指在任何给定时间内，每个样本公司获得首次发明专利授权的可能性。生存分析中，本书关心企业发明专利被首次"授权"的行为。本书考虑企业当年专利授权数量。因变量为从当年专利授予权数获得，如果当年获得至少一项专利，则为 1（即生存分析模型中定义的 Failure），否则为 0。以企业进区时间为起点，截至数据收集结束的时间点计算企业获得第一项专利授权所经历的时间。因此，数据为右截断（Right Censored）数据。

假设 t_i 是第 i 个企业获得首次专利授权的时间，那么它的分布就可以用下面的生存函数描述：

$$S(t) = P(t_i > t) \qquad\qquad 公式（1）$$

本书采取 Exponential 模型，其基本表述如下：

$$h(t) = \lambda$$

$$H(t) = \int_0^t \lambda d(x)$$

$$S(t) = \exp[-H(t)] = e^{-\lambda t} \qquad\qquad 公式（2）$$

其中 $h(t)$ 指在某特定时点（t）的风险比率，也就是一个企业在某个时点获得首次发明专利授权的可能性。它是控制变量和自变量（X）的级数函数。

再次，稳健性分析。本书采用固定效应与随机效应模型，以及横截面数据 OLS 模型进行验证，结果基本保持一致，作为模型稳健性的验证。

3.2.3 实证分析

一、描述性和变量相关性分析

国家高新区是一种重要的制度安排，高新企业可以发挥产业集聚作用，通过产业结构转型升级，带动区域经济发展。面临中国—东盟经济自由贸易区建设的历史机遇，南宁国家高新区具有广西社会、经济、民族、区域等独特特点。新的发展和开放框架之下，南宁高新区是促进技术进步和增强自主创新能力的重要载体，是带动区域经济结构调整和经济增长方式转变的强大引擎。

本书在初步的探索性分析发现，南宁高新区内企业首次创新呈现周期性的特点（见图3.2-4所示），这种周期性是否具有代表性，以及企业集团与非企业集团会呈现怎样的不同，这些都是值得深入研究的课题。

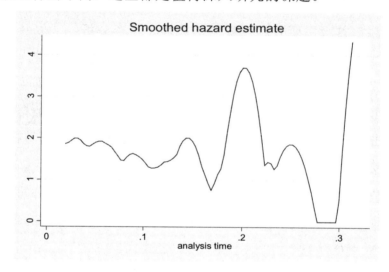

图 3.2-4　高新区企业首次创新概况

变量相关性分析的结果见表3.2-1。变量"专利申请数"与主要变量"企业出口总额""企业财务绩效"呈现显著的正向关系。同时，变量"当年专利授权数"与"企业出口总额""企业财务绩效"也存在显著正向关系。变量"是否集团公司隶属公司"与衡量创新绩效的两种方式"专利申请数""当年专利授权数"正相关，但统计上并不显著，说明企业集团隶属公司是否具有较强的创新绩效，尚不清晰，需要更为详细的统计检验。

表 3.2-1 主要变量相关性分析

项目	均值	专利申请数	当年专利授权数	企业出口总额	是否集团公司隶属公司	企业规模	企业财务绩效
专利申请数	0.43	1					
当年专利授权数	0.38	0.412***	1				
企业出口总额	666.15	0.209***	0.068***	1			
是否集团公司隶属公司	0.97	0.031	0.011	0.066***	1		
企业规模	2904.66	0.026	0.014	0.084***	0.004	1	
企业财务绩效	5878.09	0.164***	0.109***	0.16***	0.033	0.257***	1

注：观测值 1978，*** 表示 p<0.01，** 表示 p<0.05，* 表示 p<0.1；双尾。

二、假设检验结果

表 3.2-2 和表 3.2-3 是对假设 1 至假设 3 的验证，面板数据 Poisson 回归呈报在表 3.2-2 中，生存分析的结果在表 3.2-3 中。

图 3.2-5 所示，南宁国家高新区内企业的国际化与创新绩效呈倒 U 形的关系。在企业国际化初期，其正向促进企业创新绩效；但随着国际化的进一步发展，其对企业创新绩效的影响变成了负向，假设 1 得到验证。

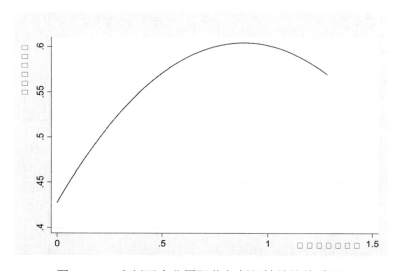

图 3.2-5 高新区企业国际化与创新绩效的关系图示

表 3.2-2　面板数据泊松回归

变量	模型1 (GEE)	模型2 (GEE)	模型3 Zero-Inflated	模型4 Zero-Inflated	模型5 (GEE)	模型6 (GEE)	模型7 (GEE)	模型8 (GEE)	模型9 (GEE)	模型10 (GEE)
企业出口总额	0.191***	0.427***	0.223**	-0.269	0.195***	0.427***	0.191***		0.193***	0.418***
	(0.0166)	(0.0735)	(0.0320)	(0.175)	(0.0171)	(0.0742)	(0.0166)		(0.0169)	(0.0736)
企业出口总额平方		-0.027***		0.0545**		-0.027***				-0.0261***
		(0.0081)		(0.020)		(0.0082)				(0.0081)
是否集团公司隶属公司								0.616**	0.576**	0.553*
								(0.263)	(0.288)	(0.290)
企业出口总额×是否集团公司隶属公司									-.102528 *	-6.76e-05*
									.0722067	(6.09e-05)
常数	-2.919***	-2.980***	1.288*	1.546**	-2.988***	-3.051***	-2.919***	-2.591***	-2.919***	-2.981***
	(0.218)	(0.221)	(0.613)	(0.366)	(0.224)	(0.227)	(0.218)	(0.205)	(0.218)	(0.221)
公司层面控制变量	control	control	control	control	control	control	control	control	control	control
行业哑变量	control	control	control	control	control	control	control	control	control	control
年份哑变量	control	control	control	control	control	control	control	control	control	control
Log pseudo likelihood	—	—	-32.04	-31.67	—	—	—	—	—	—
Log Lilelihood	545.7	536.5	—	—	546.6	535.9	545.7	441.8	554.0	543.5
Number of ID	688	688	—	—	687	687	688	688	688	688
	假设1		企业集团样本		非企业集团样本		全样本			
					假设2		假设3			

注：括号内为标准差；*** 表示 p<0.01，** 表示 p<0.05，* 表示 p<0.1；模型 3 和模型 4 采用零膨胀模型（With Cluster）；控制变量未汇报在表中。

表 3.2-3　生存分析结果

	模型 1	模型 2	模型 3	模型 4	模型 5	模型 5	模型 7	模型 8	模型 9	模型 10
企业出口总额	0.0609*	0.544***	0.271	0.639	0.0545	0.573***	0.0609*		0.0551*	0.569***
	(0.0321)	(0.138)	(0.449)	(1.739)	(0.0337)	(0.142)	(0.0321)		(0.0332)	(0.142)
企业出口总额平方		-0.057***		-0.040		-0.062***				-0.0619***
		(0.0172)		(0.175)		(0.0180)				(0.0181)
是否集团公司								0.139	-0.117	-0.185
								(0.459)	(0.534)	(0.538)
企业出口总额×是否集团公司隶属									8.74e-05	0.000141
									(8.64e-05)	(9.19e-05)
常数	-8.357***	-8.397***	-21.86	-22.07	-8.495***	-8.540***	-8.357***	-8.334***	-8.425***	-8.472***
	(0.836)	(0.836)	(5,451)	(6,319)	(0.865)	(0.865)	(0.836)	(0.837)	(0.844)	(0.843)
公司层面控制变量	control	control	control	control	control	control	control	control	control	control
行业哑变量	control	control	control	control	control	control	control	control	control	control
年份哑变量	control	control	control	control	control	control	control	control	control	control
LR chi2	137.8	150.5	8.062	8.111	132.9	146.7	137.8	134.6	138.7	152.3
Log Lilelihood	-412.8	-406.5	-9.009	-8.985	-401.8	-394.9	-412.8	-414.4	-412.4	-405.6
	假设 1		企业集团样本		非企业集团样本	假设 2		全样本		假设 3

注：括号内为标准差；*** 表示 p<0.01，** 表示 p<0.05，* 表示 p<0.1。

本书在假设 2 中认为，企业集团隶属公司国际化与其创新绩效正相关，这是因为企业集团具有资源优势，能够多方面化解国际化过程中的风险等，从一定程度上消除了国际化过程中的不确定性因素。因此，与非企业集团隶属公司相比，企业集团对创新绩效的影响呈现单纯的正向促进关系。表 3.2-2 中的模型 3 中，国际化对创新绩效的系数显著为正（0.223，显著性水平为 $p<0.05$），假设 2 得到支持。

图 3.2-6 是关于假设 3 的图示。本书认为，对于国际化对企业创新绩效的正向作用，非企业集团公司要强于企业集团公司，即"是否为集团公司隶属公司"这一特性，负向调节国际化与企业创新绩效的关系。可以看出，尽管国际化与创新绩效之间存在着正向的关系，但是企业集团隶属公司较为平坦，见图 3.2-6 中虚线部分所示。也就是说，企业集团隶属公司而言，国际化对企业创新绩效正向影响与非企业集团相比，要微弱一些。因此，假设 3，企业集团隶属公司的调节作用得到验证。

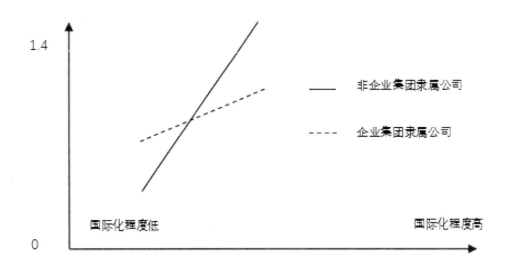

图 3.2-6　调节变量图示

同时，为了考察上述因素对企业首次创新绩效的影响，本书用生存分析对上述假设 1 至假设 3 进行考察，结果见表 3.2-3。本书的假设得到验证。

3.2.4 研究结论

一、主要结论

企业集团对国际化和创新绩效的影响具有"双刃剑"的作用。一方面，企业集团国际化对创新绩效具有持续的促进作用，这是企业集团国际化对创新绩效的积极影响；另一方面，企业集团对创新绩效的正向作用比非企业集团弱得多。具体地讲，首先，高新区内企业国际化与企业创新绩效呈倒 U 形的关系；其次，企业集团与非企业集团的国际化与创新绩效存在着不同的关系，即企业集团国际化与创新绩效显著正相关，而非企业集团呈倒 U 形关系；最后，在只考虑国际化与创新绩效的正向关系时，企业集团的正向关系要弱一些，即"是否为企业集团隶属公司"这一特性，负向调节国际化与创新绩效的关系。

二、理论与实践意义

探讨新兴市场企业国际化对创新绩效的促进机理具有重要的研究意义，主要体现在以下几个方面。

首先，高新区所有企业的国际化与创新绩效的倒 U 形关系具有一定的理论意义和现实启示。这说明通常情况下，企业国际化并不能持续地促进企业创新绩效的提高，当国际化发展到一定程度后，必然面对着制度距离、文化差距等负面因素的影响，在高新区这种以创新为主导的区域里，这些局限性导致了创新绩效的下降。因此，本书认为，"理性"国际化应该关注如何降低后期面临障碍所带来的负面效应。

但是，企业集团隶属公司的国际化与创新绩效呈现单纯的正向关系。为什么企业集团国际化后期对创新绩效不存在负效应？本书认为，这是与企业集团的特殊性决定的。企业集团通常受到国家政策支持、拥有丰富的资源，创新能力高，这使得其在国际化中有能力克服来自制度距离、文化差异、异地经营等带来的不确定性。从而，企业集团隶属公司的国际化对企业创新绩效有着持续的促进作用。

当然，企业集团上述优势也伴随着自身的局限性。企业集团国际化对创新绩效的正向影响要弱于非企业集团。虽然企业集团国际化对创新绩效具有持久的促进作用，但是，由于企业集团自身所具有的组织机构等方面的特点，如机构臃肿、决策效率低下等，导致其国际化对创新绩效的正向促进作用要比非企业集团弱。

三、研究缺陷和未来研究方向

本书依然存在着一些缺陷。首先，本书发现了企业集团双重效应，但并没有阐述其产生的内部原因。本书作者认为，除了企业集团自身特点外，新兴市场制度环境以及企业追求"制度合法性"的行为可以部分解释此问题。获得制度合法性是制度影响企业行为的具体机制（DiMaggio，1983）[25]。以规范合法性（Normative Legitimacy）为例，表现了其对企业创新绩效的影响。可以看出"有企业认证"可以提高首次创新成功的概率。从图 3.2-7 中，表现生存函数图低于没有认证。生存分析中首先需要定义"死亡"与"生存"的含义，此研究中"死亡"意味着企业进入高新园区后"获得首个专利授权"的事件发生，相应的"生存"意味着企业没有获得首次创新成果。因此生存函数曲线越低，企业首次创新成果的概率越高。因此，无论从制度环境整体，还是从制度合法性方面考察，它们都与企业创新绩效有着密切关系。本书作者希望在以后的研究中进一步探讨制度环境与制度合法性影响企业集团国际化与创新绩效的内部关系及理解。

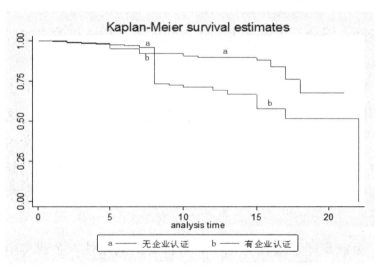

图 3.2-7　制度合法性与创新绩效

其次,样本来自南宁国家高新区,这使得研究结论的普遍性受到一定的限制。不同区域如长三角、珠三角、京津冀地区,企业集团发展情况各异,国际化与创新也有所不同。本书作者希望在以后研究中继续考察更具代表性的地区和企业类型。

　　最后,本书采用广义国际化的概念,把出口总额作为企业国际化的衡量方式,这存在着一定的片面性。希望学者在以后的研究中,关注对外直接投资等更多的国际化形式,更深入地研究国际化与创新绩效的关系。

　　虽然本书探讨了企业集团对国际化与创新绩效的影响,但是很多问题需要深入讨论和研究。既然企业集团国际化对创新绩效具有"双刃剑"的作用,那么,如何更好地、因地制宜的用好这把"双刃剑",即企业集团进行国际化的最佳时机是什么? 国际化发展到何种程度才能够更好地促进企业创新绩效? 这些问题需要深入研究。本书作者希望在以后的研究中能够克服上述缺陷,并完善和发展相关研究。

3.3　内外部双元网络的启示

3.3.1 企业外部网络

　　企业外部网络是企业获取外部资源,开展组织学习与企业创新的重要途径。由于资源的稀缺性,通过外部网络获取、整合并吸收知识等资源有利于企业塑造市场竞争力。越来越多的企业采用开放式创新从事资源的获取、整合与利用等活动。外部网络有多种形式,其中政治关联便是广为采用的一种形式。本书基于资源基础理论,运用一个内外部相结合的研究视角,探讨了外部因素(制度)、政治关联之间的关系,揭示了国有和民营企业寻求政治资源的不同过程,并阐述了两类企业的内部因素(股权集中度)对上述关系的不同调节作用。我们发现,制度和政治关联对于国有企业呈现倒 U 形关系,而民营企业负相关。进一步讲,国有企业股权集中度正向调节制度与政治关联的关系,而民营企业股权集中度呈现负向调节作用。研究结论得出:进一步结合企业内部网络来探究双元网络,对企业创新的赋能机制具有理论贡献与实践启示。

3.3.2 企业内部网络

企业集团子公司构成的内部网络对创新绩效具有提升机制，在企业集团的国际化过程中，企业内部网络的上述效应更为明显。本书基于企业集团的国际化过程，针对企业内部网络对企业创新的潜在影响，探讨了高新技术企业国际化程度与创新绩效的关系。研究者认为企业集团的国际化程度对创新绩效具有双重效应。研究发现企业集团与非企业集团隶属公司相比，呈现出不同机制。一方面，企业集团的国际化持续地促进创新绩效提高；另一方面，企业集团减缓了国际化对创新绩效的促进作用。以国家高新区企业为样本，研究首先发现国际化程度与创新绩效之间的倒 U 形关系。但集团公司呈现正向关系，此为企业集团正向效应。然而，集团公司特性对"国际化—创新绩效"关系具有负向调节，此为企业集团的负向效应。研究结论有利于理解二元网路的创新赋能。

综上所述，双元网络的创新赋能机制需要进一步深入阐述，理论框架上还需要拓展，研究方法上还需要更具针对性。本书作者认为，未来研究方向应该更为关注企业集团内外部网络在制度环境下的交互以及协同作用，结合制度环境对企业国际化的影响，讨论双元网络对新兴市场企业创新赋能的具体过程，尤其是对企业集团隶属公司的影响。研究者根据以上分析，提出了未来研究框架，见图 3.3-1 所示。实线部分是本书已经探讨的，虚线部分是未来需要探讨的。

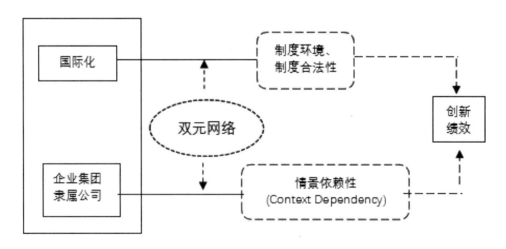

图 3.3-1 未来研究框架图

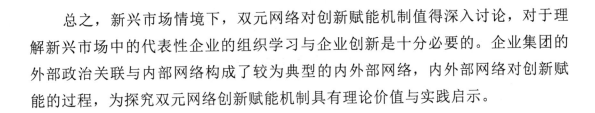

总之，新兴市场情境下，双元网络对创新赋能机制值得深入讨论，对于理解新兴市场中的代表性企业的组织学习与企业创新是十分必要的。企业集团的外部政治关联与内部网络构成了较为典型的内外部网络，内外部网络对创新赋能的过程，为探究双元网络创新赋能机制具有理论价值与实践启示。

本章小结

首先，讨论了企业集团外部政治关联提升创新绩效的过程。其次，探究了企业内部网络对创新绩效的赋能机理。最后，阐述了上述内外部网络相关问题对双元网络创新赋能的启示。

本章参考文献

【3.1 外部政治关联与创新绩效】

[1] Vandaie R, Zaheer A. Surviving Bear Hugs: Firm Capability, Large Partner Alliances, and Growth[J]. Strategic Management Journal, 2014, 35(4): 566-577.

[2] Barney J B. Firm Resources and Sustained Competitive Advantage[J]. Journal of Management, 1991, 17(1): 99-120.

[3] Granovetter M S. The Strength of Weak Connection[J]. American Journal of SocioLogy, 1973, 78: 1360-1380.

[4] Moran P. Structural vs. Relational Embeddedness: Social Capital and Managerial Performance[J]. Strategic Management Journal, 2005, 26: 1129-1151.

[5] Walter J, Lechner C, Kellermanns F W. Knowledge Transfer Between and Within Alliance Partners: Private Versus Collective Benefits of Social Capital[J]. Journal of Business Research, 2007, 60: 698-710.

[6] Nahapiet J, Ghoshal S. Social Capital, Intellectual Capital, and the Organizational Advantage[J]. Academy of Management Review, 1998, 242-266.

[7] Ahuja G. Collaboration Networks, Structural Holes, and Innovation: A Longitudinal Study[J]. Administrative Science Quarterly, 2000, 45(3): 425-455.

[8] 董保宝. 高科技新创企业网络中心度、战略隔绝与竞争优势关系[J]. 管理学报, 2013, 10(10): 1478-1484.

[9] Li Y, Chen H, Liu Y, et al. Managerial Ties, Organizational Learning, and Opportunity Capture: A Social Capital Perspective[J]. Asia Pacific Journal of Management, 2014, 31(1), 271-291.

[10] Olcott G, Oliver N. Social Capital, Sensemaking, and Recovery: Japanese Companies and the 2011 Earthquake[J]. California Management

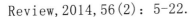

Review,2014,56(2)：5-22.

　　[11]　范如国.复杂网络结构范型下的社会治理协同创新［J］.中国社会科学,2014(4)：98-120.

　　[12]　Khwaja A I,Mian A.Do Lenders Favor Politically Connected Firms? Rent Provision in an Emerging Financial Market[J].The Quarterly Journal of Economics,2005,120(4)：1371-1411.

　　[13]　Faccis M.Politically Connected Firms[J].The American Economic Review,2006,96(1)：369-386.

　　[14]　Li H,Meng L,Zhang J.Why do Entrepreneurs Enter Politics? Evidence from China[J].Economic Inquiry,2006,44(3)：559-578

　　[15]　吴文锋,吴冲锋.中国上市公司高管的政府背景与税收优惠［J］.管理世界,2009,3：134-142

　　[16]　杜莹,刘立国.股权结构与公司治理效率:中国上市公司的实证分析［J］.管理世界,2002,11：124-133

　　[17]　Williamson O E.The New Institutional Economics：Taking Stock, Looking ahead[J].Journal of Economic Literature,2000,38(3)：595-613.

　　[18]　夏立军,方轶强.政府控制,治理环境与公司价值［J］.经济研究,2005,5：40-51

　　[19]　Boubakri N,Cosset,J C,Saffar W.Political Connections of Newly Privatized Firms[J].Journal of Corporate Finance,2008,14(5)：654-673.

　　[20]　Leuz C F,Christian L,Felix O G.Political Relationships,Global Financing,and Corporate Transparency：Evidence from Indonesia[J]. Journal of Financial Economics,2006,81(2)：411-439.

　　[21]　Fan J P H,Wong T J,Zhang T.Politically Connected CEOs,Corporate Governance,and post-IPO Performance of China's Newly Partially Privatized Firms[J].Journal of Financial Economics.2007,84(2)：330-357

　　[22]　张平,黄智文,高小平.企业政治关联与创业企业创新能力的研究——高层管理团队特征的影响［J］.科学学与科学技术管理,2014,35(3)：117-125.

[23] 田利辉，张伟. 政治关联影响我国上市公司长期绩效的三大效应 [J]. 经济研究, 2013, 11: 71-86.

[24] 徐业坤，钱先航，李维安. 政治不确定性、政治关联与民营企业投资——来自市委书记更替的证据 [J]. 管理世界, 2014, 5: 116-130.

[25] Claessens S, Feijen E, Laeven L. Political Connections and Preferential Access to Finance: The Role of Campaign Contributions[J]. Journal of Financial Economics, 2008, 88(3): 554-580.

[26] Thomsen S, Pedersen T. Ownership Structure and Economic Performance in the Largest European Companies[J]. Strategic Management Journal, 2000, 21(6): 689-705.

[27] Mcguckin R H, Nguyen S V. The Impact of Ownership Changes: A View from Labor Markets[J]. International Journal of Industrial Organization, 2001, 19: 739-762.

[28] 冯根福，韩冰. 中国上市公司股权集中度变动的实证分析 [J]. 经济研究, 2002, 8: 12-18.

[29] 孙兆斌. 股权集中、股权制衡与上市公司的技术效率 [J]. 管理世界, 2006, 7: 115-124.

[30] 刘银国，高莹，白文周. 股权结构与公司绩效相关性研究 [J]. 管理世界, 2010, 9: 177-179.

【3.2 内部网络与创新绩效】

[1] 张斌，陈岩. 集团化企业创新的约束条件分析 [J]. 外国经济与管理, 2015, 37(3): 76-86.

[2] Kim Y, Lui S S. The impacts of external network and business group on innovation: Do the types of innovation matter?[J]. Journal of Business Research, 2015, 68(9): 1964-1973.

[3] 陆亚东，孙金云. 中国企业成长战略新视角：复合基础观的概念、内涵与方法 [J]. 管理世界, 2013, 10: 106-117.

[4] Mahmood I P, Mitchell W. Two faces: Effects of business groups

on innovation in emerging economies[J].Management Science,2004,50(10)：1348-1365.

[5] 海本禄，聂鸣.国际化、创新与企业绩效：基于湖北省的实证研究 [J].科研管理,2012,33(4)：1-9.

[6] 吴晓波，周浩军.国际化战略、多元化战略与企业绩效 [J].科学学研究,2011,29(9)：1331-1341.

[7] Dunning J H.Some antecedents of internalization theory[J].Journal of International Business Studies,2003,34(2)：108-115.

[8] Kotabe M,Srinivasan S S,Aulakh P S.Multinationality and firm performance：The moderating role of R&D and marketing capabilities[J].Journal of International Business Studies,2002,33(1)：79-97.

[9] Kafouros M I,Buckley P J,Sharp J A,et al.The role of internationalization in explaining innovation performance[J].Technovation,2008,28(1-2)：63-74.

[10] Rothaermel F T.Incumbent's advantage through exploiting complementary assets via interfirm cooperation[J].Strategic Management Journal,2001,22(6-7)：687-699.

[11] Santos J,Doz Y.Williamson P.Is your innovation process global?[J].Sloan Management Review,2004,45(4)：31-37.

[12] Chesbrough H W.Open innovation：The new imperative for creating and profiting from technoLogy [M].Boston：Harvard Business Publishing Corporation,2003.

[13] Iona A,Leonida L,Navarra P.Business group affiliation,innovation,internationalization,and performance：A semiparametric analysis[J].Global Strategy Journal,2013,3(3)：244-261.

[14] 周治翰，胡汉辉.分工、企业组织演进与企业集团重组分析 [J].中国工业经济,2001,8：56-60.

[15] 冯自钦.企业集团多维价值效应矩阵评价研究——基于财务协同控制的模型设计及实证研究「J].科研管理,2013,34(7)：136-145.

[16] Guillen M F. Business groups in emerging economies: A resource based view[J]. Academy of Management Journal, 2000, 43(3): 362-380.

[17] Chang S J, Chung C N, Mahmood I P. When and how does business group affiliation promote firm innovation? A tale of two emerging economies[J]. Organization Science, 2006, 17(5): 637-656.

[18] Mahmood I, Chung C N, Mitchell W. The evolving impact of combinatorial opportunities and exhaustion on innovation by business groups as market development increases: The case of Taiwan[J]. Management Science, 2013, 59(5): 1142-1161.

[19] Wang C Q, Yi J T, Kafouros M, et al. Under what institutional conditions do business groups enhance innovation performance?[J]. Journal of Business Research, 2015, 68(3): 694-702.

[20] 李宇, 郭庆磊, 林菁菁. 企业集团如何引领产业创新升级: 一个网络能力视角的解析[J]. 南开管理评论, 2014, 17(6): 96-105.

[21] Khanna T, Palepu K. The future of business groups in emerging markets: Long run evidence from Chile[J]. Academy of Management Journal, 2000, 43(3): 268-285.

[22] Gaur A S, Kumar V. International diversification, business group affiliation and firm performance: Empirical evidence from India[J]. British Journal of Management, 2009, 20(2): 172-186.

[23] Chen Ying-Yu, Jaw Yi-Long. How do business groups' small world networks effect diversification, innovation, and internationalization? Asia Pacific Journal of Management, 2014, 31(4): 1019-1044.

[24] 王群勇. STATA 在统计与计量分析中的应用[M]. 天津: 南开大学出版社, 2007.

[25] DiMaggio P J, Powell W W. The iron cage revisited: Institutional isomorphism and collective rationality in organizational fields[J]. American SocioLogical Review, 1983, 147-160.

第4章 社会网络与知识网络对中小企业的创新赋能

4.1 社会网络与企业价值

4.1.1 理论基础与研究假设

社会网络与知识网络是企业网络、团队创新等研究领域广受关注的研究主题。社会网络更多地促进了隐性知识的传递；知识网络更有利于显性知识的分享与交流（廖开际等,2011）[1]。典型的创新网络通常都包含着社会网络与知识网络，形成了超网络结构，两类网络共同对创新绩效发挥着影响机制（Cui 等,2018；钟竞等,2008）[2,3]。这种网络交互如何影响创新绩效是值得深入研究的问题。以往研究表明交互记忆系统对隐性与显性知识的分享与传递都具有积极的影响，交互记忆系统促进了团队绩效的提高（张钢等,2009；Austin,2003；Zhang 等,2007）[4-6]。但是，这种网络交互如何促进企业创新绩效的提高，其内部机理及情景因素一直没有得到充分的关注与系统的讨论。现实中的社会网络与知识网络有着多种表现形式，企业间的连锁董事便是重要的网络链接组织。

连锁董事在转型经济的作用结论不一。以往研究表明连锁董事能够弥补市场失灵和制度漏洞，从而改善企业绩效。同时，其可能会成为一种社会凝聚工具，从而对企业绩效有消极影响。讨论组织学习与网络协同有助于理解创新能力的提高过程（Stan 等,2013）[7]。本书构建包括创新投入、网络中心度、制度环境在内的研究框架，更加完整地阐述连锁董事网络成员创新行为与企业绩效之间的关系，还有制度环境的作用机理。

①组织学习与网络中心度。组织学习引起学者们的关注，逐渐成为学术界研究的热点。由于组织可以将知识进行编码并储存，所以保存着习性、心智模

式（Mental Maps），这些因素影响着组织内成员的行为。网络中心度对网络企业的绩效具有积极作用。社会关系对嵌入其中的个体、群体或组织的行为和结果有着重要影响。网络指标在以往文献中广为采用，包括度中心性、居间中心性和结构洞。本书更为关注网络中心性，结合新兴市场环境，阐述网络中心性对网络成员创新行为乃至绩效的影响作用。连锁董事网络中心度较高的企业，拥有更多学习机会，可以寻找外来的知识、经验与网络成员分享知识，这便是网络镶嵌的作用。网络中心度较高的企业可以降低外部环境不确定性的影响，从而提高企业绩效。因此，我们有假设1：

假设1：企业在连锁董事网络中所具有的度数中心度（网络中心度）与企业绩效正相关。

②创新行为的调节作用。创新行为主要表现为创新投入，其不仅对企业而且对国家创新系统的构建都有着重要意义。市场结构与创新之间的关系，可以从创新投入和创新产出两个维度来理解，创新投入在中国是企业创新的决定性因素。技术创新投入对企业绩效有着直接影响，并且高技术产业整体与其下属行业之间、下属各行业彼此之间，其技术创新投入对企业绩效影响的效果存在明显差异。企业正是在既竞争又合作的复杂网络中获得创新的信息和知识，完成创新行为，分享创新成果。这也是协同创新尤其重要的原因之一。研究表明合作基础上探索式创新远大于个体企业的搜寻（Knudsen 等，2014）[8]。综上所述，连锁董事网络为企业创新提供了一个重要的平台，分享成员的信息与知识。当企业投入的 R&D 越多时，企业通过网络获取的资源也会越多。我们有假设2：

假设2：企业创新行为正向调节网络中心度和企业绩效的关系：当创新行为越强烈，网络中心度和企业绩效正向关系越强。

③地区制度发展。新兴市场国家中的制度环境是分析企业不可忽视的因素（唐跃军等，2014）[9]。新兴市场国家中显著特点之一在于外部制度缺失（Institutional Voids）。制度发展相对不完善时，外部交易成本较高，企业需要寻找和建立连锁董事网络获取资源，寻求发展。这时，连锁董事网络起到降低交易成本的作用，有助于改善企业经营、提高企业绩效。与此情景相反，制度发展不完善时，市场交易成本较高，企业需要寻求其他获得信息和资源的

途径。连锁董事此种情景下便为企业提供了有效途径。制度环境发展越完善，连锁董事网络的重要性就越下降，网络对企业绩效的促进作用也会减缓和降低。我们有假设 3：

假设 3：制度发展程度负向调节网络中心度与企业绩效的关系：即当制度发展程度越高时，网络中心度和企业绩效之间的正向关系越弱。

4.1.2　研究设计

①样本选择。我们选择中国上市公司数据，收集年限为 2005 年至 2010 年。由于 2010 年后连锁董事网络受到 2009 年金融危机影响，规模发生了很大变化。我们通过观测，发现 2005 年至 2010 年的网络比较平稳，为了保证数据的稳定性和结果的科学性，我们提出了变化较大的样本，只保留 2005 年至 2010 年的数据。

②变量定义。本书的因变量采用 Tobin'Q 衡量企业财务绩效。我们采用滞后一年的 Tobin'Q 作为企业绩效的衡量方式。自变量包括：社会网络中心度、制度发展和创新投入。连锁董事网络是一种正式的制度安排，有利于我们规范地研究企业在网络中的创新行为和企业绩效。网络中心度的计算方法有很多种，依据网络中心度的定义，我们有如下公式：

$$C_D(n_i) = d(n_i) = x_{i+} = \sum_j x_{ij} = \sum_j x_{ji} \qquad 公式（1）$$

我们采用市场发展指数作为制度发展程度的衡量方式，包括市场发展程度（Maktscore），政府与市场的关系（Govnscore）和市场中介和法律完善程度（Lawscore）。研究者取其均值作为衡量标准。制度指数的信息截至 2009 年，2010 年的数据用最近一年，即 2009 年的代替。我们采用 R&D 衡量企业的创新投入，其为企业每年在创新方面投入的资金数量，并将其做对数变化。控制变量包括企业规模、无形资产、行业与年份。企业规模为总资产的对数，无形资产也取对数。另外，包括行业与年份两个哑变量。

（3）分析方法。研究中采用横截面数据普通线性回归。我们采用了横截面数据的分析方法。回归模型如下公式所示。

$$Firm\ Performance = \beta_0 + \beta_1 FirmSize + \beta_2 Intagible\ Assets + \beta_3 Degree + \beta_4 Institutions +$$
$$\beta_5 Degree \times Institutions + \beta_7 \sum Year\ Dummy + \beta_8 \sum Industry\ Dummy + \beta_i Control\ Variables + \varepsilon$$
公式（2）

该公式是以假设 3 为例的模型，字母 ε 为回归中的随机项。

4.1.3 实证分析

我们在此分别详细地汇报分析结果如下。见图 4.1-1 为 2009 年、2010 年上市公司连锁董事的网络图，由于篇幅的限制，我们没有罗列所有年份的网络图示。 表 4.1-1 是变量的描述性和相关性分析，表 4.1-2 是对假设 1 至假设 3 的分析结果。

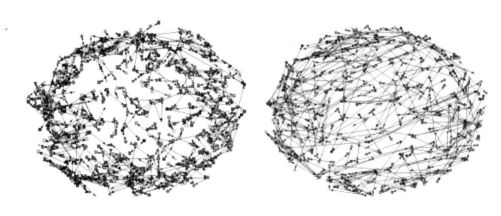

图 4.1-1　网络图示（2009-2010 年）

图 4.1-1 是以两年为例的连锁董事数据。连锁董事作为上市公司一种正式的制度安排，在 2005 年已经达到相当的规模，之后随着时间推移不断发展。

表 4.1-1　主要变量描述和相关性矩阵

	社会网络	创新行为	制度发展	企业规模	无形资产
社会网络（Degree）	1				
创新行为（Rnd_Log）	0.162***	1			
制度发展（Institutions）	0.068***	0.029*	1		
企业规模（Size）	0.068***	0.049***	0.050***	1	
无形资产（Intangible）	0.019	0.169***	0.029*	0.223***	1
均值	2.344	8.960	8.608	21.270	16.648

注：只包含主要变量，其他控制变量未包含在内；N=7248；***$p<0.001$,**$p<0.01$,*$p<0.05$。

表 4.1-2 普通线性回归结合（假设 1-3）

变量	模型 1	模型 2	模型 3	模型 4	模型 5	模型 6	模型 7
社会网络		0.408**		-0.032		1.627***	1.458**
		(0.011)		(0.902)		(0.010)	(0.023)
创新行为			0.118**	0.027			-0.026
			(0.047)	(0.715)			(0.766)
社会网络 × 创新行为				0.034*			0.028
				(0.097)			(0.189)
制度发展					-0.093	0.162	0.176
					(0.656)	(0.530)	(0.497)
制度发展 × 社会网络						-0.135**	-0.150**
						(0.046)	(0.029)
年份哑变量	Included	Included	Included	Included	Included	Included	Included
行业哑变量	Included	Included	Included	Included	Included	Included	Included
常数	29.39***	29.70***	31.88***	32.71***	29.82***	27.59***	27.84***
	(0.000)	(0.000)	(0.000)	(0.000)	(0.000)	(0.000)	(0.000)
企业规模	-1.132***	-1.194***	-1.147***	-1.186***	-1.123***	-1.177***	-1.188***
	(0.000)	(0.000)	(0.000)	(0.000)	(0.000)	(0.000)	(0.000)
无形资产	0.119	0.114	-0.065	-0.061	0.121	0.119	0.109
	(0.203)	(0.222)	(0.482)	(0.506)	(0.196)	(0.202)	(0.258)
观测值	7,428	7,428	7,428	7,428	7,428	7,428	7,428
F Value	6.471	6.477	8.770	6.722	6.261	6.212	5.901
R Square	0.247	0.256	0.0353	0.0451	0.248	0.262	0.264

注：括号内为标准差；*** 表示 $p<0.01$，** 表示 $p<0.05$，* 表示 $p<0.1$。

我们在假设 1 中认为，企业在社会网络中自身所处的网络中心度与企业绩效正相关。从表 4.1-2 模型 2 中可看出，变量 Degree 的系数显著为正值（0.408；$p<0.05$），说明企业的网络中心度与企业绩效呈正相关，企业可以利用社会网络提高绩效。因此，假设 1 得到了支持。假设 2 认为，企业创新投入正向调节网络中心度和企业绩效的关系。从表 4.1-2 模型 3 和模型 4 可以看出交互项（变量"社会网络 × 创新行为"）的系数显著为正（0.034；$p<0.1$）。此说明企业 R&D 和社会网络相结合，将会起到相互促进的作用。图 4.1-2 说明了 R&D 投入

对网络中心度和企业绩效的调节关系。横坐标为企业网络中心度，纵坐标为企业绩效 Tobin's Q。当 R&D 投入水平较高时，网络中心度和企业绩效的正向关系变得更强（粗线部分）。假设 2 得到支持。

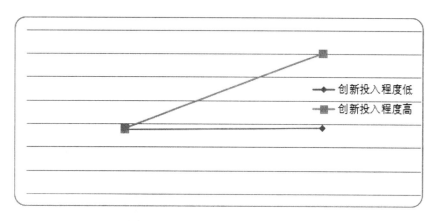

图 4.1-2　创新投入的调节（假设 2）

假设 3 认为制度发展程度负向调节网络中心度与企业绩效的关系。从表 4.1-2 模型 6 中可以看出交互变量（制度发展 × 社会网络）的系数显著为负（-0.135；$p<0.05$）。虽然企业的网络中心度可以促进企业绩效的提高，但其并不是在任何情况下都有效的途径。当制度发展相对完善时，社会网络对企业绩效的促进作用相对下降。只有在制度发展相对不完善时，社会网络才是组织学习和创新的有效途径。制度发展程度的调节作用见图 4.1-3 所示，当制度发展较不完善时，网络中心度和企业绩效的正向关系增强（细线部分）。假设 3 得到支持。

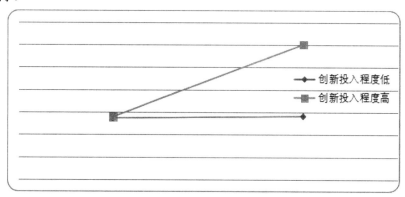

图 4.1-3　制度发展的调节作用（假设 3）

4.1.4 研究结论

以新兴市场中连锁董事网络成员的创新投入与绩效之间的关系为研究对象，社会网络为视角，结合制度理论与组织学习理论，论述了网络成员创新投入、市场发展程度之间的作用机制。研究发现网络成员的创新投入可以通过连锁董事提高企业绩效。连锁董事作为一种重要的社会资源，不仅可以传递资源、分享信息，而且将创新投入在网络中扩大并提高了企业绩效。当制度环境发展不完善时，网络的正向效应消失，并带来企业绩效的降低。研究结论对理解制度、网络和组织学习作用机理具有重要的理论和实践意义。

尽管如此，我们的研究依然具有局限。组织间的社会网络我们采用上市公司连锁董事网，这并不能完全涵盖组织间的所有类型的网络。其次，我们忽略了耦合网络的动力学演化机制，只是从相对静态视角开展研究。因此，我们提议以后的研究不仅关注组织层次的研究，而且更多地关注组织内部的行为，包括组织内部群体和个人的研究。

4.2 知识网络与技术标准竞争

4.2.1 理论基础与研究假设

标准竞争成为学术界的研究热点。早在 20 世纪 80 年代，Katz 等认为技术的非兼容来自网络外部性，即顾客对市场规模的期望决定了他们对产品的边际价值（Katz 等，1985）[1]。市场竞争价值法则从而决定了企业的生存与发展，而价值与创新密切相连。知识产权是知识价值的权力化、资本化；技术标准是技术成果的规范化、标准化（宋明顺等，2009）[2]。综观以往研究，本书研究者发现，吸收能力、创新方式、企业国际化程度等影响着标准竞争行为，但尚缺乏针对其内部机理的系统性探讨。本书作者以内向型开放式创新为切入点，综合考虑企业内外部制度环境，探讨了国际化企业的标准竞争力问题。本书试图做出下述探讨。首先，本书将丰富开放式创新、国际化和标准竞争之间的理论。其次，我们为新兴市场国家中企业参与标准竞争的实践提供了理论依据。最后，相应研究结论有助于增强企业国际标准竞争力的提升，带动高新技术产业发展，实现经济转型升级。

一、开放式创新下的技术标准

技术标准是对技术指标、技术手段等详细具体的技术事项做出的统一规定，实际上是按照技术发展规律"打包的专利池"（曹群等，2012）[3]。较有影响的有关标准竞争的研究可以追溯到 Axelrod 等关于标准联盟的研究（Axelrod 等，1995）[4]。在此之前，Farrell 和 Saloner 运用组织惯性（Inertia）、信息不对称、从众效应（Bandwagon Effects）解释决策企业如何选择新的、不兼容的技术（Farrell 等，1985）[5]。内向型开放式创新决定着技术标准的制定与形成。Chesbrough 认为，企业不应该仅仅依靠自己的创新投入，竞争优势通常来自内向型开放式创新（Chesbrough 等，2006）[6]。内向型开放式创新关注企业获取资源并将其内部化，是一个由外向内的过程；外向型开放式创新则注重企业技术资源的市场化，是一个由内向外的过程。开放式创新与吸收能力存在密切联系（Cohen 等，1990）[7]。Leiponen 研究了 3GPP 技术标准的制定过程，强调了战略联盟、产业联合（Industry Consortia）等的重要作用（Leiponen，2008）[8]。国内学者从产业联盟、专利和市场化等角度对标准竞争进行了探讨。开放式创新获得了专利，促进了标准竞争（王珊珊等，2012）[9]。

从某种意义上讲，专利影响的只是一个或若干个企业，标准影响的却是一个产业。同时，技术标准在产业化过程中要求企业采取开放式创新方式，将外部资源内部化、内部技术资源外部化。开放式创新强调合作与分享，知识互补提高了价值创造。例如，文娟探讨了专利在技术标准中的分布对价值链治理模式的影响（文娟，2007）[10]。以 GSM、CDMA 两种技术标准为例，研究发现专利分布越均衡与分散，价值链越倾向于网络型和市场型治理。本书作者认为，内向型可以提高企业创新能力，转化为企业竞争力，从而提高了企业在标准竞争中的竞争能力，获得竞争优势。内向型开放性创新为企业引进了更多资源，增强了自主创新能力。具有较强创新能力与动力的企业更愿意参与标准制定过程。因此，开放式创新能够增强企业竞争力，并促进标准的形成。我们有如下假设：

假设 1：企业内向型创新促进首个国家行业技术标准的形成。

二、企业国际化

标准竞争过程中，国际化是有效的学习途径，其增强了企业创新能力，提高了标准竞争力。企业国际化目的在于更大程度上利用创新形成的技术优势（Kotabe 等，2002）[11]。国际化企业可以在全球市场上选择廉价原料，并选择适宜的地区设立研发部门，有效地降低了创新和研发的成本，从而提高创新和标准竞争能力（Kafouros 等，2008）[12]。广义国际化认为国际企业可以是在海外设立公司，也可以是在本国进行国际性经营。其经营内容不仅仅包括国际投资，也包括国际贸易、服务等。国际化研究的文献十分丰富，存在着若干理论流派，包括对外直接投资理论和国际生产折中范式及代表企业跨国商务活动的制度安排的海外市场进入模式研究、跨国并购等（Hitt 等，2000）[13]。我们有如下假设：

假设 2：企业国际化程度促进首个国家行业技术标准的形成。

进一步讲，国际化不仅仅直接影响着标准制定，而且具有对内向型创新与技术标准之间关系的正向调节作用。这种调节作用来自国际化过程中互补性资产的获得、知识外溢的效应等。一方面，互补性资产的获得使得国际化企业从中开发而获益，国际化增强了企业获得互补性资产的机会和能力，为企业在标准制定过程中补充者崭新的知识和资源（Rothaermel，2001）[14]。另一方面，这些资源在国际化过程中通过知识外溢实现全球范围的资源整合。国际化的程度越高，企业越容易参与全球性的国际竞争，通过学习效应提高创新能力。具有同样创新能力的企业，通过国际化过程后发挥出更强的标准竞争力。我们有如下假设：

假设 3：国际化程度正向调节内向型创新与首个国家行业技术标准形成之间的关系。

假设 3a：国际化程度正向调节国内技术引进程度与首个国家行业技术标准形成之间的关系。

假设 3b：国际化程度正向调节国外技术引进程度与首个国家行业技术标准形成之间的关系。

三、吸收能力的调节作用

开放式创新与吸收能力、互补性资产以及探索与利用模式密切相关

（Dahlander 等，2010）[15]。吸收能力是企业获取、消化、转换以及利用外部知识的一系列组织惯例与流程。以往学者研究了企业吸收能力、行业吸收能力、地区吸收能力，讨论了中国各地区必要消化吸收能力的门槛。当该地区的综合吸收能力达到一定的水平时，对外投资的逆向溢出会呈现出显著的跃升和充分的体现。本书研究者认为吸收能力有利于技术联盟成员的知识吸收和传递，进而提高标准竞争力。吸收能力对企业建立技术联盟进行合作研发具有正向影响，吸收能力越强企业建立技术联盟进行合作研发的程度越高，并且吸收能力在风险投资对技术联盟建立的关系中起着中介作用（龙勇等，2011）[16]。当企业具有较强的吸收外部知识的能力时，可以更有效地将通过内向型开放式创新获得的资源、信息和知识等转化为企业能力。从而在标准竞争过程中，企业可以获得比较优势。因此，我们有如下假设：

假设 4：企业吸收能力正向调节内向型与首个国家行业技术标准形成之间的关系。

假设 4a：企业吸收能力正向调节国内技术引进程度与首个国家行业技术标准形成之间的关系。

假设 4b：企业吸收能力正向调节国外技术引进程度与首个国家行业技术标准形成之间的关系。图 4.2-1 为本书的理论模型。

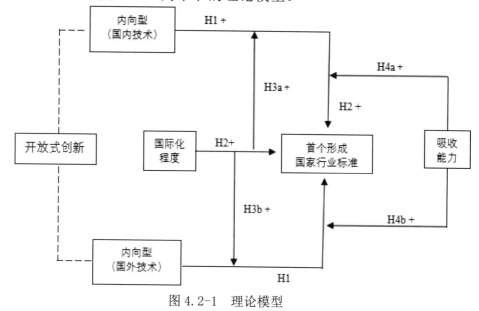

图 4.2-1　理论模型

4.2.2 研究设计

一、研究方法

由于因变量"获得标准（qi27）"是一个二分变量，即取值为 0 或者 1，同时探索性分析表明误差项服从 Logistic 分布。因此本书作者选取二项选择模型，采取横截面数据的处理方法，模型如公式（1）所示：

$$p(y_i = 1 | x) = E(y_i | x) = F(x_i \beta) = \frac{e^{x_i \beta}}{1 + e^{x_i \beta}} = \frac{1}{1 + e^{-x_i \beta}} \qquad 公式（1）$$

二、数据来源

研究样本来自南宁国家高新区，从 2008 年至 2010 年三年的总共 684 家企业数据。选择南宁国家高新区企业作为我们的研究样本是由其地理和历史特殊性决定的。其创建于 1988 年，1992 年经国务院批准为国家级高新区，是广西发展高新技术的重要基地。南宁国家高新区具有广西社会、经济、民族、区域等独特特点，面临中国—东盟经济自由贸易区建设的历史机遇。

三、变量定义

首先，因变量。我们定义变量"获得标准（qi27）"，如果企业获得首个国家行业标准认证，其取值 1，否则为 0，因此因变量为二分变量。其次，自变量包括：内向型开放式创新模式、国际化程度、吸收能力。其中，内向型开放式创新模式分别用变量"国外经费（qj59）""国内经费（qj62）"表示，并做对数变换；国际化程度（qc11），从企业出口比例衡量；吸收能力（qj74），我们采用当年专利授权数衡量吸收能力。再次，控制变量。模型中的控制变量包括：企业规模（qc27），采用固定资产合计取对数；财务绩效（qc12），采用净利润取对数，企业参与标准与创新能力和吸收能力有关。我们同时控制年份和行业哑变量。

4.2.3 实证分析

样本中变量描述和相关性分析见表 4.2-1。表 4.2-2 和 4.2-3 是关于假设的统计。所有假设验证情况可以参见表 4.2-4。

表 4.2-1 变量描述及相关性分析

	均值	方差	1	2	3	4	5	6	7
1. 获得标准（qi27）	0.021	0.142	1						
2. 国外经费（qj59）	0.042	0.525	0.099***	1					
3. 国内经费（qj62）	0.060	0.589	0.173***	0.076**	1				
4. 国际化程度（qc11）	0.515	1.975	0.154***	0.178***	0.108***	1			
5. 吸收能力（qj74）	0.434	2.524	0.094***	0.016	0.036	0.072**	1		
6. 企业规模（qc27）	8.355	2.086	0.109***	0.072**	0.1***	0.242***	0.127***	1	
7. 企业绩效（qc12）	7.077	2.669	0.086**	0.058*	0.021	0.094**	0.131***	0.422***	1

注：$N=1358$。*** 表示 $p<0.001$，** 表示 $p<0.01$，* 表示 $p<0.05$；分别表示统计检验的显著性水平为 0.001、0.01、0.05。

表 4.2-2 逻辑回归（假设 1 至假设 3）

DV: 获得标准（qi27）	模型 1	模型 2	模型 3	模型 4	模型 5	模型 6
国外经费（qj59）	0.228*			0.048		-0.208
	(0.137)			(0.537)		(0.513)
国内经费（qj62）		0.337***			0.396***	0.432***
		(0.093)			(0.139)	(0.141)
国际化程度（qc11）			0.168***	0.157***	0.162***	0.137**
			(0.056)	(0.058)	(0.060)	(0.063)
国外经费 × 国际化程度				0.009		0.041
				(0.059)		(0.056)
国内经费 × 国际化程度					0.002	0.000
					(0.027)	(0.027)
吸收能力（qj74）	0.042	0.035	0.044	0.045	0.045	0.044
	(0.028)	(0.024)	(0.029)	(0.029)	(0.029)	(0.029)
企业规模（qc27）	0.324***	0.286**	0.235*	0.231*	0.178	0.162
	(0.121)	(0.119)	(0.124)	(0.125)	(0.132)	(0.138)
企业绩效（qc12）	0.179	0.188*	0.177	0.175	0.222*	0.222*
	(0.114)	(0.111)	(0.108)	(0.110)	(0.121)	(0.125)
Constant	-8.049***	-7.899***	-7.351***	-7.311***	-7.306***	-7.429***
	(1.119)	(1.103)	(1.146)	(1.153)	(1.193)	(1.218)
Observations	1,358	1,358	1,358	1,358	1,358	1,358
Log likelihood	-122.4	-120.4	-119.5	-119.1	-115.2	-115.6
Pseudo R2	0.103	0.119	0.124	0.127	0.155	0.152
	假设 1		假设 2		假设 3	

注：Standard errors in parentheses；*** 表示 p<0.01，** 表示 p<0.05，* 表示 p<0.1。

表 4.2-3　逻辑回归（假设 4）

DV：获得标准（qi27）	模型 1	模型 2	模型 3	模型 4	模型 5	模型 6	模型 7
国外经费（qj59）	0.232*			0.166			0.092
	(0.135)			(0.149)			(0.165)
国内经费（qj62）		0.420***			0.512***		0.490***
		(0.115)			(0.135)		(0.138)
吸收能力（qj74）			0.039	0.032	0.043	0.026	0.023
			(0.028)	(0.030)	(0.028)	(0.037)	(0.041)
国外经费×吸收能力				0.140			0.098
				(0.107)			(0.085)
国内经费×吸收能力					-0.095		-0.094
					(0.130)		(0.159)
国际化程度（qc11）						0.125**	0.097
						(0.062)	(0.066)
国际化程度×吸收能力						0.018	0.017
						(0.012)	(0.012)
企业规模（qc27）	0.331***	0.300**	0.339***	0.338***	0.275**	0.240*	0.187
	(0.123)	(0.126)	(0.122)	(0.125)	(0.128)	(0.128)	(0.139)
企业绩效（qc12）	0.181	0.214*	0.171	0.170	0.218*	0.154	0.214*
	(0.113)	(0.116)	(0.111)	(0.114)	(0.117)	(0.108)	(0.119)
Constant	-8.349***	-8.404***	-8.345***	-8.376***	-8.254***	-7.475***	-7.600***
	(1.120)	(1.154)	(1.121)	(1.148)	(1.171)	(1.167)	(1.236)
Observations	1,358	1,358	1,358	1,358	1,358	1,358	1,358
Log likelihood	-124.1	-120.5	-124.5	-120.9	-118.7	-119.5	-112.2
Pseudo R2	0.0899	0.117	0.0869	0.114	0.130	0.124	0.178

注：Standard errors in parentheses；*** 表示 $p<0.01$，** 表示 $p<0.05$，* 表示 $p<0.1$。

　　我们在假设 1 中认为企业内向型创新促进首个国家行业技术标准的形成。表 4.2-2 中模型 1 与模型 2 是相关检验结果，可以看出变量"国外经费（qj59）""国内经费（qj62）"的系数都显著为正，分别为 0.228（$p<0.1$）、0.337（$p<0.01$）。其说明开放式创新，无论是从国外还国内引进技术，都可以促进企业获得首个技术标准认证，因此假设 1 得到支持。

　　我们在假设 2 中认为企业国际化程度促进首个国家行业技术标准的形成。假设 2 的统计检验结果汇报在表 4.2-2 模型 3 中，变量"国际化程度（qc11）"系数显著为正（0.168；$p<0.01$），说明国际化程度有利于技术标准的制定，假

设 2 得到支持。

我们认为国际化程度正向调节内向型创新与首个国家行业技术标准形成之间的关系。相关统计检验汇报在表 4.2-2 中模型 4、5 中。其中模型 4 中交互项"国外经费 × 国际化程度"系数为正，模型 5 中的交互项"国内经费 × 国际化程度"系数亦为正。尽管两者没有通过统计性检验，但是正向的符号已经支持了我们的理论预测。

最后假设 4 关注了企业吸收能力的调节作用。我们认为吸收能力正向调节内向型与首个国家行业技术标准形成之间的关系。其相关验证汇报在表 4.2-3 中，模型 1 至模型 3 是主效应，模型 4 至模型 6 为调节作用。一方面，我们认为企业吸收能力正向调节国内技术引进程度与首个国家行业技术标准形成之间的关系（假设 4a）；另一方面，我们同时认为企业吸收能力正向调节国外技术引进程度与首个国家行业技术标准形成之间的关系（假设 4b）。可以看出，开放式创新模式的不同导致技术标准制定的不同影响。模型 4 中交互项"国外经费 × 吸收能力"系数为正（0.140）；而模型 5 中交互项"国内经费 × 吸收能力"系数为负（-0.095）。研究者认为这体现了国外先进技术对技术标准的促进作用，同时说明了国内较为激烈的技术竞争。同时，表 4.2-3 中模型 6 是关于国际化程度的正向调节作用的统计结果，可见交互项"国际化程度 × 吸收能力"系数为正（0.018），这从另一个方面说明了企业进行国际化，学习国外先进技术的重要性。我们在文后进行了较为详细的讨论。本书的假设结论概括在表 4.2-4 中。

表 4.2-4　假设检验情况总结

变量类别	变量名称	研究假设	回归系数预测方向	回归系数实际方向	是否支持假设
内向型开放式创新	国外经费（qj59）国内经费（qj62）	H1	+	+	支持 * 表示 p<0.1；支持 *** 表示 p<0.01
企业国际化程度	国际化程度（qc11）	H2	+	+	支持 *** 表示 p<0.01
国际化程度正向调节	国外经费 × 国际化程度国内经费 × 国际化程度	H3	H3a +	+	不显著
			H3b +	−	不显著
企业吸收能力正向调节	国外经费 × 吸收能力国内经费 × 吸收能力	H4	H4a +	+	不显著
			H4b +	+	不显著

注：*、** 和 *** 分别表示在 0.1、0.05 和 0.01 显著性水平上支持研究假设。

4.2.4　主要结论与讨论

一、主要结论

本书探讨了内向型开放式创新、国际化、吸收能力与企业形成首个技术标准之间的关系。结果表明内向型开放式创新促进了技术标准的形成，促进了首个标准的形成。国际化与吸收能力对技术标准具有正向促进作用，但是这种促进作用由于内向型开放式创新的形式不同，而有所差异。具体而言，国际化正向调节引进国外经费与技术标准制定之间的关系，负向调节引进国内经费与技术标准制定之间的关系。这一发现对国际化企业的标准竞争具有深刻启示。一方面，通过国际化获得国外先进技术对于企业创新、技术标准制度具有促进作用。另一方面，国际化企业应该合理分配资源，整合国外技术与国内技术，做到消化吸收，并有效利用。下文详细讨论了上述结论的理论与实践启示。

二、理论与实践启示

本书从开放式创新与国际化相整合的视角探讨标准竞争本身便是重要贡献。开放式创新与国际化都为企业带来了学习机会，两者共同提高了标准竞争力。首先，对于内向型开放式创新而言，引进国外、国内经费都有利于技术标准制度，但国内技术引进的促进作用略大些。此启示企业在消化吸收国外先进技术时，也应该重视国内技术的引进。其次，研究表明国际化程度对技术标准制定的重要性。一方面企业国际化程度对首个标准形成具有明显的推动作用，另一方面国际化程度从一定程度上具有正向调节作用，即开放式创新程度对技术标准推动作用可以通过国际化得到加强。因此，本书作者认为企业可以适当加大国际化程度，引进吸收国外先进的技术资源，加以消化吸收，运用到标准竞争过程中，政策制定者也可以据此制定针对性的鼓励措施和政策建议。最后，企业消化吸收能力是增强创新，提高标准竞争力的关键。研究者认为新兴市场企业的吸收能力需要综合多方面因素加以提高，例如资源获取、组织学习与技术联盟等。

三、研究不足及未来研究方向

尽管如此，我们的研究依然具有局限性。首先，数据只是针对国家高新区企业，这使得研究结论的普遍性受到一定限制。我们希望后续研究能够讨论更为广泛的研究对象，并区分不同企业类型，如国有民营企业、企业集团等特殊类型的企业。其次，对于开放式创新和标准竞争之间的关系，其内部机制还需要深入研究，我们的研究只关注两者的直接作用关系，可能存在其他中介或调节变量影响两者之间的作用机制。此外，我们没有探讨外向型开放式创新的作用。外向型开放式创新是一个商业化的过程，依靠市场环境、交易机制等多因素的完善，其对标准竞争的影响机制更为复杂。我们希望后续工作中，可以综合考虑上述因素，不断完善相关研究。

4.3 社会网络与知识网络双元网络的启示

首先，社会网络有利于企业价值的提高。研究连锁董事网络在成员创新投入与绩效之间关系的影响作用，并分析此过程中的关键因素与机理。从社会网络为视角，结合制度与组织学习理论，研究者论述了连锁董事、创新投入、市场发展程度之间的作用机制。利用上市公司数据，通过普通线性回归进行实证分析。研究发现网络成员的创新投入可以通过连锁董事提高企业绩效，而市场发展程度负向调节连锁董事与企业绩效的关系。结论表明连锁董事网络在制度相对不完善时成为组织学习的重要途径，其对创新投入促进企业绩效具有放大作用。研究结论有助于理解网络成员的创新机制，指导企业利用社会网络增进创新效率，进而提高企业绩效。研究表明网络影响着产品创新乃至企业的协同活动为企业获得和分享知识提供了途径（Story 等，2015）[1]。孙永磊等阐述了网络惯例的双元学习能力对合作创新绩效的影响（孙永磊等，2014）[2]。个体知识可以跨越组织边界获得分享（Tortoriello 等，2012）[3]。新兴市场国家制度缺失和发展不平衡是显著特征，其决定着学习和创新的形式及特点。外部环境伴随的不确定性通过连锁董事对企业财务绩效产生影响，这使得组织学习行为愈显复杂（Martin 等，2015）[4]。社会网络往往成为制度缺失的替代品，发挥着获取资源、降低交易成本的作用。例如，研究发现专利联盟鼓励企业创新，促进专利研发（杜晓君等，2014）[5]。

其次，知识网络有助于塑造企业的技术标准竞争力。信息时代的来临以及经济全球化的发展，标准竞争成为获得比较优势，也是跨国公司实施价值链治理的关键工具。技术标准与技术发展的速度是一致的，甚至超过了技术创新本身的发展水平（Tassey，2000）[6]。而开放式创新是知识经济时代的崭新创新方式，研究证明其对技术标准具有重要的影响（Chesbrough，2003）[7]。随着各国贸易日益自由化，国际竞争中的企业将专利技术与标准化相结合，实现市场扩张，这是国际上知识产权战略新动向。技术标准越来越强调开放式的视角、网络效应等，战略联盟、专利池等成为研究重点。网络效应与路径依赖效应下，技术标准决定着产业的主导者。国际化企业的开放式创新与技术标准之间的作用机理具有重要的研究价值。以往研究表明技术标准竞争与吸收能力与开放式创新密切相关，以此为基础本书探讨了内向型开放式创新、吸收能力与国际化过程中的企业形成首个技术标准之间的关系。研究发现内向型创新促进了首个标准的形成，企业国际化程度与吸收能力对技术标准制定具有正向影响作用。但是这种效应随开放式创新的形式不同有所差异。研究结论对新兴市场企业技术标准竞争具有理论与实践意义。

总之，社会网络与知识网络构成了典型的双元网络，并共同影响着企业价值与创新绩效等。社会网络传递的更多是隐性知识；知识网络更多的是显性知识的分享。双元网络创新赋能的内部机理与情境因素等是值得深入讨论的研究课题。

本章小结

首先，讨论了社会网络影响企业价值的内在机理与情境因素；其次，探讨了知识网络与技术标准竞争的关系；最后，阐述了上述问题对双元网络创新赋能的启示。

本章参考文献

【4.1 社会网络与企业价值】

[1] 廖开际，叶东海，吴敏. 组织知识共享网络模型研究——基于知识网络和社会网络 [J]. 科学学研究，2011，(9)：1356-1364.

[2] Cui V，Yang H，Vertinsky I. Attacking Your Partners：Strategic Alliances and Competition between Partners in Product Markets[J]. Strategic Management Journal，2018，39(12)：3116-3139.

[3] 钟竞，吴泗宗，张波. 高技术企业跨边界学习的案例研究 [J]. 科学学研究，2008，(3)：578-583.

[4] 张钢，熊立. 成员异质性与团队绩效：以交互记忆系统为中介变量 [J]. 科研管理，2009，30(1)：71-80.

[5] Austin J.R. Transactive Memory in Organizational Groups：The Effects of Content，Consensus，Specialization，and Accuracy on Group Performance[J]. Journal of Applied PsychoLogy，2003，88(5)：866-878.

[6] Zhang Z.X.，Hempel P.S.，Han Y.L.，et al. Transactive Memory System Links Works Team Characteristics and Performance[J]. Journal of Applied PsychoLogy，2007，92(6)：1722-1730.

[7] Stan M，Vermeulen F. Selection at the Gate：Difficult Cases，Spillovers，and Organizational Learning[J]. Organization Science，2013，24(3)，796-812.

[8] Knudsen T，Srikanth K. Coordinated Exploration：Organizing Joint Search by Multiple Specialists to Overcome Mutual Confusion and Joint Myopia[J]. Administrative Science Quarterly，2014，59(3)：409-441.

[9] 唐跃军，左晶晶，李汇东. 制度环境变迁对公司慈善行为的影响机制研究 [J]. 经济研究，2014，49(2)，61-73.

【4.2 知识网络与技术标准竞争】

[1] Katz M L, Shapiro C. Network externalities, competition, and compatibility[J]. The American Economic Review, 1985, 424-440.

[2] 宋明顺, 赵志强, 张勇等. 基于知识产权与标准化的贸易技术壁垒——"国际贸易技术壁垒与标准化问题"研讨会综述 [J]. 经济研究, 2009, 3：155-158.

[3] 曹群, 刘任重. 基于技术标准的技术进步策略选择——一个进化博弈分析 [J]. 经济管理, 2012, 34(7)：154-162.

[4] Axelrod R, Mitchell W, Thomas R E, et al. Coalition formation in standard-setting alliances[J]. Management Science, 1995, 41(9)：1493-1508.

[5] Farrell J, Saloner G. Standardization, compatibility, and innovation[J]. The RAND Journal of Economics, 1985, 70-83.

[6] Chesbrough H, Crowther A K. Beyond high tech: early adopters of open innovation in other industries[J]. R&D Management 36, 3, 2006, 229-236.

[7] Cohen W M, Levinthal D A. Absorptive capacity: a new perspective on learning and innovation[J]. Administrative Science Quarterly, 1990, 35(1)：128-152.

[8] Leiponen A E. Competing through cooperation: the organization of standard setting in wireless telecommunications[J]. Management Science, 2008, 54(11)：1904-1919.

[9] 王珊珊, 王宏起, 邓敬斐. 产业联盟技术标准化过程及政府支持策略研究 [J]. 科学学研究, 2012, 30(3)：380-386.

[10] 文娉. 技术标准中专利分布影响下的价值链治理模式研究——以移动通信产业为例 [J]. 中国工业经济, 2007, 4：119-127.

[11] Kotabe M, Srinivasan S S, Aulakh P S. Multinationality and firm performance: the moderating role of R&D and

marketing capabilities[J]. Journal of International Business Studies, 2002, 33(1): 79-97.

[12] Kafouros M I, Buckley P J, Sharp J A, et al. The role of internationalization in explaining innovation performance[J]. Technovation, 2008, 28(1): 63-74.

[13] Hitt M A, Dacin M T, Levitas E, et al. Partner selection in emerging and developed market contexts: resource-based and organizational learning perspectives[J]. Academy of Management Journal, 2000, 43: 449-467.

[14] Rothaermel F T. Incumbent's advantage through exploiting complementary assets via interfirm cooperation[J]. Strategic Management Journal, 2001, 22(6-7): 687-699.

[15] Dahlander L, Gann D M. How open is innovation[J]. Research Policy, 2010, 39: 699-709.

[16] 龙勇, 梅德强, 常青华. 风险投资对高新技术企业技术联盟策略影响——以吸收能力为中介的实证研究 [J]. 科研管理, 2011, 32(7): 76-84.

【4.3 社会网络与知识网络双元网络的启示】

[1] Story V M, Boso N, Cadogan J W. The form of relationship between firm-level product innovativeness and new product performance in developed and emerging markets[J]. Journal of Product Innovation Management, 2015, 32(1), 45-64.

[2] 孙永磊, 党兴华, 宋晶. 基于网络惯例的双元能力对合作创新绩效的影响 [J]. 管理科学, 2014, 27(2): 38-47.

[3] Tortoriello M, Reagans R, McEvily B. Bridging the knowledge gap: The influence of strong ties, network cohesion, and network range on the transfer of knowledge between organizational units[J]. Organization Science, 2012, 23(4), 1024-1039.

［4］ Martin G,Gözübüyük R,Becerra M.Interlocks and firm performance：The role of uncertainty in the directorate interlock-performance relationship[J].Strategic Management Journal,2015,36(2),235-253.

［5］ 杜晓君，罗猷韬，谢玉婷.专利联盟创新效应实证分析：MPEG-2、TD-SCDMA 和闪联为例 [J]. 研究与发展管理,2014,26(1)：78-88.

［6］ Tassey G.Standardization in technoLogy-based markets[J].Research Policy,2000,29(4-5)：587-602.

［7］ Chesbrough H W.Open Innovation：The new imperative for creating and profiting from technoLogy [M].Boston：Harvard Business Publishing Corporation,2003.

第5章 双元网络情景中的组织跨边界学习

5.1 网络成员的组织学习

5.1.1 组织学习文献综述

一、组织学习的概念

组织学习是新兴市场国家企业提升竞争力的重要方式，其为企业提供了共享资源的有效途径（耿帅，2005）[1]。但是组织学习长期以来没有形成很清晰的逻辑体系，导致对组织学习研究没有系统性，并缺乏相应的经验研究（Miner等，1996）[2]。该理论的发展脉络和趋势，以及存在的主要研究问题和局限性并没有得到充分的阐述，一定程度上阻碍了组织学习相关理论的发展。本书试图在系统分析国内外相关文献的基础上，通过文献分析可视化，研究组织学习理论的发展过程和研究热点，探索将来的研究方向。研究主要体现在以下三个方面。首先，识别了组织学习理论研究领域的重要文献与重要学者；其次，以四个阶段阐述了组织学习领域的理论发展过程；最后，总结了组织学习理论领域的主要研究内容，并提出了目前该研究领域的不足和缺陷，重点提出应该加强新兴市场国家的研究。

本书归纳和整理了对组织学习具有代表性的概念，如下页表5.1-1所示。

组织学习的定义虽然有所不同，但大多都强调组织学习是与组织成员的个人学习密不可分。个人学习是一个不断感知环境，然后对相关信息进行处理，最终形成个人知识的过程。而组织成员的流动会导致形成的个人知识被传播、解释、发挥和记忆，这些个人信息逐渐变成了对组织有价值的组织知识（Nonaka，1994）[3]。我们认为组织学习是组织获得、创造和传递知识的多层次、多阶段的过程。这一过程包括了知识积累、问题解决等具体组织行为，并且与组织所处环境密切相关，受外部环境因素影响。

表 5.1-1　代表性概念

年代	学者	定义
1978	Argyris & Schon	寻找并更正错误的过程
1983	Morgan & Ramirez	以共同学习的方式一起解决共同问题的过程
1985	Foil & Lyles	通过较好的知识和理解来改善行动的过程
1990	Senge	没有了个人学习，组织学习无从开始
1991	Huber	通过信息处理的程序来改变潜在的行为模式
1995	Slater & Narver	发展能够影响行为的新知识或者洞察力
2000	Gherardi & Nicolini	特定的社会文化环境中通过人际关系互动而学习的结果
2003	陈建国	社会系统利用外部环境的物质和能量进化的过程，同时也是主体认识、改造世界的信息能循环运动的过程
2004	于海波	组织为了实现自己的愿景或适应环境的变化，在个体、团队、组织层和组织间进行的、不断产生和获得新的知识和行为、并对其进行解释、整合和制度化的循环上升的社会互动过程

二、国外文献

组织学习和组织记忆的概念首先由 Cybert 和 March 提出，之后引起学者们的关注，逐渐成为学术界研究的热点。Nicolini 和 Meznar 从社会学视角对组织学习领域的主要问题进行了探讨，他们认为组织学习的理解和研究离不开对不断变化的组织认知结构的理解。大量的研究关注组织学习是否带来企业绩效的提高，战略领域的学者所利用的多是资源基础理论和知识基础理论（Conner等, 1996；Grant, 1996；Spender, 1996）[4-6]。Easterby-Smith 总结了组织学习研究领域的主要研究观点：心理学, 管理科学, 社会学和组织理论, 战略管理学, 生产管理和人类学。这些理论和研究视角中, 心理学和社会学占据了主要的地位, 其他是它们的分支。国外文献主要集中在组织学习的因素和内在机理、层次和模型、推动因素、障碍等，如表 5.1-2 所示。

同时，许多学者对组织学习的影响因素和内在机制进行了探讨。Huber 提出了与组织学习相联系的四个重要概念：知识获得、信息传递、信息转化和组织记忆（Huber, 1991）[7]。Huber 认为，组织记忆需要更加系统和深入研究，组织具有记忆，将组织成员的个人知识存留在组织中，最终形成组织层面的知识，这便是组织学习的过程。正是这种组织记忆，尽管组织成员在不断地更替，但是组织仍然保存着它的习性、心智模式、规范和价值观（Levitt 等，1988）[8]。组织不断地对组织成员的知识进行编码，被编码的知识会储存在组织记忆里，进一步指引或影响组织成员的行为（Thomas 等，2001）[9]。

表 5.1-2 国外组织学习的主要研究

主要研究问题	代表作者 / 年度	观点
组织学习的影响因素和内在机制	Levitt, March(1988)；Huber（1991）；Yeung(1999)；Thomas，Sussman，Henderson(2001)	提出了与组织学习相联系的四个重要概念：知识获得、信息传递、信息转化和组织记忆
组织学习的层次	Simon(1991)；Bell, Whitwell, Lukas(2002)；Fiol, Lyles(1985)；Crossan, Maurer, White(2011)	组织学习可以通过组织成员个人方式实现，并不仅仅是个人学习的简单相加（Bell, Whitwell, Lukas, 2002）；组织学习划分为"低"和"高"两个层次（Fiol, Lyles, 1985）；组织学习是一个多层次、动态化的过程，包括认知、解读、整合和制度化四个方面。认识和解读发生在个人层次；解读和整合发生在群体层次；整合和制度化发生在组织层次（Crossan, Maurer, White, 2011）
组织学习模型	Argyris, Schon（1978）；Nonaka, Takeuchi（1995）；Kim（1993）；Crossan, Lane, White(1999)；Senge（1992）	Argyris, Schon（1978）提出了四过程模型；Nonaka, Takeuchi（1995）提出的组织知识传播 SECI 模型；Kim（1993）整合个体学习与组织学习的 OADI-SMM 模型，Crossan 等学者提出（Crossan, Lane,White,1999）的 4I 框架模型，圣吉（1992）的学习型组织五项修炼模型
组织学习的类型以及组织学习的途径、方式和工具	Argyris, Schon（1978）；Senge, Sterman（1992）；Simon（1991）	Argyris 和 Schon（1978）根据学习深度对组织学习进行了分类，包括：单环学习、双环学习和再学习；Senge 提出的适应性学习和产生型学习（Senge, Sterman, 1992）；Simon（1991）认为组织主要通过两种途径进行学习：（1）通过组织成员个人的学习进行组织学习；（2）吸收新成员进行组织学习；Fulmer（1998）等提出的维持学习、危机学习和期望学习的划分

关于组织学习的层次，Simon 认为组织学习可通过组织成员个人方式实现，但是组织学习并不仅仅是个人学习的简单相加（Simon，1991）[10]。Berends 等依据 4I 模型研究了组织学习过程中的不连贯性，他们以国际银行作为研究对象，长期地探讨了组织的知识管理和学习过程（Crossan 等,1999）[11]。Berends 等将组织学习定义为与认知和行为相联系的多层次的变化过程，这一过程镶嵌于组织的制度环境中，并不断地受到组织制度环境的影响（Vera 等,2004）[12]。

Powell 等人认为，某个行业中环境复杂性高，并且管理人员多样化时，创新的核心便在于网络学习，而不在于单个企业的独自学习（Powell 等,1996）[13]。Fiol 等将组织学习划分为"低"和"高"两个层次，并认为低层次的组织学习发生在既定的组织结构和规则下；而高层次的组织学习致力于调整组织长期的、整体的规则和制度，并对组织整体具有长期影响。之后的学者们普遍认为组织学习发生在组织某些层次上，包括个体、团队、组织和组织之间四个层次（Fiol 等，1985）[14]。Crossan 等认为组织学习是一个多层次、动态化的过程，包括认知、解读、整合和制度化四个方面。认识和解读发生在个人层次；解读和整合发生在群体层次；整合和制度化发生在组织层次（Crossan 等,2011）[15]。

一些学者探讨了组织学习的类型以及组织学习的途径和方式。组织主要通过两种途径进行学习：首先，通过组织成员个人的学习进行组织学习；其次，吸收新成员进行组织学习，但是组织学习并不仅仅是个人学习的简单加总。组织学习可以在不同层次广为发生，其中的一个研究分支便是组织间的社会网络中的知识获得和分享。企业可用通过相互之间建立起来的社会网络实现组织的经验积累和学习过程。组织学习模型是对组织学习过程和本质的系统化描述和分析，是指导组织学习理论分析和应用实践的必要工具。组织学习领域涌现了众多的组织学习模型。其中最具学术影响的便是 Crossan 等提出的 4I 模型。

国外学者较早地开展了跨组织学习模型的研究工作，并提出了一些代表性模型。例如，Kim 结合 OADI-SMM 模型，提出了组织学习过程中断的 7 种模式（Kim，1998）[16]；Hanssen-Bauer 和 Snow 提出的区域性企业集群学习循环的五个阶段（Hanssen-Bauer 等，1996）[17]；Holmqvist 提出的虚拟组织学习与知识转化过程模型（Holmqvist，2003）[18]。近年来，随着跨国公司、战略联盟、企业集群、虚拟企业、供应链等一些新兴组织形式对国民经济重要性的日益增加，跨组织学习模型也逐渐成为国内组织学习研究领域的一项重要议题。结合组织学习模型，学者们探讨了组织学习推动因素和障碍，并将其作为整体模型的一个部分加以考虑。

随着组织学习领域的研究深化，也出现了不同的研究热点，如组织决策、问题解决和组织学习的关系（Dery,1983）[19]，组织学习过程中所涉及的权力、情感（Vince,2001）[20]。

三、国内文献

我国学者对组织学习的关注始于 20 世纪 90 年代中期，经过多年的探索和研究，我国学者在组织学习理论的研究、推广和应用方面取得了一些重要的研究成果。

国内学者根据研究的需要，从不同角度讨论了组织学习类型。例如，芮明杰和樊圣君提出：第一，干中学，通过行动来证实和改善知识的确信度；第二，学中学，其目的在于知识结构的完整化和系统化；第三，学中干，通过将实际问题引入学习主题，提高对所学显性知识的确信度（芮明杰等，2001）[21]。学者们从不同角度对组织学习类型的划分，丰富了人们对组织学习多元特性的理解，也为人们运用组织学习分析和解决实际问题提供了概念和理论基础。

国内学者在总结和发展组织学习模型的过程中，也探讨了组织学习推动因素和障碍。陈国权和郑红平通过实证研究验证了一系列机理要素与组织学习过程能力的紧密正相关关系（陈国权等，2005）[22]。另外，郑向杰等讨论了联盟创新网络中的博弈模型（郑向杰等，2013）[23]，魏江等从知识观角度提出集群学习的四模式（魏江等，2003）[24]

组织学习模型的讨论详见表 5.1-3。

同时，国内学者论述了组织学习与学习型组织的关系。总体上讲，主要从概念特征、因果关系和研究侧重点三个方面理解。笔者整理了相关的具体内容，参见表 5.1-4。可以看出，组织学习是组织中的一种活动和过程，旨在理解和掌握组织中学习的本质和过程。关注组织学习的也多是理论工作者，而学习型组织更侧重于如何改进学习过程，推动组织的革新，以增强竞争优势。

表 5.1-3　组织学习模型

年份	学者	模型	主要观点
2002	陈国权和马萌	组织学习的"6P-1B"模型	组织学习过程是由"发现""发明""选择""执行""推广""反馈"这六个阶段（6P）以及一个"知识库"（1B）组成，并且组织与其外界环境之间有着知识的相互交流关系
2004	康壮和樊治平	基于知识管理的敏捷组织学习二维度模型框架	主张通过先进的信息技术、充分的交流沟通、敏捷的组织反应机制、科学的决策过程等手段确保组织能够适应不断变化的内外部环境
2005	唐建生和金生	仿生学理论模型	提出了组织学习和个人学习的知识发酵模型
2005	张毅和张子刚	企业网络与组织间学习的关系链模型	从企业网络和组织间学习的共性出发，提出包括组织间学习观和组织间学习功能两个方面
2003	谢泗薪等	中国跨国企业的全球学习模式	包括内向学习视角下的互动型学习和外向学习视角下的本土化学习
2003	魏江和申军	从知识观角度提出集群学习的四模式	在四模式基础上提出了集群学习模式演进的3种路径：先基础后互动、先互动后和渐进发展模式
2013	郑向杰和赵炎	联盟创新网络中的知识间无协同效应以及有协同效应的博弈模型	无协同效应时存在"搭便车"行为；有协同效应时，企业愿意嵌入网络以获得较多的异质性知识

表 5.1-4　组织学习和学习型组织的关系

	概念特征	因果关系	研究侧重点	研究和推动者
组织学习	组织学习是组织中的一种活动或过程	组织学习是一个过程	侧重于理解和掌握组织中学习的本质和过程	关注组织学习的理论工作者
学习型组织	学习型组织是一种组织形态或管理模式	学习型组织则是这个过程的一种可能性结果	改进学习过程、推动组织革新、增强竞争优势	关注学习型组织的管理咨询工作者、企业家等

另外，组织学习作为一个独特的研究视角也引起学者们的重视。魏江和焦豪分析了创业导向、组织学习与动态能力三者之间的关系，认为企业在强化创业导向的基础上提升组织学习能力（魏江等，2008）[24]。

四、国内外文献的对比分析

按照研究问题对国内外文献进行几个维度的对比分析。如表 5.1-5 所示，首先，比较了研究时间的先后；其次，对研究问题提出崭新观点的数量进行了对比分析。

表 5.1-5　国内外文献对比分析

研究问题	国外研究	国内研究
组织学习定义	***** ▶	**
组织学习模型	**	******** ▶
组织学习层次	**	*******
类型途径和方式	**	****

注意：＊表示文献数量较多；▶ 表示时间较为提前。

五、理论发展过程和研究热点

第一，数据收集和处理。

科学文献彼此通过互相引用形成文献集群，文献之间的引用关系是研究科学发展的重要依据。我们采用引文分析法，使用基于 WoS 平台的 HistCite 软件系统和 Pajek 软件对所收集的文献进行分析，试图揭示理论发展的主要过程。本书作者依据 Web of Science（WoS）数据库，搜索了有关组织学习相关文献。对以主题（Topic）"Organizational Learning"搜到的 1686 篇文献、以标题（Title）"Organizational Learning"搜到 495 篇文献，文献发表的时间范围设置 1900 年 1 月 1 日至 2012 年 12 月 31 日，我们分别进行了系统地分析。

第二，理论发展脉络。

引文编年图可以根据 GCS 和 LCS 两个指标进行绘制。由于以 LCS 为依据更能够体现研究的外延和分析的针对性，本书选用 LCS 为依据绘制引文编年图，将所分析的文献数量设置为 30，以精简引文编年图，更加清晰地显示理论发展的脉络和趋势。在引文编年图 5.1-1 中，椭圆图形的大小代表文献被引频次的多少，带箭头的连线代表文献之间的引用关系，箭头指向的文献是被引用的文献，椭圆图形内所标数字指明该文献在文献集合中的文献号。

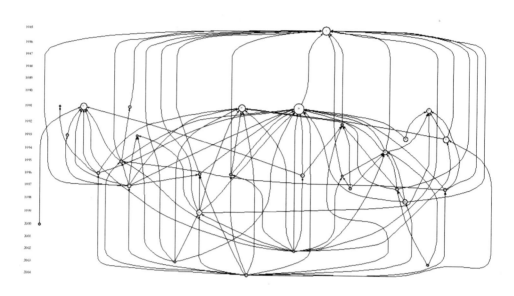

图5.1-1　被引频次居于前30位组织学习文献引文编年图

同时，本书作者利用 Pajek 软件，选择 SPLC 方法计算相关权重，绘出该理论发展的主路径图（见图5.1-2）。图中节点代表特定的文献，数字是该文献在文献集合中的文献号，箭头方向表示后者引用前者的引用关系。主路径图显示了组织学习理论研究领域主要文献的发展沿革和继承关系。按照相关文章被引用频次，以及对整体引用情况的影响，可以绘制出多条路径图。而每一条路径图都有着独特的发展路线，说明着组织学习领域的一个发展过程。本书作者试图在这些路径中，找出一条主路径图，更加全面和细致地对组织学习理论的发展进行分析。可见，主路径经历了1983年至2011年，展现了组织学习理论发展过程中研究文献的主干。其中，Dery[19]、Nicolini 和 Meznar[25]、Crossan[15]等重要文献出现在主路径中。

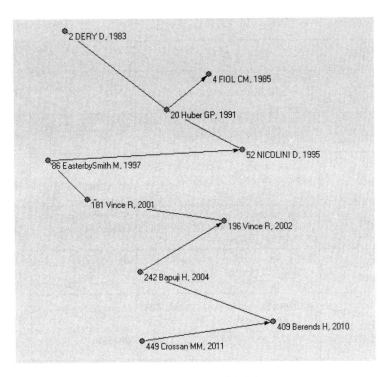

图 5.1-2　主路径图

主路径上的 10 篇文献组成网络的中枢结构，贯穿了组织学习的主要论题；这一主要路径的发展可以看作当前该领域最主要的研究方向。表 5.1-6 中是主路径图上文献的详细信息。

表 5.1-6　主路径图上的文献

序号	文献号	作者	文章名	杂志	发表年份 / 期 / 页码
1	2	Dery D	Decision-making, problem-solving and organizational learning	OMEGA-INTERNATIONAL JOURNAL OF MANAGEMENT SCIENCE	1983, 11(4): 321-328
2	4	Fiol CM, Lyles MA	Organizational learning	ACADEMY OF MANAGEMENT REVIEW	1985, 10(4): 803-813
3	20	Huber GP	Organizational learning: The contributing processes and the literatures	ORGANIZATION SCIENCE	1991, FEB 2(1): 88-115
4	52	Nicolini D, Meznar MB	The social construction of organizational learning-conceptual and practical issues in the field	HUMAN RELATIONS	1995, JUL 48(7): 727-746

续表

序号	文献号	作者	文章名	杂志	发表年份/期/页码
5	86	Easterby-Smith M	Disciplines of organizational learning: Contributions and critiques	HUMAN RELATIONS	1997, SEP 50(9): 1085-1113
6	181	Vince R	Power and emotion in organizational learning	HUMAN RELATIONS	2001, OCT 54(10): 1325-1351
7	196	Vince R, Sutcliffe K, Olivera F	Organizational learning: New directions	BRITISH JOURNAL OF MANAGEMENT	2002, SEP 13: S1-S6
8	242	Bapuji H, Crossan M	From questions to answers: Reviewing organizational learning research	MANAGEMENT LEARNING	2004, DEC 35(4): 397-417
9	409	Berends H, Lammers I	Explaining Discontinuity in Organizational Learning: A Process Analysis	ORGANIZATION STUDIES	2010, AUG 31(8): 1045-1068
10	449	Crossan MM, Maurer CC, White RE	Reflections on the 2009 AMR decade award: Do we have a theory of organizational learning?	ACADEMY OF MANAGEMENT REVIEW	2011, JUL 36(3): 446-460

根据组织学习的文献引文编年图和主路径图，结合被引频次较高的文献和重要学者发表的文献，发现组织学习理论发展过程可以分为几个阶段。

第一阶段：由三篇文章组成。Dery 在 1983 年的文章中将决策制定、问题解决和组织学习联系在一起进行了探讨[19]；之后，此文章对组织学习研究起到了一定的影响，也是这一领域中最早被引用的文章。随之而来的是两篇重要的综述性文章。首先，Fiol 和 Lyles 发表在 AMR 1985 年的文章是对组织学习的一次较为全面的总结，他们在组织学习概念的基础之上，进一步对组织学习进行了分析，并将组织学习行为划分为"低层次"和"高层次"两种[14]。随后，Huber 在 1991 年发表在《组织科学》上的文章中对组织学习的研究过程进一步做了总结[7]。

第二阶段：表现在 1995 年和 1997 年发表在《人类关系》中的两篇文章。Nicolini 和 Meznar 从社会学的角度对组织学习领域的概念性和实践性的问题进行了探讨[25]；Easterby-Smith 对组织学习的原则方面的研究做了评价和展望[26]。

第三阶段：由三篇文章组成。其中，Vince 的研究侧重于组织学习过程中所涉及的权力和情感方面的研究[20]；Vince，Sutcliffe 和 Olivera 在对 2002 年以前的有关组织学习研究进行回顾的基础上，提出了组织学习新的研究问题和方向[27]；Bapuji 和 Crossan 在 2004 年对组织学习又进行了回顾[28]。

第四阶段：由两篇文章组成。Berends 和 Lanmmers 研究了组织学习过程中的"不连续性"[29]；Crossan，Maurer 和 White 分析了截至 2009 年组织学习领域的重要文献，梳理了组织学习领域的相关理论[15]。

第三，组织学习研究领域的主要研究内容。

不同的研究阶段有着不用的研究内容，不同研究热点的演化过程分析，详情请见表 5.1-7 中的内容。本书采用 Cite Space 进一步分析了研究领域的关键词的发展过程。组织学习理论的发展过程中，词汇诸如 Learning Organization、Leaders、Organizational Behavior、Social Network、Efficacy 都是重要的研究词汇曾是研究中热点，相应的研究主要内容和热点如下（此处省略 Cite Space v.3.1 关于研究领域关键词发展过程的运算结果图）。

表 5.1-7　组织学习的主要研究热点

代表作者和年度	主要内容和热点	主要观点
Dery（1983）、Fiol&Lyles（1985）、Huber（1991）	组织决策、问题解决和组织学习的关系	组织学习可分为"低"和"高"两个层次，低层次的组织学习发生在既定的组织结构和规则下，高层次组织学习致力于调整组织长期的、整体的规则和制度。Huber 认为，组织学习与知识获得、信息传递、信息整合和组织记忆四个概念相关
Nicolini&Meznar（1995）、Easterby-Smith（1997）	论述组织学习领域研究问题和观点	Nicolini 和 Meznar 从社会学视角对组织学习领域的主要问题进行探讨，认为组织学习可以认为是将认知转化为抽象知识的过程。Easterby-Smith 总结了组织学习研究领域的主要研究观点，其中心理学和社会学占据了主要的地位，其他是它们的分支
Vince（2001）、Bapuji&Crossan（2004）	组织学习过程中所涉及的权力、情感等	Vince 认为政治力量和组织内部的情感之间的交互作用创造出了动态性的组织，而组织学习在这种动态性过程中是可见的。其认为，当某个活动过程被组织意识到或反映出来，这便是一个组织学习过程
Berends&Lammers（2010）	制度环境	Berends 和 Lammers 将组织学习定义为与认知和行为相联系的多层次的变化过程，镶嵌于组织的制度环境中，并不断地受到组织制度环境的影响
Crossan、Maurer& White（2011）	多层次、动态化的组织学习过程	Crossan，Maurer 和 White 进一步探讨了 4I 模型和对组织学习包括认知、解读、整合和制度化四个方面。认识和解读发生在个人层次；解读和整合发生在群体层次；整合和制度化发生在组织层次

六、现有研究不足与未来研究展望

新兴市场国家中企业的组织学习是一个重要的研究问题。本书试图通过系统地分析关于组织学习的研究成果，寻找对新兴市场国家研究的启示。我们运用可视化文献分析方法对组织学习文献进行系统梳理，探讨了组织学习理论研究热点、发展过程等问题。在此基础之上对比了中外相关研究的差异，厘清了理论脉络，明晰了研究热点。最后，对组织学习理论未来的研究方向进行了展望，提出了加强新兴市场国家研究的重要性。我们认为，尽管组织学习理论发展和相关研究取得了诸多成果，但是依然表现出一定的局限性。首先，组织学习和企业创新研究的联系不够。其次，对新兴市场国家中的研究明显不足。

新兴市场的概念最早出现在 1994 年美国公布的《国家出口促进策略》报告上，当时美国商务部在研究美国出口促进策略时认为包括中国经济区（包括香港和台湾）、印度、阿根廷、南非、波兰和土耳其等十大新兴市场是当今最具活力的市场，未来美国将与这些国家竞争。"新兴市场"概念由此应运而生，新兴市场中的企业更需要通过创新和组织学实现生存和发展。组织学习理论的快速发展并没有促使更多的企业真正获得有别于其他组织学习能力并将这种能力付诸实践。究其原因，企业将组织学习看作了一个被动的和静态的问题解决行为，而忽略了对环境的适应性（Nonaka，1994）[3]。显然组织学习是受到外部环境影响的，现代科技的发展、社会价值观念的变化、市场需求的变动都是企业发展的不确定性。而新兴市场国家具有独特的外部环境，外部制度缺失和不完善给企业发展带来了更高程度的不确定性。我们强调企业应该在学习中适应动态环境，通过多种途径，加强组织学习，最终提高国家的区域创新和系统创新能力。所以，动态环境下的组织学习行为的研究是十分必要的。同时，综观组织学习领域文献，关于新兴市场国家的研究相对较少，见图 5.1-3 所示，更多的是讨论美国和英国企业的学习行为。综上所述，笔者认为关注新兴市场国家中组织学习和企业创新行为是当今组织学习领域的重点。

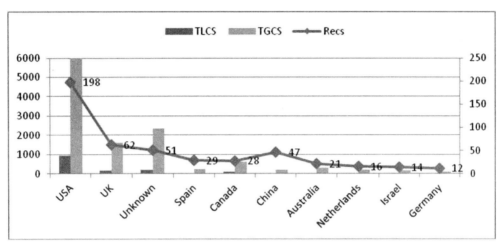

图 5.1-3　地区分析（文献 ≥ 10）

经过上述分析，得出组织学习理论发展的基本脉络见图 5.1-4 所示。尽管组织学习理论发展和相关研究取得了诸多成果，但是依然表现出一定的局限性。

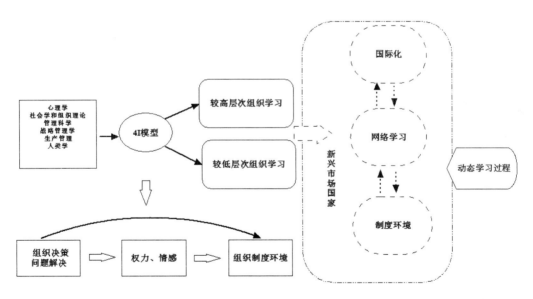

图 5.1-4　未来研究方向

首先，组织学习和企业创新研究的联系不够。以往研究多以企业为研究对象，分别讨论组织学习或者企业创新，缺乏将两者加以充分联系的研究。

其次，对新兴市场国家中的研究明显不足。新兴市场的概念最早出现在 1994 年美国公布的《国家出口促进策略》报告上，"新兴市场"的概念由此应运而生，新兴市场中的企业更需要通过创新和组织学实现生存和发展。新兴市场国家便具有独特的外部环境，外部制度缺失和不完善给企业发展带来了更高程度的不确定性。实际上，企业面临的环境正随着全球化竞争和信息技术的快速发展发生着巨大的变化。所以，本书所强调的动态环境是企业建立和参与企业网络，加强组织间学习乃至提高企业绩效必须面临的前提和背景，环境的动态性包括市场需求环境的动态性、技术发展环境的动态性和信息环境的动态性。大量研究表明，企业将组织学习看作一个被动的和静态的问题解决行为，而忽略了对环境的适应性。现代科技的发展、社会价值观念的变化、市场需求的变动都对企业的生存和发展带来了巨大的压力。这一特点在新型市场国家中尤为突出。因此，笔者认为关注新兴市场国家中组织学习和企业创新行为，是当今组织学习领域的重点。

5.1.2 基于网络的组织学习

一、理论基础与研究假设

企业高质量发展为产业转型指明了战略方向，高质量发展某种程度上需要企业价值获得持续的提升。转型经济体制背景下，企业网络和组织学习之间的混合治理机制对企业绩效具有决定作用（韩炜等，2014）[1]。市场竞争使得管理活动很大程度上是为了实现企业价值。例如，管理会计的目标便是帮助企业创造价值（宋雪，2018）[2]。此过程中，外部制度环境，内部企业网络以及继任模式为代表的组织学习方式都是决定性因素。正如学者所言，社会关系结构影响经济行为，生态环境塑造着企业的个体偏好（Byun等，2018）[3]。很多大型企业集团具有连锁董事现象，其对企业价值的影响也越发重要（Keister，1998；Jiang等，2018）[4,5]。然而，连锁董事网络对于企业价值的作用并未得出一致性的结论。有研究表明我国上市公司连锁董事网络负向影响财务绩效（任兵等，2007）[6]。类似的研究却得出截然相反的结论（彭正银等，2008）[7]。这使得连锁董事网络对企业价值的作用机制更加扑朔迷离。因此，提出一个融合制度环境、企业网络与继任模式的理论框架并论述它们影响企业价值的机理具有理论价值与实践意义。

社会镶嵌理论认为企业所处生态系统影响着企业行为，而连锁董事网络便是经济行为镶嵌的重要形式。由于传统价值观的嵌入与正式制度约束的不足，中国企业远没有达到理想科层制的程度（胡国栋，2014）[8]。同时，现实商业模式的发展以及平台型企业等组织形式的出现促进了组织的网络化（张新香等，2018）[9]。通过组织记忆转变成特定规程，这种记忆使得企业不会由于高管等人员轮换而丧失以往的能力（Turner 等，2015；Wei，2017）[10,11]，并在制度环境与网络组织的共同影响之下推动理性企业进行着管理行为的权变（Mingo 等，2018）[12]。可见，连锁董事网络能否提升企业价值，并在不同制度环境下如何与继任模式等组织学习方式共同作用于企业价值，成为亟待解决的重要课题。

以往文献表明连锁董事网络在企业价值创造中发生着重要影响。但现有研究并没有系统地阐述连锁董事网络在宏观制度环境、微观继任模式的综合作用下对企业价值创造的具体影响机制。基此，本书从社会网络视角提出了一个崭新的理论框架，在融合上述因素基础之上，试图揭示连锁董事网络提高企业价值的动态过程。以此理论框架为基础，推演了理论假设并运用中国上市公司数据进行了实证分析。研究结论对于新兴市场企业的价值创造具有一定的理论价值和实践意义。

（一）连锁董事网与企业价值

组织内部因素与外部环境是动态联系的，开放性对于组织成长越发重要（Weber 等，2017）[13]。社会网络便是开放性的代表形式，西方学者们较早就开始探讨连锁董事，以美国为例的研究表明连锁董事网络经历了从兴起、发展并逐步松散的过程（Chu 等，2016）[14]。中国企业间网络的研究已得到学者广泛的关注，较具启发的包括网络位置与企业绩效、组织学习平衡模式的演化规律等（Zhang 等，2016）[15]。学术界对于连锁董事网络与公司治理之间的关系，有着不同观点。有种观点认为连锁董事能够弥补市场失灵和制度漏洞，从而改善公司绩效；还有的则声称连锁董事是一种社会凝聚工具，是为了实现管理层利益的最大化。董事们为利益而相互邀请对方互为董事，形成若干个利益集团，将企业系统逐渐成为管理者阶层的工具。共谋理论认为企业为了避免激烈竞争实现共赢，通过连锁董事控制市场，连锁董事和经理层之间容易出现合谋。

但是，资源依赖理论提出了不同的论点。资源依赖理论认为连锁董事网络是企业利用资源的重要途径，降低了外部不确定性。连锁董事可塑造企业一系列的经济运行模式。例如通过企业网络获取资源，规避环境发展变化的不确定性，在网络基础上协调与控制企业间关系，通过网络加强组织间的学习等。从网络结构而言，企业网络中心度与治理绩效呈正相关。从公司治理角度而言，连锁董事影响董事会结构进而影响企业绩效（Greve 等, 2017）[16]，连锁董事比例越高，企业绩效越好。更为重要的是，特殊关系网络资源是竞争对手难以模仿的，使得企业保持持续竞争优势，从而通过网络获得企业价值提升。本书作者认为连锁董事网是获取资源和学习的途径，有利于巩固企业竞争优势。同时，连锁董事网络为企业营造了网络生态系统，有利于企业价值创造。现实竞争中的企业更多地强调价值创造导向（Add-value Oriented），并在相互之间形成了建立基于网络的生态系统，维持着一种共生共栖（Synbiosys Ecosystem）的关系。因此，我们认为连锁董事网可以提高企业价值。综上，有如下假设：

假设 1：企业在连锁董事网络的中心度有利于提高企业价值。

（二）制度发展程度的调节机制

外部制度缺失（Institutional Voids）存在于新兴市场，通常指缺乏支撑市场机制的某些制度。经济转型国家缺乏良好的价格体系和完善的法律系统，市场交易成本高昂，企业更倾向利用关系网络进行交易。因此，可以预见在市场化程度较低的区域，连锁董事网络成为企业资源的一种重要的替代方式。针对中国企业的研究发现企业所在地的市场化程度越高，拥有连锁董事数量会越少（仲伟周等, 2008）[17]。

企业间、企业与投资机构等网络链接影响着企业的经营活动（Wilson等, 2018）[18]。连锁董事作为一种非正式的制度安排，受制于企业所处环境。外部环境的市场化程度越高，企业生产要素或产品的交易越倾向于由市场决定，企业资源配置与发展战略更依赖市场规则。此时，对非正式制度安排的需求以及非正式制度安排所能发挥作用的空间都相对较小。在相对完善的制度环境下，外部市场交易成本较低（Marquis 等, 2015）[19]。企业可以通过市场的制度安排完成经营行为，企业价值的提升较大程度上依靠完善的交易制度完成。此时，企业建立网络的动机降低，连锁董事网重要性也随着制度环境的完善而降低。同理，当制度环境不完善时，市场交易成本较高，连锁董事便为企业提供了有效途径。随着制度的逐步完善所带来的外部交易成本的降低，连锁董事的作用也会相对下降。基此，得出如下假设：

假设 2：制度发展程度负向调节中心度与企业价值的正向关系；即当制度发展程度越低时，企业在连锁董事网络的中心度与企业价值之间的正向关系越强。

（三）组织学习与继任模式

企业需要不断地学习，吸引人才，从外部聘任高管是一种有效形式。高管更替是不可避免的，新兴市场企业更为普遍。高管继任由内部继任和外部继任两种方式，在组织学习视角下，外部继任是企业试图改变与学习的信号，是企业寻求外部知识倾向的表现（Le 等，2017）[20]。传统的组织学习理论也认为聘任外部人员是组织学习的重要方式（Vince 等，2002）[21]。因此，组织学习视角下的继任模式应该主要考虑高管是否来自企业外部。以此为标准，本书概括了四种典型的继任模式。首先，如果前任高管来自企业内部，根据后任高管的来源情况确定继任模式。如果后任高管来自内部，称为 Family Pattern，倾向于持续地从内部选聘高管；如后任高管来自外部，称为 Hybrid Pattern(1)。其次，如果前任高管来自企业外部，相应地概括了 Professional Pattern、Hybrid Pattern(2)。如果前任和后任都来自外部，称为 Professional Pattern，企业倾向于持续地选择外部人员；如果前任来自外部而后任来自内部，称为 Hybrid Pattern(2)。继任模式不仅仅反映了组织学习的路径，同时也是企业在应对不同制度环境所做出的权变。

权变理论认为组织管理应该根据组织所处的外部和内部条件随机应变。本书认为不同的继任方式是领导行为权变的结果。见图 5.1-5 所示，从 Family Pattern 到 Hybrid Pattern(1) 再 到 Professional Pattern，企业不停地寻求外部继任者，体现了不断学习的倾向。因此我们将其称为 Learning Orientation。而 从 Professional Pattern 到 Hybrid Pattern(2) 再 到 Family Pattern，企业持续地从企业内部选拔继任者，表现得比较保守，我们称为 Circumspect Orientation。继任模式的区分更为清晰地反映了组织学习视角下的高管继任方式的动态演化过程。

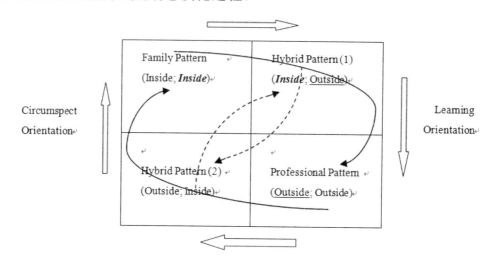

图 5.1-5　组织学习与继任模式

如前所述，在制度较不完善时，连锁董事网络可以弥补制度缺失。企业可以通过网络实现学习、分享成果、创造价值。本书作者认为制度发展相对不完善时，聘任内部人员有利于提高企业价值。因为不完善的制度环境伴随着较高的外部市场交易成本，此时整合企业内部的资源对于提高竞争力更为有效。从企业内部聘任高管便是内部资源开发的具体行为。同时，内部聘任的高管更熟悉企业情况，有利于企业进一步有效地开发内部资源，提高企业能力。因此，高管继任模式 Family Pattern 在外部制度相对不完善时更有利于提高企业价值。基于此，有假设 3a。

假设 3a（Three Way）：制度发展相对不完善时，连锁董事网络中的企业沿着 Circumspect Orientation 选择 Family Pattern 的路径有利于提高企业价值。

相反，制度发展相对完善时外部资源开发成为更为有效的方式。一方面，激烈竞争迫使企业不断地"开源化"；另一方面，交易成本的降低、完善的职业市场为企业寻求外部人员提供了条件。激烈的竞争下，企业依靠自身现有资源不可能获得持续的竞争优势，需要不断补充知识和管理理念。通过聘任外部高管可以快速为企业带来新的知识与管理理念。同时，外部制度环境的完善也使得网络的重要性相对下降。企业更多依靠完善的制度安排，实现经营目标、完成价值创造。企业的组织结构也将逐渐适应现代企业管理制度，高管团队"近亲繁殖"现象将会减少或摒弃。因此，此种情景下外部聘任更有利于提高企业价值。综上，有假设 3b。

假设 3b（Two Way）：制度发展相对完善时，企业沿着 Learning Orientation 选择 Professional Pattern 的路径有利于提高企业价值。

本书的理论构想及相关假设见图 5.1-6 所示。

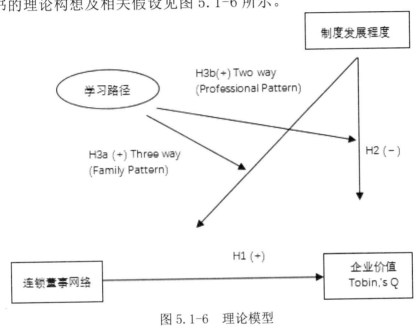

图 5.1-6　理论模型

二、样本来源及研究方法

研究样本来自中国上市公司，数据来源有多个。首先，连锁董事信息从万德（WIND）数据库整理并与公司年报逐条信息进行了对比，包括核对重名信息、年份等，以保证数据的精确性。其次，企业价值、高管继任等重要变量来自国泰君（CSMAR）数据库。连锁网络发展具有阶段性，我们选择 2010 年至 2015 年网络规模相对稳定的数据，以保障分析结果的稳健性。最终样本共包含 7248 条观测值。

首先，因变量。因变量为企业价值，采用托宾的 Q 比率（Tobin's Q）衡量，其由詹姆斯·托宾在 1969 年提出并被国内外学者广泛采用（Singh 等，2018）[22]。

本书关注连锁董事网络是否可以提升企业价值，我们认为影响企业绩效的因素众多，一定程度上影响了实证结果的稳健性；而企业价值相对稳定，通过市场评价的Tobin'Q可以反映市场对企业价值的评价，更具有滞后性。Tobin's Q是一个较好的以市场为基础的企业价值，其综合考虑的公司的市场价值与资产重置成本（武咸云等，2017）[23]。计算方式如公式（1）。

Tobin's Q = 公司的市场价值／资产重置成本　　公式（1）

其次，自变量。模型中的自变量包括：网络度数中心度（Degree Centrality）即变量Degree、制度发展（变量Institutions）、创新投入（变量R&D）和继任模式。对于网络度数中心度，其测度网络中的一个节点与其他节点之间连接数的总和。我们关注整体网（Whole Network）中企业的行为，中心度相关计算公式如公式（2）：

$$C_D(n_i) = d(n_i) = x_{i+} = \sum_j x_{ij} = \sum_j x_{ji} \qquad 公式（2）$$

网络度数中心度$C_D(n_i)$取决于g的大小，最大值为g-1。标准化后如公式（3）：

$$C'_D(n_i) = \frac{d(n_i)}{g-1} \qquad 公式（3）$$

制度发展（变量Institutions），我们采用樊纲等学者的市场发展指数，其包括了三个方面：市场发展程度（Maktscore）、政府与市场的关系（Govnscore）和市场中介法律完善程度（Lawscore）。根据以往研究的处理方式，制度指数的信息截至2009年，2010年的数据用最近一年即2009年的代替（李茜等，2010）[24]。变量继任模式来自上文假设4中的逻辑推理。

再次，控制变量。我们控制如下变量：企业规模（Size）用总资产表示并做对数变换；无形资产（Intangible）采用企业无形资产的对数加以衡量。变量"R&D"为对数变换后的每年的创新投入。由于因变量是连续变量的企业价值，我们采用横截面数据普通线性回归的方法，控制了企业所处行业和年份哑变量。

三、实证分析

（一）描述性统计与相关关系分析

见图 5.1-7 展示了 2010 年的连锁董事网络，可以看出经过若干年的发展，企业逐渐建立起较为密集的网络链接，为本书提供了适宜的情景。

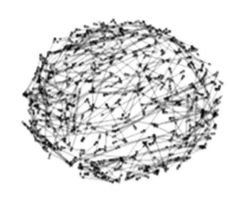

图 5.1-7　连锁董事网络

见图 5.1-8 为高管继任模式，其中 Family Pattern、Professional Pattern 最具有代表性。中国上市公司选择 Family Pattern 的相对较多。表 5.1-8 为变量描述性和相关性分析。

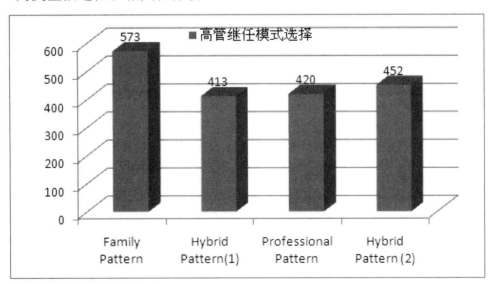

图 5.1-8　高管继任模式

表 5.1-8　变量的描述性统计

	1	2	3	4	5	6	7
网络中心度（Degree）	1						
R&D 投入（rnd Log）	0.162***	1					
制度发展（Institutions）	0.068***	0.029*	1				
继任模式（Family Pattern）	−0.054*	−0.038†	−0.019	1			
专业模式（Professional Pattern）	0.044†	0.03	0.042†	−0.361***	1		
企业规模（Size）	0.068***	0.049***	0.05***	0.096***	−0.044†	1	
无形资产（Intangible）	0.019	0.169***	0.029*	0.032	−0.037	0.223***	1
Mean	2.344	8.960	8.608	0.308	0.226	21.270	16.648

注：括号内为标准差；***$p<0.001$,** 表示 $p<0.01$,* 表示 $p<0.05$,† 表示 $p<0.1$。

（二）回归分析

实证结果汇报在表 5.1-9、表 5.1-10 中。

表 5.1-9　回归结果（假设 1-3）

	模型 1	模型 2	模型 3	模型 4
Degree		0.408*		1.627**
		(0.011)		(0.010)
Institutions			−0.093	0.162
			(0.656)	(0.530)
Institutions×Degree				−0.135*
				(0.046)
Year Dummy	Included	Included	Included	Included
Industry Dummy	Included	Included	Included	Included
Constant	29.39**	29.70**	29.82**	27.59**
	(0.000)	(0.000)	(0.000)	(0.000)
Size	−1.132**	−1.194**	−1.123**	−1.177**
	(0.000)	(0.000)	(0.000)	(0.000)
Intangible	0.119	0.114	0.121	0.119
	(0.203)	(0.222)	(0.196)	(0.202)
Observations	7,428	7,428	7,428	7,428
F Value	6.471	6.477	6.261	6.212
R Square	0.247	0.256	0.248	0.262
		假设 1		假设 2

注：括号内为标准差；*** 表示 $p<0.001$,** 表示 $p<0.01$,* 表示 $p<0.05$。

表 5.1-10　回归结果（假设 3ab）

	模型 1	模型 2	模型 3	模型 4	模型 5	模型 7	模型 8
Degree	0.408*		1.627**	4.990*			4.893**
	(0.011)		(0.010)	(0.016)			(0.017)
Family Pattern				1.389			0.684
				(0.718)			(0.961)
Institutions		0.083	0.162	0.480		0.091	0.368
		(0.556)	(0.530)	(0.595)		(0.801)	(0.700)
Degree×Family Pattern				−4.645			−4.250
				(0.895)			(0.294)
Degree×Institutions			−0.135*	−0.506†			−0.407*
			(0.046)	(0.044)			(0.054)
Family Pattern×Institutions				−0.046			0.045
				(0.971)			(0.977)
Degree×Family Pattern×Institutions				0.458*			0.357
				(0.016)			(0.419)
Professional Pattern					0.710	1.534	−2.293
					(0.812)	(0.803)	(0.855)
Professional Pattern×Institutions						0.861	0.259
						(0.762)	(0.852)
Size	−1.194**	−1.143**	−1.177**	−1.760**	−1.839**	−1.822**	−1.858***
	(0.000)	(0.010)	(0.000)	(0.008)	(0.009)	(0.011)	(0.009)
Intangible	0.114	0.124	0.119	0.286	0.269	0.273	0.285
	(0.222)	(0.186)	(0.202)	(0.261)	(0.297)	(0.275)	(0.269)
Constant	29.705**	29.813**	27.587**	37.717*	44.666**	45.056**	38.447**
	(0.000)	(0.001)	(0.000)	(0.027)	(0.008)	(0.018)	(0.038)
Observations	7,428	7,428	7,428	1,859	1,858	1,869	1,858
F Value	6.477	6.263	6.212	3.064	3.383	3.169	2.899
R Square	0.026	0.026	0.026	0.056	0.053	0.063	0.057
			假设 3a			假设 3b	

注：括号内为标准差；*** 表示 $p<0.001$，** 表示 $p<0.01$，* 表示 $p<0.05$，† 表示 $p<0.1$。

　　假设 1 认为连锁董事网络（以度数中心度衡量）与企业价值正相关。表 5.1-9 模型 2 中变量 Degree 系数显著为正（0.408；$p<0.05$），说明网络可以提高企业价值，假设 1 得到了支持。

　　假设 2 认为制度发展程度负向调节网络与企业价值的关系，即当制度发展相对不完善时，网络可以弥补制度缺失。表 5.1-9 模型 3、4 为检验结果，交互变量（Institutions×Degree）的系数显著为负（-0.135；$p<0.05$），说明当制度发展相对完善时，连锁董事网络对企业价值的正向作用有所下降。可见，只有在制度发展相对不完善时，董事网络才可能提高企业价值。因此，假设2得到支持。见图5.1-9是调节作用的图示，当制度发展程度低时，网络发展程度和企业价值的正向关系增强（虚线部分）。

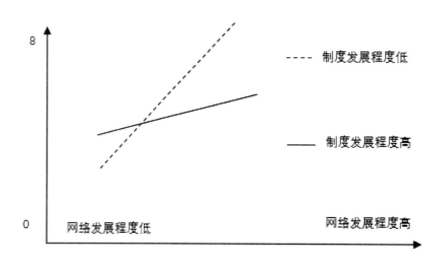

图 5.1-9　制度发展的调节机制（假设 2）

表 5.1-10 是假设 3b 的检验结果。假设 3a 建立在假设 2 上，认为制度不完善时连锁董事网络具有替代机制，此时选择 Family Pattern 有利于提高企业价值。实证方法采用 Three Way Moderation 进行检验（Takeuchi 等 ,2015）[25]。原因是这个逻辑框架中包含了四层变量：网络、制度发展、继任模式选择（此处关注 Family Pattern）和企业价值。与之相反，假设 3b 认为在制度相对完善时，选择 Professional Pattern 有利于提高企业价值。此处用 Two Way Moderation 进行检验。原因是这个逻辑框架中包含三层变量：制度发展、继任模式选择（此处关注 Professional Pattern）和企业价值。

表 5.1-10 中模型 1 至模型 4 是假设 3a 的检验结果。首先，模型 4 中交互项 Degree×Family Pattern×Institutions 的系数显著为正（0.458；$p<0.05$），说明选择 Family Pattern 可以在制度不完善时提高企业价值。此时，高管继任模型 Family Pattern 和连锁董事网络成为组织学习和创新的重

要方式。因此，假设 3a 得到支持。表 5.1-10 中模型 5 至模型 7 是对假设 3b 的检验。我们认为制度相对完善时，企业更容易选择 Professional Pattern 模式，这种选择提高了企业价值。首先，模型 5 中变量 Professional Pattern 系数为正（0.710），说明其与企业价值存在正相关。其次，模型 7 中交互项 Professional Pattern×Institutions 系数为正但不显著（0.861），本书作者在文后对此进行了分析。

高管继任模式 Family Pattern 的调节作用见图 5.1-10 所示。正如假设 2 中所言，制度发展不完善时，网络可以发挥替代机制。我们进一步认为高管继任模型 Family Pattern 的选择具有调节作用。见图 5.1-10 所示，当选择 Family Pattern 时，网络发展程度与企业价值之间程序正向关系（图 5.1-10 上半部分实线）；而不选择 Family Pattern 时，网络发展程度和企业价值之间则呈现了负向关系（图 5.1-11 下半部分实线）。但是，当制度发展程度较高时，继任模式 Family Pattern 选择的影响并不明显。无论选择与否，图 5.1-10 中网络发展程度和企业价值都呈现正向关系，并且图中两者并没有大的差异。

选择 Family Pattern 如图 5.1-10（即 Family Pattern=0）。

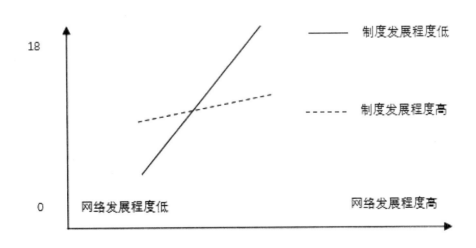

图 5.1-10　继任模式 a（假设 3a）

不选择 Family Pattern 如图 5.1-11（即 Family Pattern=1）。

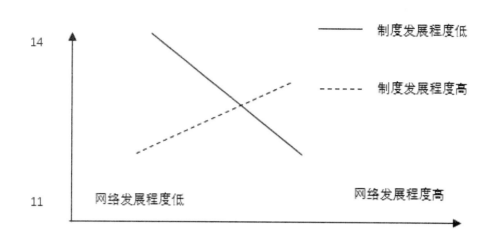

图 5.1-11　继任模式 b（假设 3a）

我们在表 5.1-11 中对所有假设和检验结果进行了总结，除了假设 4b 外所有的假设得到支持。

表 5.1-11　假设检验结果

	假设符号	统计分析结果	检验
假设 1	正向	正向、显著	支持
假设 2	负向	负向、显著	支持
假设 3a	正向	正向、显著	支持
假设 3b	正向	正向、不显著	不支持

（三）稳健性分析

本书采用如下方法检验研究结论的稳健性，研究采用横截面普通线性回归的同时，也分年度进行了检验，获得的结果没有显著改变。另外，我们辅助以面板数据的分析方法，所获研究结论也没有显著变化。同时，笔者按照以往文献对可能涉及的控制变量进行了筛选，并没有发现遗漏的、显著影响的因素。可见，本书结论具有较强的稳健性。

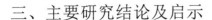

三、主要研究结论及启示

（一）主要结论

运用制度理论，从社会网络视角讨论了连锁董事网络、制度发展与企业价值之间的关系，阐述了不同制度环境下高管继任模式对企业价值创造的影响机理。采用普通线性回归方法对中国上市公司进行了实证分析。研究发现连锁董事网络提高了企业的价值创造，但受到制度发展程度的负向调节。同时，相对保守的继任模式在制度发展程度不完善时提高了企业价值；学习导向模式在制度较为完善时更能提高企业价值。结论对新兴市场企业创新与组织学习具有理论与实践意义。

新兴市场企业的连锁董事网络能否有助于增加企业价值？以继任模式为代表的组织学习方式具有何种影响机制？基于制度理论与组织学习理论，从社会网络视角针对中国上市企业的研究得出如下结论：首先，连锁董事网络对企业价值具有促进作用。其次，制度发展程度负向调节网络中心度与企业价值的正向关系。最后，在不同的制度发展程度下，网络企业的继任模式对企业价值的作用机制存在差异。详细地说，制度发展不完善情况下，选择相对保守的 Famiy Pattern 有利于促进企业价值；制度发展较为完善的情况下，选择相对市场化的 Professional Pattern 更能促进企业价值。因此，企业应根据所处制度环境有针对性地选择更适宜的继任模式。本书发现连锁董事网络在制度发展程度较低时是提高企业价值的有效途径，同时说明在制度发展较为完善时，连锁董事网络弥补"制度缺失"的重要作用随之下降，不宜选择。

（二）理论价值与实践启示

本书具有理论价值。首先，我们提出了一个崭新的理论框架，在结合了制度理论与组织学习理论基础之上，拓展了两者的理论边界。其次，社会网络研究视角为探讨企业价值创造提供了新的范式，也提供了相关研究（例如开放式创新）的理论视角。再次，对网络企业继任模式的动态选择的讨论，有利于理解企业在不确定性环境下的权变。新兴市场企业从企业外部寻找继任者是组织学习的一种重要方式。根据组织学习的不同倾向性，我们定义了代表性的继任模式。这种理论概括也恰当地衔接了企业创新与搜索理论，例如内部开发与外部探索的经典概念。我们提出选择Family Pattern的企业倾向于内部聘任，体现了企业开发内部资源的过程；选择Professional Pattern的企业热衷于聘任外部人员，突出了一个外部探索的过程。因此，此切入点也为企业创新研究提供了新的机会。最后，以新兴市场企业为研究对象，有助于系统性理解新兴市场企业的价值创造活动，有益于新兴市场企业理论的积累与拓展。

本书具有实践启示。首先，研究发现连锁董事网络是提高企业价值的重要途径，网络中心企业往往具有较高的企业价值。因此，现实企业应该努力构建自身的网络资源，通过网络影响力提升企业价值。其次，高管继任需要根据不同制度环境做出相应权变。在制度相对不完善时，选择Family Pattern可以提高企业价值；在制度相对完善时，选择Professional Pattern可以提高企业价值。因此，现实中企业应该根据自身所处环境做出理性选择，并高度重视外部制度发展程度的影响。

（三）研究不足及未来方向

本书具有局限性。首先，样本来自中国上市公司，这使得得出的结论的普适性受到一定限制。我们希望在后续研究样本中纳入更广泛的企业，例如非上市企业以及国外上市企业，并开展比较分析。其次，研究没有更深入地关注网络内部因素对创新和学习的影响以及企业所处生态环境的影响。尤其是内部因素与外部生态环境的动态交互机制。最后，企业间的社会网络是多样化的，比如企业家私人之间的关系、政治联系等。应该以本书为基础展开不同网络对企业价值创造的影响的系统阐述。当然，这超出了本书的研究范围，但从一定程度上为未来的研究开辟了新的机会。综上，作者希望在以后研究中弥补上述不足。

5.2 宏观视角下的组织跨边界学习

5.2.1 理论基础与研究假设

一、制度同型和制度合法性

企业面临的经营环境不断变化使得创新成为生存和发展的关键（何建洪

等，2013）[1]。学者们首先关注企业自身因素对创新行为和绩效的影响，例如组织学习能力与吸收能力等（Lane 等，2006）[2]。随后，一些研究开始从空间视角探讨企业创新，例如产业集群对企业创新的驱动作用，社会网络对中小企业创新绩效的影响。空间环境是一个系统概念，创新网络的培育和建设可以促进企业的技术创新。正因为如此，开放式创新（Open Innovation）和协同创新（Collaborative Innovation）日益受到学者们的关注。切萨布鲁夫提出了开放式创新的概念（Chesbrough, 2003）[3]。开放式创新有内向型和外向型两种模式，学者们探讨了不同程度或类型的开放式创新与绩效的关系，以及影响开放式创新绩效的因素（Lichtenthaler, 2011）[4]。协同创新是一种重要的创新组织方式，可以取得"1+1+1>3"的效果（Davis 等，2011）[5]。 另外一些学者讨论了区域创新、国家创新体系构建等诸多问题。综观创新领域的研究，尚缺乏针对制度环境与创新绩效之间作用机制的系统讨论，尤其是实证研究更少。

但是创新并非完全自发产生，制度安排对创新的发生和绩效产生着影响。制度理论强调特定组织如何形成与发展，并获得"合法性"。科斯和诺斯为代表的新制度经济学对制度的起源变迁和作用机制进行了认真探讨。企业制度可以理解为由多项制度安排耦合形成，对不同利益主体在不同经营阶段的行为进行激励和约束的制度集合，耦合性是企业制度的效率源泉。所谓耦合是指多项制度相互匹配、相互影响、共同发挥作用的一种治理体系或机制。仅靠某项制度的设计或者引进难以提高企业制度的整体效率，各项制度安排的耦合才是企业制度的效率源泉。例如，Pache 等探讨了混合组织（Hybrid Organizations）追求"合法性"过程中，潜在要素（Intact Elements）与外部竞争性的制度环境互相耦合的过程机制，提出制度缺失下，混合组织获得外部合法性方面有特殊的优越性（Pache 等，2013）[6]。中国作为新兴市场国家之一，截至 2018 年建立了 168 个国家级高新技术产业开发区。高新区作为一种重要的制度安排和设计，促进了企业创新和经济发展。本书将制度合法性融合到内外部制度环境中，研究高新区内制度耦合对企业创新绩效的影响。

本书有以下理论和实践探讨。首先，以制度理论为基础，主要运用"制度合法性"的概念，分别具体分析企业内外部制度因素对企业创新的影响。其次，结合国家高新区特殊的制度安排，探讨内外部制度环境耦合的作用机制。最后，本书研究者提出了我国高新区制度安排和建设的政策建议。

新制度主义的学者强调制度在创新中的决定性作用充分论证了合理的制度安排会促进创新，不合理的制度安排会扼制创新（Birkinshaw 等，2008）[7]。经济增长的动态理论学者也阐述了制度安排与创新的关系。新制度理论学派认为，一个组织的合法性或称"合宜性"来自其面临的环境的特点和动态性。正如 Suchman 认为的，合法性是一个一般性的概念或假设，它是指一个组织的行为是渴望的、倾向的或愿意的，和规则、价值、信念、定义组成的社会系统息息相关。组织合法性指的是文化对一个组织的支持程度，反映了组织内已经建立的文化氛围，并解释了文化氛围的存在、功能和正当性（Meyer 等，1977）[8]。

已有学者对制度同形进行了实证研究。Kondra 等研究了制度同形对组织绩效的影响，他们认为制度同形导致相似的组织绩效或结果，由于风险规避，组织中占据优势的群体往往审慎经营，以维持组织现有的绩效和它们的优势地位（Kondra 等，1998）[9]。同时，制度同形有时被学者们认为是低效率的。但是在风险规避的框架下，这种组织行为是理性的。组织的合法性和组织的声誉有着相似的决定因素，但组织合法性强调来自社会规则和期望的接受程度。由此可见，制度同形和组织合法性是相互联系的范畴。正是由于组织受到外部制度环境的压力，去追求某种生存和发展的"合法性"，从而在行为和组织结构上发生了相应的变化，表现出"制度同形"行为。本书认为，"制度同形"往往强调制度环境对组织的影响；"合法性"往往强调企业对制度环境的适应或回应。

二、外部制度环境与"强制""规范"合法性

制度理论的核心在于解释组织场域内的制度同形和制度规范的建立。大多数正式组织结构是理性化的制度规则的反映。制度规则像一个"神话"一样发生着作用，使得组织融合于环境，获得合法性、资源以及稳定性，增加了组织的生存能力。一个组织场域中主要有 3 个获得的维度：第一，强制合法性（Coercive Legitimacy），主要来自政府管制政策、法律法规、职业团体和某些强有力的组织制定的标准等，学者将其译为管制合法性；第二，模拟合法性（Mimetic Legitimacy），如果某种新产品和服务乃至行业在公众认知中

被广泛接受，即获得了模拟合法性，其说明公众对某一事物的理解和认知程度依赖于构成社会现实和理解框架的文化共识和象征符号。有学者将其译为认知合法性。第三，规范合法性（Normative Legitimacy），其一定程度上反映了专业化和社会化，也称为道德合法性，即"做正确的事"。规范合法性来自社会规范和价值观、职业标准、管理传统和教育培训等专业化和社会化过程，它使得组织不得不遵循某些行为准则和规范，而不只是从功利主义的角度考虑（DiMaggio 等，1983）[10]。

市场制度和政府制度是企业创新面临的主要外部制度环境。本书研究者主要从两个方面衡量外部制度环境下，企业追求"合法性"的行为：强制合法性（Coercive Legitimacy）和模拟合法性（Mimetic Legitimacy）。创新和竞争的机制使得企业努力获得市场的认同，即模拟合法性（Mimetic Legitimacy），这种合法性主要通过模拟、竞争来实现。

政府的创新制度安排则反映了更多的设计性，是由政治代理人制定和实施的，其最理想的出发点是弥补市场制度中的缺陷，实现各种资源的最优化配置。市场失效使政府的存在成为可能。政府追求一定的集体性目标，强制性是政府制度安排的一个显著特点，可以强制规定各种生产要素如何使用。强制性能在一定程度上节省交易费用，但也可能产生严重的后果。

企业追求"强制合法性"的行为是外部制度环境压力的结果，面临"强制性"较高的外部制度环境时，企业越倾向于表现出的追求"强制合法性"行为。这种带有"强制性"因素的制度环境能够迫使企业更加投入到创新行为中，从而带给企业较高的创新绩效。同时，企业追求"模拟合法性"的行为，可以迫使其参与到市场竞争中，从而获得更多的发展机会和资源，这个过程可以使企业积累管理经验，获得能力的不断提升。"模拟合法性"同样可以促使企业表现出积极的创新行为，从而使得获得更好的创新绩效成为可能。因此，本书研究者有如下假设 1 和假设 2：

假设 1：国家高新区企业面对外部制度压力所表现出的追求"模拟合法性"的行为与企业的创新绩效正相关。

假设 2：国家高新区企业面对外部制度压力所表现出的追求"强制合法性"

的行为与企业的创新绩效正相关。

三、内部制度环境与"规范合法性"

企业创新的内部制度安排则主要是指创新的管理制度。企业内部制度影响个人的创新行为，从而影响企业的创新绩效。这些内部制度包括创新的组织制度、信息制度、人力资源制度、创新考核与奖励制度、资源分配制度等。这些制度相辅相成，共同发挥着促进企业创新的功效，营造着创新氛围。任何单项制度或单个领域中的制度对创新而言都是不充分的。

企业内部制度是一种微观环境，其与外部制度环境相互作用，为企业提供特定的创新氛围。企业是各种生产要素的组合体，这种组合是依照一定的制度建立起来的。按照新制度理论的观点，企业和市场是两种不同而又相互替代的制度，企业以行政命令取代价格机制成为资源配置手段。创新和企业内部协调同样要通过制度实行。促进企业创新的重要任务之一，就是依据一定的制度安排，在错综复杂的技术和信息关系的各个任务单元之间配置稀缺的企业资源，提高员工的创新动力和创新能力，使创新绩效最大化。

企业是一种组织，它为每个成员提供决策所需的信息、决策前提、目标和态度。企业成员之间需要形成稳定预期，使各自的决策建立在稳定关系的基础上，否则企业将很难具有创新活力，也很难具有创新成效。而这种预期的形成要求以制度为基础。企业内部制度环境是影响创新绩效的重要因素，当内部制度环境越完善时，提供给企业的创新机会越多，内部人员的创新动机越强烈，从而带来企业更高的创新绩效。同时，内部制度环境，如"规范合法性"的行为，可以为企业带来高层次的人员、高素质的研究人才，这提高了企业的创新能力，提供了更多的机会。这些都能从一定程度上促进了企业绩效的提高。因此，本书研究者有如下假设：

假设3：国家高新区内企业面对制度压力所表现出的追求"规范合法性"的行为与企业创新绩效正相关。

四、内部制度环境和外部制度环境的耦合机制

有效率的企业制度应当是高度耦合的制度集合，耦合性是企业制度的重要效率源泉。企业处于外部和内部制度环境中，外部制度环境中包含市场和政府

的两种制度；内部制度环境中包含人力资源、创新合作等制度。但是，企业外部和内部制度环境如何耦合，它们之间的作用机制如何，文献中却很少涉及。

基于耦合机制，有学者将企业制度理解为由多项制度安排耦合形成的、对不同利益主体在不同经营阶段的行为进行激励和约束的制度集合。制度变化过程往往和制度耦合过程联系在一起，其被组织中的各种层次的人员不断驱动。耦合性是企业制度的效率源泉，一组制度安排除了时点上的截面静态耦合外，还必须在各个经营阶段进行全过程的动态耦合，即截面耦合和过程耦合。

仅靠某项制度安排的设计或者引进难以提高企业制度的整体效率，各项制度安排的耦合才是企业制度的效率源泉，外部制度环境和内部制度环境之间同样需要一个良好的耦合关系。外部制度环境而言，如果没有私有产权制度，企业与创新者无法确保从创新中获得应有的收益。因而不会有积极性去从事创新活动。其次，如果没有市场价格机制，企业无法通过价格及其变动获得市场需求信息，无法通过价格为创新索要溢价，企业的创新行为便会失去方向。最后，政府的制度是"市场失灵"时的重要补充。政府将作为修补市场缺陷的制度主体出现。在创新投入不足、信息不对称、市场竞争不完全的情况下，政府积极、有效的指导和干预，可能实现企业以及社会整体的创新绩效水平的提高。这便是政府的创新制度安排。

新制度理论认为企业本身就是相对于市场的一种制度选择。而企业这一制度又是由一系列具体的制度安排构成的，即企业实质上是一个自成一体的制度体系。从创新的角度来看，企业的制度体系中包含着创新的组织制度、评价与奖励制度、人力资源制度、信息制度、资源分配制度等。

具有创新效率的企业是社会和经济增长的源泉，但创新性企业的产生和成长，需要在制度上做出安排。这里的制度安排不仅包括企业能自主控制的内部制度，更包括存于企业外部的受市场和政府引导的各种宏观制度。只有形成兼顾内外、兼顾宏观与微观互补互动的创新制度体系企业的创新行为才可能得到有效激励，进而促进创新活动，推进经济发展和社会福利的改善。换句话说，企业面临的外部制度环境和内部制度环境需要一个相互促进，耦合良好的机制，以促进企业创新绩效。但是，对于国家高新区的制度环境，两者的耦合状况不得而知。其可能存在两种情况：一种是内、外部制度环境耦合良好；另一种情况是两者耦合情况并不好。因此本书研究者有如下两个竞争性假设（Competing Hypothesis）：

假设 4a：国家高新区企业外部制度环境和内部制度环境在良好的耦合机制下，将促进高新区企业的创新绩效。

假设 4b：国家高新区企业外部制度环境和内部制度环境在较差的耦合机制下，将对高新区企业创新绩效没有影响或促进企业创新绩效的作用并不显著。

理论假设见图 5.2-1 所示。

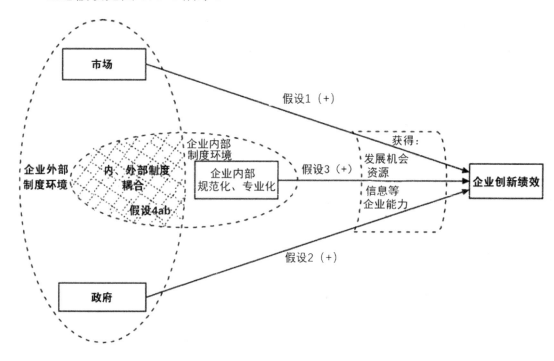

图 5.2-1　理论模型

5.2.2　研究方法

一、数据来源

样本来自南宁国家高新区，从 2008 年至 2010 年三年的总共 684 家企业数据。前文介绍过选择南宁国家高新区的各项优势，并具有广西社会、经济、民族、区域等独特特点，还有面临中国—东盟经济自由贸易区建设的历史机遇。

二、变量选择

本书因变量为企业创新绩效，其采用两种衡量方式：企业专利申请数量（qj55）和企业发明专利授权数量（qj74）。自变量包括企业在内部和外部制度环境中所表现出的追求"合法性"的行为，我们采用因子分析的方法，分别获得内部制度环境和外部制度环境的两个因子。内部制度环境主要考虑"规范合法性"，包括三个指标；外部制度环境研究"强制合法性"和"模拟合法性"两方面，共选择六个指标。因此，总共包括九个具体指标。

企业创新的制度环境见图 5.2-2 所示，由外部制度环境和内部制度环境组成。外部制度环境主要包括政府的制度安排和市场的制度安排；内部制度环境包括创新组织制度、信息沟通制度、创新合作制度、评价与奖励制度、资源分配制度和人力资源制度。外部制度中的政府的制度安排，可以包括行政命令、法律法规等；市场的制度安排往往可以通过行业竞争者市场占有率、竞争状态等来反映。内部制度环境可以用人员专业化从一定程度上衡量，其与人力资源、分配、奖励、合作和沟通几方面的内部制度息息相关。

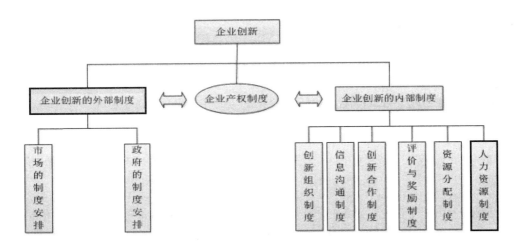

图 5.2-2　企业创新的制度环境

（图参考：董静. 企业创新的制度研究，复旦大学管理学院，2003 年，第 38 页）

因此，我们考察"规范合法性"（Normative Legitimacy）时，采用如下指标来衡量："企业员工中研究生的数量比例"（变量 qd18）、"当年吸纳高校应届毕业生比例（qd14）"和"留学归国人员的数量比例（qd03）"。其分别为占企业员工总人数的比例。

外部制度环境从"强制合法性"和"模拟合法性"两个方面衡量。"强制合法性"强调政府行政力量的影响，本书研究者用如下指标衡量企业"强制合法性"：国家资本（qc35）、参保人员人数（qd24）、实际上缴税费（qc13），分别取对数。"模拟性合法性"强调来自周围有影响力的组织的影响压力，如相同行业竞争者的竞争压力等。高新区内积聚了大量的高科技企业，它们之间有着一定的促进和学习效应。因此，企业入驻高新区时间的长短影响着企业模拟、追随其他竞争者或学习者的能力。同时，企业认证是一种模拟和追随的重要标志和目标，有无企业认证之间关系到企业是否成为模拟或追随的对象。最后，企业的产品销售收入可以反映企业在行业中的竞争状态。因此，本书研究者选用的企业追求"模拟合法性"的指标包括：截至 2010 年计算的企业进区时间（以变量 qb08 为基准），企业是否有企业认证（qb11，有认证为 1，没有为 0），企业的产品销售收入（qc07）。

模型中的控制变量包括：年份和行业哑变量、企业规模（企业固定资产合计，qc27）、企业财务绩效（qc12）。同时，本书控制企业的财务绩效，选用企业的净利润为衡量指标，固定资产取对数后作为企业规模的控制变量。

5.2.3 分析与结果

一、分析过程

本书研究方法主要包括以下三种：面板数据随机效应模型、生存分析和因子分析。

创新绩效一方面要考虑专利数量，另一方面要考虑首次获得专利情况。本书采用面板数据随机效应模型和生存分析。具体地讲，本书选用随机效应 Poisson 模型，其因变量为"企业专利申请数量"；选用生存分析（Survival Analysis）指数模型，其因变量是根据企业进入高新区的时间年限和是否获得首次专利授权计算的风险概率（Hazard Rate）；在分析内外部制度环境的耦合机制时，采用显变量和潜变量（Latent Variable）两种方法，潜变量分析本书采用因子分析的方法。

①面板数据随机效应 Poisson 模型专利申请数量是一个计数模型，如果专利数量的数学期望与方差相等或者非常接近，可以选择 Poisson 分布为专利数量的分布；如果方差大于数学期望，选择负二项分布较为合适，负二项分布是 Poisson 分布的推广。

随机效应 Poisson 模型中，本书的因变量是企业专利申请数量，企业专利申请数量从一定程度上反映了企业取得创新成果的程度，本书用它来衡量企业创新绩效的一个方面。本书通过 Haumman Test 考察固定效应和随机效应模型的估计差异，Hausman Test 的结果为不显著（Prob>chi2=0.1416），即固定效应和随机效应模型对统计结果并没有显著差别。考虑到数据为短面板的面板数据，随机效应模型估计的方差较小（Wooldridge, 2009）[11]，为了获得较稳健的统计估计，本书最终选用随机效应模型。

泊松模型即假定被解释变量服从泊松分布，其是一种计数模型，常用于被解释变量为非负整数的情形，其在面板数据的设定形式为：

$$y_{it} \sim Poisson(\mu_{it})$$
$$\mu_{it} = \exp(X_{it}\beta + v_i)$$
$$e^{v_i} \sim Gamma(1/\alpha, \alpha) \qquad\qquad 公式（1）$$

②生存分析（Survival Analysis）。本书用生存分析（Survival Analysis）或称历史事件分析（Event History Analysis），在随机效应模型的基础上，进一步探讨影响企业创新绩效的因素，研究企业首次获得发明专利授权的行为。

生存分析中，本书关心企业发明专利被首次"授权"的行为，原因是：虽然企业专利申请数量从一定程度上反映了企业取得创新成果的程度，但是企业发明专利授权数量反映了市场对企业创新成果的肯定程度。因此，本书研究者考虑企业当年专利授权数量（qj74），因变量为从当年专利授予权数获得，如果当年获得至少一项专利，则为 1（即生存分析模型中定义的 Failure），否则为 0。以企业进区时间（qb08）为起点，截至数据收集结束的时间点，本书计算企业获得第一项专利授权所经历的时间。因此，数据为右截断（Right

Censored）数据。假设 t_i 是第 i 个企业获得首次专利授权的时间，那么它的分布就可以用下面的生存函数描述：

$$S(t) = P(t_i > t) \qquad\qquad 公式（2）$$

本书研究者采取 Exponential 模型，其基本表述如下：

$$h(t) = \lambda$$

$$H(t) = \int_0^t \lambda d(x)$$

$$S(t) = \exp[-H(t)] = e^{-\lambda t} \qquad\qquad 公式（3）$$

其中 $h(t)$ 指在某特定时点（t）的风险比率，也就是一个企业在某个时点获得首次发明专利授权的可能性。它是控制变量和自变量（X）的级数函数。

③因子分析。为了更好地考察内外部制度环境耦合的作用机制，本书研究者采用了因子分析的潜变量分析方法。因子分析的基本目的就是使用少数几个因子去描述许多指标或因素，即将相关比较密切的几个变量归在同一类中，每一类变量就成为一个因子，其是不可观测的，即不是具体的变量。本书研究者从外部和内部制度环境中分别提出两个公共因子，这样可以更好地概括制度环境的影响因素，从而深入研究外部和内部制度之间交互作用对企业创新绩效的影响。

二、分析结果

关于变量描述性和相关性的分析见表 5.2-1、表 5.2-2。可以看出主要变量之间存在着显著的相关关系，初步说明本书假设的合理性。

表 5.2-1　变量说明及描述性分析

名称	变量名称	观测数	均值	标准差	最小值	最大值
qj55	专利申请数	1978	0.4358	1.7603	0	19
qj74	当年专利授权数	1978	0.3018	2.1032	0	63
qb08	企业进区时间	1978	6.0753	3.9043	0	22
qb11	是否有企业认证	1978	0.1254	0.3312	0	1
qc07	产品销售收入	1978	7.5147	4.7574	0	15.5760
qc35	国家资本（对数）	1978	0.6046	2.2732	0	12.5426
qd24	参保人员人数	1978	1.3643	4.0910	0	80.51

名称	变量名称	观测数	均值	标准差	最小值	最大值
qc13	实际上缴税费	1978	7.0926	2.07677	0	12.6185
qd18	企业研究生数量比例	1978	0.0272	0.0462	0	0.6
qd14	当年招高校届生比例	1978	0.0218	0.0567	0	0.8333
qd03	留学归国人员的数量	1978	0.1709	0.8665	0	16
qc27	企业规模	1978	29404.66	206788	0	5385521
qc12	企业财务绩效	1978	5878.609	18268.2	−101104	358272

表 5.2-2　变量相关性分析

	qj55	qj74	qb08	qb11	qc07	qc35	qd24	qc13	qd18	qd14	qd03	qc27	qc12
qj55	1												
qj74	0.412***	1											
qb08	0.116***	0.03	1										
qb11	0.225***	0.126***	0.154***	1									
qc07	0.112***	0.04*	0.186***	0.076**	1								
qc35	0.111***	0.155***	0.141***	0.046*	0.073**	1							
qd24	0.114***	0.174***	0.048**	0.063**	0.197***	0.155***	1						
qc13	0.179***	0.111***	0.329***	0.154***	0.273***	0.118***	0.266***	1					
qd18	0.028	0.119***	0.174***	0.113***	−0.087***	0.078**	−0.02	0.093***	1				
qd14	0.003	−0.019	−0.113***	0.099***	−0.264***	−0.031	−0.027	0.027	0.05*	1			
qd03	0.007	0.01	0.115***	0.163***	−0.03	0.028	0.016	0.078**	0.251***	0.084***	1		
qc27	0.026	0.014	0.037	0.005	0.131***	0.069**	0.345***	0.198***	−0.015	−0.004	−0.007	1	
qc12	0.164***	0.109***	0.062**	0.103***	0.198***	0.038**	0.655***	0.346***	−0.023	−0.028	0.004	0.257***	1

注：*** 表示 $p<0.01$，** 表示 $p<0.05$，* 表示 $p<0.1$。

假设的验证见表 5.2-3 和表 5.2-4，其中面板数据随机效应 Poisson 模型的结果汇报在表 5.2-3 中，表 5.2-4 是生存分析对假设 1 至假设 4 的检验。

表 5.2-3　面板数据随机效应 Poisson 模型结果（假设 1 至假设 3）[1]

		模型 1	模型 2	模型 3	模型 4	模型 5	模型 6	模型 7	模型 8	模型 9	模型 10
外部制度因素：市场	qb08	0.123***									0.062***
		(0.0140)									(0.0154)
	qb11		1.754***								1.559***
			(0.134)								(0.143)
	qc07			-0.00608							-0.096***
				(0.0213)							(0.0277)
外部制度因素：政府	qc35				0.164***						0.120***
					(0.0209)						(0.0232)
	qd24					0.107***					0.0217
						(0.0202)					(0.0198)
	qc13						0.532***				0.460***
							(0.0495)				(0.0559)
内部制度因素	qd18							7.284***			1.577
								(1.311)			(1.485)
	qd14								5.510***		4.023***
									(1.152)		(1.328)
	qd03									0.463***	0.174**
										(0.0820)	(0.0829)
	Control	Included	Included	Included	Included	Included	Included	Included	Included	Included	Included
	Constant	-3.749***	1.573***	-2.892***	1.705***	-3.082***	-6.701***	1.749***	1.717***	1.767***	1.461***
		(0.263)	(0.104)	(0.305)	(0.100)	(0.0997)	(0.448)	(0.100)	(0.0997)	(0.237)	(0.531)
	Ln-alpha	1.696***	-3.599***	1.715***	-2.931***	1.713***	1.513***	-3.006***	-3.006***	-3.085***	-6.462***
		(0.100)	(0.266)	(0.100)	(0.232)	(0.237)	(0.105)	(0.233)	(0.234)	(0.0999)	(0.109)
	Observations	1,978	1,978	1,978	1,978	1,978	1,978	1,978	1,978	1,978	1,978
	Number of id	688	688	688	688	688	688	688	688	688	688
	Log likelihood	-1429	-1374	-1471	-1435	-1453	-1400	-1455	-1459	-1455	-1265
	Wald chi2	343.1	369.0	298.6	328.6	304.5	362.1	316.3	306.6	305.7	436.4
			假设 1			假设 2			假设 3		

注：括号内为标准差。*** 表示 p<0.01，** 表示 p<0.05，* 表示 p<0.1。

[1] 表中因变量为 "企业进入园区后获得首项专利的概率"（Hazard Rate）。因变量为从当年专利授予权数获得（QJ74），如果当年为获得至少一项专利，则为 1（模型中的 Failure），否则为 0。以企业进区时间（QB08）为起点，截至数据收集结束的时间，计算企业获得第一项专利授权所经历的时间，即数据为右截断（Right Censored）数据。

表 5.2-4　内外部制度耦合的生存分析模型（假设 1 至假设 4）[2]

	模型 1	模型 2	模型 3	模型 4	模型 5	模型 6
外部因子 1（fac1_2_out）		1.679***		1.705***	1.709***	1.709***
		(0.153)		(0.157)	(0.156)	(0.158)
外部因子 2（fac2_2_out）		1.544***		1.457***	1.485***	1.448***
		(0.164)		(0.157)	(0.159)	(0.155)
内部因子 1（fac1_2_in）			1.201***	1.146		1.146
			(0.0680)	(0.109)		(0.116)
外部因子 1×内部因子 1				0.892		0.903
				(0.0774)		(0.0863)
外部因子 2×内部因子				0.976		0.974
				(0.0598)		(0.0658)
内部因子 2（fac2_2_in）			0.987		1.022	1.039
			(0.0854)		(0.179)	(0.134)
外部因子 1×内部因子 2					1.081	1.054
					(0.116)	(0.0959)
外部因子 2×内部因子 2					0.939	0.988
					(0.106)	(0.0944)
Year Dummy	Control	Control	Control	Control	Control	Control
Industry Dummy	Control	Control	Control	Control	Control	Control
qc27	1.000*	1.000***	1.000*	1.000***	1.000***	1.000***
	(1.23e-06)	(2.24e-06)	(1.27e-06)	(2.28e-06)	(2.23e-06)	(2.27e-06)
qc12	1.000***	1.000**	1.000***	1.000**	1.000**	1.000**
	(3.52e-06)	(4.51e-06)	(3.55e-06)	(4.69e-06)	(4.58e-06)	(4.68e-06)
Constant	0.0002***	0.0001***	0.0002***	0.0001***	0.0001***	0.0001***
	(0.0002)	(0.0001)	(0.0002)	(0.0001)	(0.0001)	(0.0001)
Observations	1,966[?]	1,966	1,966	1,966	1,966	1,966
Log likelihood	−414.5	−394.9	−410.5	−389.9	−392.2	−389.3
		假设 1&2	假设 3	假设 4ab		

注：括号外为系数，括号内为标准差；*** 表示 $p<0.01$，** 表示 $p<0.05$，* 表示 $p<0.1$。

2　生存分析中以进区时间为 Duration，即从企业进入高新区截至数据收集时间点 2010 年计算。有 12 个观察值的 Duration 为 0，所以样本中有 1966 个观察值。

如表 5.2-3 中 Poisson 模型所示，因变量为企业的专利申请数量（qj55），模型 1 至模型 3 是关于外部制度环境中"模拟合法性"的结果（假设 1）；模型 4 至 6 是外部制度环境中"强制合法性"的结果（假设 2）；模型 7 至模型 9 是内部制度环境中"规范合法性"的结果。可以看出，模型中的变量系数都显著为正，说明当这些因素较强时，企业创新绩效越高。因此，假设 1 至 3 得到了随机效应 Poisson 模型的支持。

本书采用生存分析以潜变量的形式对假设 1 至假设 3 进行再次验证，因变量是企业获得首次专利授权的"风险概率"（Hazard Rate），并对假设 4 进行分析（模型 5、6）。本书研究者分别从外部制度和内部制度因素中提出两个因子。其中，采用"失踪成对"（Missing Pairwise）的方法，从外部制度因素六个变量中提出两个公共因子，其累积贡献率为 80.677%，即这两个因子解释了外部制度环境六个变量的 80.677% 的部分。同样的方法，本书研究者从内部制度环境中提出两个公共因子，变量缺失部分用其均值插补，其累积贡献率为 82.671%。如表 5.2-4 所示，模型 1 和模型 2 中，内部制度和外部制度的两个因子的系数都显著为正（除模型 3 中的内部因子 2 不显著外），说明这些制度因素对企业首次创新成果都有着正向的促进作用。因此，假设 1 至假设 3 得到制度因素潜变量层次的验证。模型 4 和模型 5 是对交互项的验证，其系数为正，但不显著。这说明，南宁国家高新区内外部制度的耦合机制并不完善，对企业首次创新的正向影响目前并不明显。最终，假设 4b 得到了支持。

图 5.2-3 和 5.2-4 表现了内外部制度环境对企业创新行为的影响。图 5.2-3 是内部制度环境因子对企业创新绩效的影响；图 5.2-4 是外部制度环境。图中展现的是生存函数的图形，横坐标为企业进入高新区的时间，图的纵轴为企业首次获得专利授权的风险概率（Hazard Rate）[3]。首先，内部和外部制度环境对企业创新绩效都有着积极的促进作用；但外部制度环境对企业创新绩效的影响要高于内部制度环境。由图 5.2-3 可见，生存函数在内部制度环境下，尤其是前部分，在很大程度上两个函数图形交织在一起。其说明，内部制度环境对企业创新行为的影响并不显著。

---

3 此风险为"死亡"的风险，所谓"死亡"即意味着文中的"首次获得专利授权"时间的发生，意味着企业"一项专利授权"也没有获得。

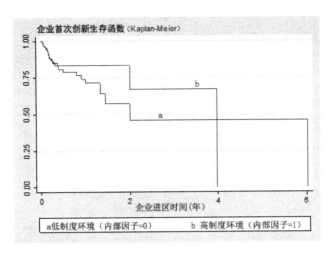

图 5.2-3　内部制度环境对企业创新绩效的影响

从图 5.2-4 可以看出生存函数呈现较大的差异。具体地说，制度环境较低（外部因子 1=0；外部因子 2=0）的生存函数（即没有获得一项专利授权）要高于制度较高（外部因子 1=1；外部因子 2=1）的生存函数。说明外部制度环境对企业创新绩效，以授予首次发明专利为标准，影响较大。外部制度环境较高时，企业获得首次专利授权的概率较大。

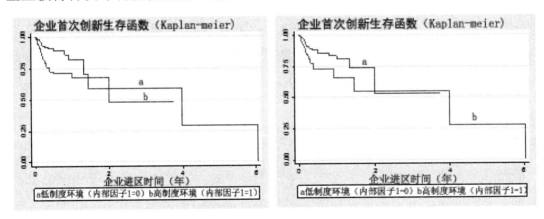

图 5.2-4　外部制度环境对企业创新绩效的影响

通过上述的分析，南宁国家高新区的外部和内部制度环境对企业创新绩效有着正向的促进左右，但两者的耦合机制对创新的促进效应并不明显，即外部和内部制度环境之间缺乏良好的耦合机制。图 5.2-5 中关于外部制度环境因子

（fac1.2.out,fac2.2.out），可以看出外部制度环境对企业创新绩效有着积极的促进作用，图形向内部翘起。内部制度的影响并不显著。

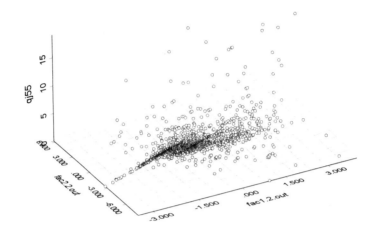

图 5.2-5　外部制度环境对企业创新绩效的影响

图 5.2-6 反映了内外部制度的交互作用。从外部制度因子（fac2.2.out）和内部制度因子（fac2.2.in）的交互作用可以看出，外部制度因子对企业创新的影响要高于内部制度环境，正如表 5.2-4 中模型结果所示，内外部制度环境耦合机制没有促进企业的创新绩效，图形右侧向上翘起较多，而左侧并没有明显的翘起。

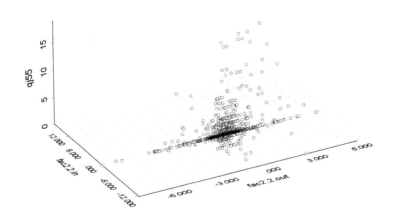

图 5.2-6　内部和外部制度环境的耦合对企业创新绩效的影响

5.2.4 讨论与结论

一、国家高新区企业创新的制度建议

新兴市场中外部制度缺失和不确定性影响着企业创新行为，而国家高新区内的企业创新行为表现出一定的周期性，见图 5.2-7 所示。从总体上看，企业创新绩效随着进区时间的增长，呈上升的趋势，同时园区内企业创新的周期大概为 2 年，即企业入区后第 2、4 和 6 年呈现出创新的高峰。这种周期性必然与制度环境相关，本书研究者认为应该在制度构建中把握和利用这种创新绩效的周期性。

同时本书研究者发现，国家高新区的外部和内部制度环境对企业创新绩效有着正向的促进作用，但两者的耦合机制对创新的促进效应并不明显，即外部和内部制度环境之间缺乏良好的耦合机制。本书研究者提出以下相应的政策，希望为国家高新区的制度建设提供有益的帮助。

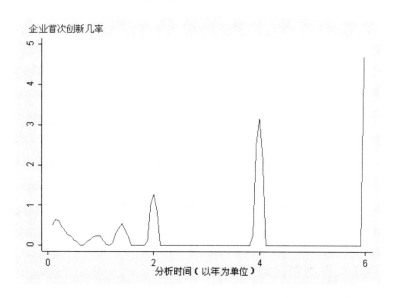

图 5.2-7　南宁国家高新区企业创新行为周期性

首先，应该加强外部制度和企业内部制度的落实和联系。国家高新区存在着授权和政策不到位的问题。某些国家高新区在成立时，往往授予了高新区管委会市一级的经济管理权和部分行政管理权。然而，受部门利益的驱使，有的

部门没有将市政府的授权完成落实到位，同时由于高新区管理体制的不完善，政府的有些政策也存在落实不到位的情况。这种授权和政策的不到位，影响了高新区管委会的办事效率、服务质量和信誉。因此，有必要切实地加强企业外部制度和内部制度的落实，并加强两者之间的关系。另外，在外部制度建设方面，要完善政策，加大投入。同时，重点考虑如何将这些措施与内部制度结合起来。一方面，进一步加大政府财政投入力度，多渠道发展风险投资资金，发挥不同投资主体的作用。另一方面，调动企业创新的积极性，降低企业投融资的风险。例如，建立多层次的资本市场，多元化的风险投融资体系。并且，要进一步完善对高新技术产业发展的税收优惠政策，从直接生产环节优惠向研究开发环节优惠转移，从生产贸易企业优惠向创新和产业化支持体系优惠转移，逐步建立起对商业化研究开发、高技术创业企业和创新孵育体系的税收优惠体系。

其次，结合政策环境，引进竞争机制，加强内部人才管理。完善高新区的人才评价体系，避免激励手段单一，科学合理地定位人才价格，这都使得具有创新潜质的人才得到充分重视。高新区企业人才，尤其是高素质的科技人才和既懂技术又懂经营管理的复合型人才缺乏。同时，制度上的缺乏，如户口、档案、职称等方面的原因，使得许多企业与优秀的人才失之交臂。人才是国家高新区发展的基础，是企业创新的源泉。高新区在制度建设方面应该充分考虑不同人才的各方面需求，吸引人才，留住人才，为企业创新发展提供有力的人才资源。

最后，促进集聚，集群发展。增强高新区的集聚效应需要产业集群化发展。一方面，要大力推进高技术企业的集团化和规模化扩张，重点推动一批初具规模的高技术企业集团化和规模化扩张，通过收购、兼并、资产划拨、重组等资本运营方式，迅速扩大企业规模，培育产业集群的"龙头企业"，形成产业集聚的强大吸引力、凝聚力和区域竞争力。另一方面，围绕推进高新技术产业集群，通过项目引导，支持企业实施技术水平高、关联度大、带动性强、影响长远发展的项目，加快发展高新区主导产业中基础较好、发展潜力较大的高新技术产业，进一步培育和发展产业集群，不断发挥产业集群效应。制度创新及内外部制度环境之间的耦合，需要结合高新区的具体情况，以及企业创新的特殊性进行。如南宁国家高新区企业创新呈现出 2 年的周期性，制度设置应该结合这个规律，

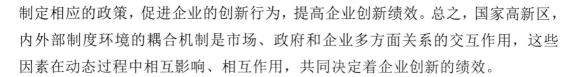

制定相应的政策，促进企业的创新行为，提高企业创新绩效。总之，国家高新区，内外部制度环境的耦合机制是市场、政府和企业多方面关系的交互作用，这些因素在动态过程中相互影响、相互作用，共同决定着企业创新的绩效。

二、研究不足及未来的研究方向

本书从新制度理论视角研究出发，探究了国家高新区制度环境因素对企业创新绩效的影响。在分别探讨了高新区外部、内部制度因素的基础之上，重点研究了内外部制度的耦合机制对企业创新绩效的影响，并提出了相应的促进制度耦合的政策措施。本书的研究不足主要有以下几点。首先，本书的数据是针对南宁国家高新区的样本，希望以后的研究能将这一思路应用到更为广泛的研究对象中去，探讨普遍的促进制度耦合机制的政策措施。其次，制度耦合可以分为截面耦合（静态）和过程耦合（动态），同时是一个重要的研究空白，而本书研究者的研究只是对内外制度的静态的截面耦合，没有涉及两者之间动态耦合的过程。以后的研究，应根据不同高新区的独特制度环境，开发出有针对性的量表，更为细致地探讨内外部制度的动态耦合机理。

5.3 中观视角下的组织跨边界学习

5.3.1 理论基础与研究假设

技术标准竞争在全球化时代为企业创造了竞争优势，相关研究也成为世界性热点（Gao，2014）[1]。这种情况表明，外部市场不确定性加剧了企业技术标准的竞争，例如 2009 年世界性金融危机期间，面临外部市场环境恶化，通过标准竞争获得优势显得尤为重要。理论界普遍认为"赢家通吃"（All-or-Nothing）决策是竞争市场中企业参与技术标准竞争的法则。这些学者大多认为技术标准竞争具有网络扩散效应，是一个开放式创新的过程（Chesbrough 等，2006；Lichtenthaler，2011；杨蕙馨等，2014；De Maeijer 等，2017）[2-5]。在这个过程中，企业竞争优势通常来自内向型开放式创新，一定程度上决定于企业的吸收能力（Dahlander 等，2010）[6]。

技术标准竞争在新兴市场中必然受到特定制度环境的影响，探讨标准竞争必然也离不开对制度合法性的分析。场域层面与社会层面是制度逻辑研究的两种倾向，两者是并行的，共同影响着组织战略的反映（杨书燕等，2017）[7]。高照军等提出企业内外部制度合法性的耦合状态，决定着高新技术企业的创新绩效（高照军等，2014）[8]。制度合法性与制度距离的研究较多，但关于制度合法性距离的系统探讨尚不多见（田宇等，2017；Liou 等，2016）[9,10]。较具代表性是关于制度合法性距离与企业"二次创新"影响开放式创新绩效过程机理的讨论（高照军等，2018）[11]。以往研究表明了技术创新、吸收能力、内外部制度耦合等都是重要的影响因素。但是尚未阐述上述诸多内外部因素如何综合作用与企业标准竞争力。本书提出了一个崭新的理论框架，讨论了影响标准竞争力的内外部因素，研究结论对于新兴市场企业技术标准竞争具有理论与现实意义。

一、一个内外部整合的研究视角

研究者提出了一个内外部整合的理论框架，包括内向型开放式创新、吸收能力、内外部制度合法性，见图 5.3-1 所示。信息时代的竞争是合作下的共赢，这使得联盟与协作形式下的生态企业越来越通过制定标准等形式参与竞争，例如 TD 联盟便是代表性的组织。基于制度耦合，本书提出了内外部制度合法性距离的概念，衡量标准竞争中企业面临的内外部综合制度环境。内外部整合的研究视角试图将吸收能力、制度合法性等因素融合到标准竞争的理论框架中。

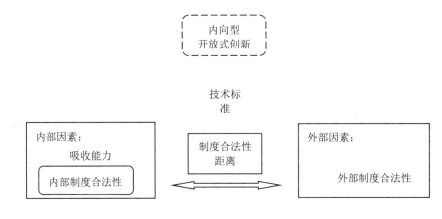

图 5.3-1　内外部相整合的视角

二、开放式创新

技术标准竞争可以从很多视角加以理解，随着竞争日益加剧，开放式创新逐渐成为重要的研究视角（Huizingh，2011）[12]。创新过程中外部资源与知识的获取至关重要，内向型创新便特指从企业外部学习知识获得资源的过程。通过各种方式将外部资源内部化，转化为企业能力的一部分，内向型开放式创新是由外及内的过程。研究表明资源获取方式，诸如产品与流程创新有助于创新绩效的提高（Mention，2011）[13]。从众效应、组织惯性等都是影响企业选择新技术的重要影响因素（Farrell 等，1985）[14]。网络视角提供了理解开放式创新与技术标准之间关系的有效途径，这便是技术联盟网络的外部性（Katz 等，1985）[15]。学术界与企业实践都提供了经验证据。例如，李冬梅等探讨了技术标准开发前技术发起者的网络模式对标准联盟及主导设计的影响过程，研究发现这种影响取决于网络关系强度及标准联盟所处的不同阶段（李冬梅等，2017）[16]。王道平等以 TD 为例研究了标准研发联盟合作伙伴选择，认为这个动态过程中合作伙伴选择要"领先一步"（王道平等，2015）[17]。集群网络更表明，基于技术标准许可的定价方式在高技术产业集群定价过程中为集群创新提供了动力支撑（魏津瑜等，2017）[18]。

创新能力是参与标准制定的源泉，内向型获得资源、塑造能力，提高了企业标准竞争力，从外部主体获得的市场信息资源与技术资源会改善企业的创新绩效。同时，技术联盟是获取外部资源的重要方式（Chiang 等，2010）[19]。资源获取与知识转移是一个动态过程，组织知识的演化也具有明显的生态系统特征（吴洁等，2017）[20]。技术联盟的多样性会改进企业的产品创新绩效，进而改善财务绩效（Faems 等，2010）[21]。创新绩效与财务绩效的提高为企业从事技术标准制定，塑造技术标准的竞争力提供了资源与条件。因此，内向型创新为企业的技术标准竞争力奠定了基础。另外一方面，内向型创新在获得与转化外部知识与资源过程中，提供了企业参与市场竞争的机会，增强了市场竞争力。市场竞争力的提高赋予企业制定技术标准的学习机会，有利于制定适宜的技术标准。因此，本书有如下假设：

假设 1：企业内向型开放式创新程度与技术标准竞争力正相关。

三、吸收能力的调节作用

开放式创新与吸收能力、互补性资产以及探索与利用模式密切相关。组织间网络结构与互补性学习风格从一定程度上决定着开放式创新与质量管理的绩效（Roldán Bravo 等，2017）[22]。吸收能力传递着技术联盟网络的技术资源（Srivastava 等，2015）[23]，这种传递使得企业吸收能力在宏观与微观层次之间不断交替（Martinkenaite 等，2016）[24]。本书研究者认为吸收能力有利于技术联盟成员的知识吸收有传递，进而提高标准竞争力。例如，龙勇等发现技术联盟企业的吸收能力促进了联盟各方的合作研发（龙勇等，2011）[25]。联盟企业具有不同的合作研发程度，吸收能力加强了联盟各方的研发合作。他们得出的结论同时提供了企业吸收能力具有中介作用的佐证，其在风险投资与建立技术联盟之间的关系之间发挥着中介作用。

结合以往研究结论，本书研究者认为吸收能力对企业标准竞争力具有显著的促进作用。这种正向作用对于内向型创新的企业尤为突出，原因在于吸收能力在引进消化外部资源过程中必不可少的重要作用。当企业具有较强的吸收外部知识的能力时，可以更有效地将通过内向型开放式创新获得的资源、信息和知识等转化为企业能力。企业能力的提高增强了参与标准竞争的能力，从而比其他竞争者更容易获得比较优势。这种情况下，内向型开放式创新活动与标准竞争力提升之间的正向关系将得到强化。综上，我们有如下假设：

假设 2：企业吸收能力正向调节内向型开放性创新与标准竞争能力间的关系。

四、内外部制度合法性

外部制度环境与"强制""模拟"合法性，这两种外部合法性是决定企业在竞争获得比较优势的重要影响因素之一（Gao，2011）[26]。新兴市场企业面临着更为复杂多变的制度环境，外部制度合法性对它们显得尤为重要。一方面，企业必须遵守政策规定，政府在引导市场竞争中出台的各项政策法规规范着竞争行为，保障有序的市场竞争，这便是强制（Coercive）合法性。另外一方面，企业在市场竞争中相互模仿、相互影响，这种模拟合法性使得企业获得生存与发展的机会空间。因此，追求外部制度合法性是企业参与竞争的基础与保障，对于技术标准竞争同样如此。

内部制度安排主要指规范合法性，其侧重于企业内部的专业化。正如 Meyer 等学者所言，规范合法性与专业化程度密切相关（Meyer 等，2009）[27]。企业内部专业化程度直接决定着其标准制定能力，任何标准的制定与确立取决于专业化人员的研发工作。企业的标准竞争力便建立在专业化过程上，这种竞争力是技术创新与技术协作的结果，以专业化人员的活动为基础。因此，追求规范合法性的企业通过不断加强专业化程度，提高了创新能力，为企业的技术标准制定奠定了基础，从而在市场竞争中获得标准竞争力。

假设 3：内外部制度合法性有利于提高企业的技术标准力。

假设 3a：外部制度合法性正向促进技术标准竞争力的提高。

假设 3b：内部制度合法性正向促进技术标准竞争力的提高。

五、制度合法性距离

制度合法性有宏观与微观之分，启示了制度过程是一个多层次的概念（Bitektine 等，2015）[28]。学者们已经提供了制度合法性、社会资本影响新兴市场企业绩效的相关经验证据（Chen 等，2016）[29]。Bjerregaard 认为制度变化离不开制度耦合，两个过程是密不可分的，这种相互交织的过程发生在企业的各个层次，表现为两个独立而又密切联系的系统（Bjerregaard，2011）[30]。当两个系统打破自身的边界进行物质、能量、信息的交流，增加"负熵流"并使得自身向有序的方向演化时，便是一个"耦合"过程。研究者认为内外部制度合法性，两者应该同等发展，如果一方发展提前于另一方，耦合机制不能发生作用。因此，我们提出了"企业内外部制度距离"的概念。无论是标准竞争，还是企业创新行为都需要内外部制度耦合的机制。当内外部制度合法性距离越远，两者之间不能很好地契合，外部制度环境不能有效地符合内部制度环境的要求，内部制度环境也同样不能与外部发生作用。因此，内外部制度合法性距离不利于企业技术标准竞争力的培养和提升。相应地，我们有如下假设：

假设 4：制度合法性距离负向内向型开放式创新与技术标准竞争力之间的关系。

我们在图 5.3-2 中对本书逻辑和所有假设进行了说明，遵循从企业内部向外部逐渐拓展的逻辑，我们探讨了吸收能力、开放式创新、制度合法性、内外部制度合法性距离等因素对企业标准竞争力的影响机制。

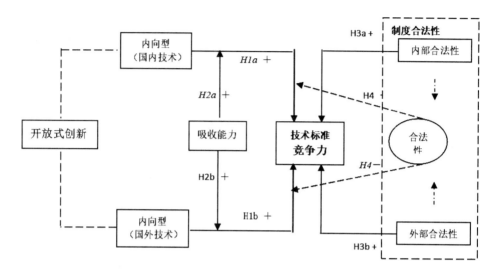

图 5.3-2　理论模型

5.3.2　研究设计

一、数据来源

本书样本来自南宁国家级高新区，研究者选取金融危机情景下的高新企业作为研究对象。首先，高新企业是标准制定的主体。其次，从地缘特点看，南宁高新区处于"中国—东盟经济自由贸易区"建设的国际环境之下，区内企业参与技术标准制定的积极性很高。金融危机带来了不确定性，为探索制度环境下企业标准竞争问题提供了很好的契机。稳定而成熟的制度环境可以促进战略联盟等合作关系，通过协同创新效果提升了企业标准竞争力。相比之下，金融危机的情景更适宜探讨企业面临高度不确定性时的标准竞争行为。有关数据显示金融危机对经济发展与企业运营的影响非常明显，尤其减缓了企业国际化。例如，UNCTAD 数据显示 2008 年、2009 年两年全球范围内的 FDI 增速降低到历史低谷（王晓红等，2017）[31]。因此，笔者特意选取 2009 年金融危机前后的数据信息，收集了从 2008 年至 2010 年三年的总共 684 家企业。笔者同时发现金融危机之后，高新区企业发生了很大改变，包括产业结构进行了调整，企业在数量上下降较多。为了保证样本一致性，以及分析结果的稳健性，笔者紧密围绕研究问题，没有将金融危机之后的企业信息纳入研究样本中。

二、变量定义

首先，因变量。因变量随着模型设置不同而变化。采用泊松模型时，我们的因变量为企业的"标准竞争力（qi27）"，用参与技术标准竞争中形成国家行业标准制定个数衡量。生存分析的因变量为"首次形成国家行业标准的概率"。我们以企业进入高新区时间，也即变量"进区时间（qb08）"为时间起点，计算出时间跨度（Duration）。其中样本中时间跨度为零有 12 条记录，最终我们的样本有 1358 条记录。

其次，自变量。我们专注的主要自变量包括：内向型开放式创新、吸收能力、制度合法性、合法性距离。首先，内向型开放式创新。我们从引进国内与国外技术两个方面衡量，分别用变量"内向型国外（qj59）""内向型国内（qj62）"表示，并做对数变换。其次，吸收能力。我们从两个方面衡量，一方面企业过去吸收能力，变量"吸收能力（过去）（qj55）"，采用企业专利申请数量，其能够代表企业的消化吸收能力；另一方面企业当年吸收能力，变量"吸收能力（当年）（qj74 ）"，采用当年专利授权数衡量。再次，制度合法性。制度合法性从内部与外部两个方面衡量。因子分析方法从内外部制度合法性中提取两个因子。外部制度合法性由"外部因子 1（factor 1_out）""外部因子 2（factor 2_out）"两个因子衡量；内部制度合法性由"内部因子 1（factor 1_in）""内部因子 2(factor 2_in)"衡量。最后，采用欧几里得距离（Euclidean Distance）合法性距离。我们计算内部与外部合法性之间的欧式距离，衡量两者之间的耦合程度。企业内外部制度合法性的衡量方式见图 5.3-3 所示。

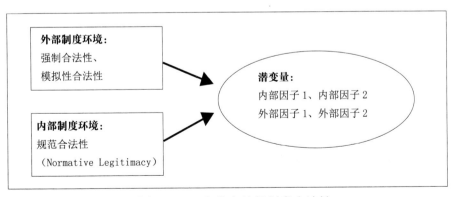

图 5.3-3　企业内外部制度合法性

欧几里得距离的方法能用于连续变量和 0-1 变量（Thomas 等，1991）[32]，且该方法一直为先前文献所沿用。

$$distance = \sqrt{\begin{array}{l}(factor1\_in - factor1\_out)^2 + (factor1\_in - factor2\_out)^2 + \\ (factor2\_in - factor1\_out)^2 + (factor2\_in - factor2\_out)^2\end{array}}$$ 公式（4）

最后，控制变量。本书的控制变量包括：企业规模、财务绩效、企业年龄（age）和年份哑变量。企业规模，我们将固定资产取对数作为加以控制（qc27）；财务绩效，选用企业的净利润来衡量（qc12）；企业年龄以公司成立年限为衡量，同时我们控制年份哑变量。

5.3.3 研究方法

一、泊松回归

研究中首先采用横截面数据的泊松回归模型，因为衡量标准竞争力的一个指标为"形成国家行业标准数量"，为计数因变量。所谓泊松模型即假定被解释变量服从泊松分布，其是一种计数模型，常用于被解释变量为非负整数的情形，泊松回归模型的表达式为：

$$y_i \sim Poisson(\mu_i), P(y_i) = \frac{e^{-\lambda_i} \lambda_i^{y_i}}{y_i!}$$
$$\mu_i = \exp(X_i\beta)$$ 公式（1）

二、生存分析

研究者采取生存分析（Survival Analysis）或称历史事件分析（Event History Analysis）衡量企业是否形成首个技术标准。生存分析关注企业自进入高新区后，参与标准竞争中是否形成首个技术标准。虽然我们用泊松回归考察了形成技术标准的数量，但是其忽略了首个技术标准的制定情况，学习效应、知识积累等在其中具有重要的影响。如果当年获得至少一项技术标准的形成，则为 1（即生存分析模型中定义的 Failure），否则为 0。数据为右截断（Right Censored）数据。假设 t_i 是第 i 个企业获得首个标准的时间，那么它的分布就可以用下面的生存函数描述：

$$S(t) = P(t_i > t) \qquad\qquad 公式（2）$$

我们采取 Exponential 模型，其基本表述如下：

$$h(t) = \lambda$$

$$H(t) = \int_0^t \lambda d(x) \qquad\qquad 公式（3）$$

$$S(t) = \exp[-H(t)] = e^{-\lambda t}$$

其中 h（t）指在某特定时点（t）的风险比率，也就是一个企业在某个时点首次形成技术标准的可能性。它是控制变量和自变量（X）的级数函数。

三、因子分析与稳健性检验

本书采取因子分析方法提取潜变量，从外部和内部制度环境中分别提出两个公共因子。采用因子分析的目的在于获得更为适宜的变量衡量制度合法性，从多个角度衡量制度环境，增强了变量的可信性与有效性。研究者为增强统计分析的稳健性，在上述泊松回归、生存分析基础之上采用了面板数据方法。首先，Hausman Test 结果不显著，说明固定效应与随机效应模型之间没有显著性差异。其次，考虑到数据为短面板的面板数据，随机效应模型估计的方差较小。本书研究者采取随机效应模型并检验了其与横截面模型之间的差异，结果表明两者并不存在显著不同。

5.3.4　实证分析

我们将汇报统计分析结果。表 5.3-1 为变量描述及相关性分析；表 5.3-2、表 5.3-3、表 5.3-4、表 5.3-5 是相关的实证检验结果。我们采用泊松回归和生存分析两种模型，其中泊松回归中，因变量是标准竞争力中"取得国家行业技术标准数量"，表 5.3-2、5.3-4 是对应结果；生存分析中因变量是标准竞争力中"首次取得国家行业技术标准的概率"，表 5.3-3、5.3-5 是对应结果。

表 5.3-1 变量描述及相关性分析

	1	2	3	4	5	6	7	8	9	10	11	12	13	14
1. 标准竞争力(qi27)	1													
2. 内向型国外(qj59)	0.077**	1												
3. 内向型国内(qj62)	0.117***	0.076**	1											
4. 吸收能力(过去)(qj55)	0.178***	0.075**	0.068*	1										
5. 吸收能力(当年)(qj74)	0.052†	0.016	0.036	0.424***	1									
6. 进区时间(qb08)	0.038	0.032	0.007	0.117***	0.029	1								
7. 合法性距离(Distance)	0.045†	0.019	0.072**	0.151***	0.232***	0.073**	1							
8. 外部因子1(factor 1_out)	0.158***	0.043	0.057*	0.308***	0.121***	0.623***	0.18***	1						
9. 外部因子2(factor 2_out)	0.051†	0.076**	0.094**	0.133***	0.151***	-0.199***	0.064*	-0.011	1					
10. 内部因子1(factor 1_in)	-0.023	-0.021	0.024	0.039	0.243***	0.051†	0.759***	0.015	0.025	1				
11. 内部因子2(factor 2_in)	-0.018	-0.011	-0.061*	0.003	-0.031	-0.123***	0.201***	-0.048†	0.006	0.138***	1			
12. 企业规模(qc27)	0.083**	0.072**	0.1***	0.205***	0.127***	0.189***	0.141***	0.433***	0.427***	0.041	-0.007	1		
13. 财务绩效(qc12)	0.043	0.031	0.014	0.179***	0.126***	0.042	0.167***	0.283***	0.368***	-0.029	-0.018	0.377***	1	
14. 企业年龄(age)	0.066*	0.009	-0.003	0.183***	0.099**	0.579***	0.166***	0.364***	0.006	0.125***	-0.07	0.194***	0.027	1
Mean	0.052	0.042	0.060	0.566	0.434	6.320	1.944	0.026	0.049	-0.015	0.003	8.355	51.497	8.057
S.D.	0.433	0.525	0.589	2.015	2.524	3.724	2.138	0.904	0.992	1.113	1.067	2.086	1.45	6.890

注:$N=1358$;*** 表示 $p<0.001$;** 表示 $p<0.01$;* 表示 $p<0.05$;† 表示 $p<0.1$。

表 5.3-2　泊松回归结果（假设 1 和假设 2）

DV: qj27	模型 1	模型 2	模型 3	模型 4	模型 5	模型 6	模型 7	模型 8	模型 9
内向型国外 (qj59)	0.207***			0.201**			0.197***		0.214**
	(0.069)			(0.087)			(0.073)		(0.093)
内向型国内 (qj62)		0.321***			0.159			0.360***	0.189*
		(0.065)			(0.114)			(0.069)	(0.108)
吸收能力（过去）(qj55)			0.153***	0.152***	0.149***				0.151***
			(0.023)	(0.024)	(0.024)				(0.027)
内向型国外 (qj59) × 吸收能力（过去）(qj55)				0.007					0.003
				(0.022)					(0.035)
内向型国内 (qj62) × 吸收能力（过去）(qj55)					0.045**				0.071*
					(0.022)				(0.037)
吸收能力（当年）(qj74)						0.031*	0.029	0.034*	-0.016
						(0.018)	(0.019)	(0.018)	(0.034)
吸收能力（当年）(qj74) × 内向型国外 (qj59)							0.045*		0.014
							(0.027)		(0.045)
吸收能力（当年）(qj74) × 内向型国内 (qj62)								-0.037	-0.203
								(0.037)	(0.228)
企业规模 (qc27)	0.338***	0.314***	0.318***	0.299***	0.295***	0.353***	0.336***	0.301***	0.275***
	(0.072)	(0.074)	(0.075)	(0.077)	(0.080)	(0.070)	(0.073)	(0.075)	(0.082)
财务绩效 (qc12)	-0.000	0.000	-0.000	-0.000	-0.000	-0.000	-0.000	0.000	-0.000
	(0.000)	(0.000)	(0.000)	(0.000)	(0.000)	(0.000)	(0.000)	(0.000)	(0.000)
企业年龄 (age)	0.026**	0.028***	0.007	0.008	0.009	0.023**	0.025**	0.028***	0.013
	(0.010)	(0.010)	(0.011)	(0.011)	(0.012)	(0.010)	(0.010)	(0.010)	(0.012)
Constant	-6.320***	-6.176***	-6.056***	-5.954***	-6.015***	-6.397***	-6.328***	-6.072***	-5.923***
	(0.679)	(0.689)	(0.696)	(0.711)	(0.733)	(0.672)	(0.689)	(0.692)	(0.749)
Observations	1,358	1,358	1,358	1,358	1,358	1,358	1,358	1,358	1,358
Log likelihood	-298.8	-294.0	-285.5	-282.7	-276.3	-300.7	-296.9	-292.2	-271.3
Pseudo R2	0.0757	0.0906	0.117	0.126	0.145	0.0699	0.0818	0.0961	0.161
			假设 1					假设 2	

注：括号内为标准误（Standard errors）；*** 表示 p<0.01，** 表示 p<0.05，* 表示 p<0.1。

表5.3-3 生存分析（假设1和假设2）

DV: Hazard Rate	模型1	模型2	模型3	模型4	模型5	模型6	模型7	模型8	模型9
内向型国外 (qj59)	1.042			0.910			1.005		0.919
	(0.109)			(0.188)			(0.134)		(0.202)
内向型国内 (qj62)		1.188**			1.089			1.136	1.054
		(0.0901)			(0.133)			(0.119)	(0.156)
吸收能力（过去）(qj55)			1.146***	1.143***	1.146***				1.105***
			(0.0194)	(0.0198)	(0.0198)				(0.0233)
吸收能力（过去）(qj55)×内向型国外 (qj59)				1.027					1.028
				(0.0292)					(0.0471)
吸收能力（过去）(qj62)×内向型国内 (qj62)					1.029				1.029
					(0.0281)				(0.0328)
吸收能力（当年）(qj74)						1.071***	1.071***	1.072***	1.053***
						(0.00686)	(0.00694)	(0.00696)	(0.00830)
吸收能力（当年）(qj74)×内向型国外 (qj59)							1.044*		1.000
							(0.0258)		(0.0442)
吸收能力（当年）(qj74)×内向型国内 (qj62)								1.019	1.014
								(0.0199)	(0.0205)
企业规模 (qc27)	1.250***	1.232***	1.176***	1.178***	1.162**	1.198***	1.196***	1.178***	1.139**
	(0.0703)	(0.0702)	(0.0710)	(0.0715)	(0.0716)	(0.0701)	(0.0708)	(0.0704)	(0.0716)
财务绩效 (qc12)	1.000	1.000	1.000	1.000	1.000	1.000	1.000	1.000	1.000
	(2.93e-06)	(2.94e-06)	(3.39e-06)	(3.38e-06)	(3.42e-06)	(3.33e-06)	(3.33e-06)	(3.35e-06)	(3.78e-06)
企业年龄 (age)	1.000	1.001	0.985	0.986	0.986	1.003	1.004	1.004	0.993
	(0.0116)	(0.0116)	(0.0122)	(0.0122)	(0.0124)	(0.0109)	(0.0110)	(0.0111)	(0.0118)
Constant	0.00157***	0.00171***	0.00271***	0.00266***	0.00286***	0.00213***	0.00210***	0.00233***	0.00312***
	(0.000803)	(0.000879)	(0.00144)	(0.00142)	(0.00154)	(0.00111)	(0.00110)	(0.00122)	(0.00170)
Observations	1,358	1,358	1,358	1,358	1,358	1,358	1,358	1,358	1,358
Log likelihood	-415.5	-413.6	-392.3	-391.9	-389.9	-389.9	-388.7	-387.4	-376.1
	假设1		假设2						

注：括号内为标准误差（Standard Errors）；*** 表示 p<0.01，** 表示 p<0.05，* 表示 p<0.1。

我们在假设 1 中认为，企业内向型开放式创新与技术标准竞争力正相关。表 5.3-2 中模型 1、2 为泊松回归的检验结果，变量"内向型国外（qj59）""内向型国内（qj62）"的系数都显著为正（0.207，$p<0.01$；0.321，$p<0.01$）。说明内向型开放式创新促进了企业在技术标准竞争中，形成国家行业技术标准的数量。表 5.3-3 中模型 1、2 是生存分析的结果，相应系数亦都为正值，其中"内向型国内（qj62）"的系数通过了统计显著性检验（1.188，$p<0.05$）。因此，假设 1 得到泊松回归和生存分析的支持。内向型开放式创新中，引进国内经费能够提高国家行业技术标准的数量，但对首次提出技术标准的影响并不显著，我们在文后进行了讨论。

我们在假设 2 中认为，企业吸收能力正向调节内向型开放性创新与标准竞争能力间的关系。我们用"吸收能力（过去）（qj55）""吸收能力（当年）（qj74）"两个指标衡量企业吸收能力。对于变量"吸收能力（过去）（qj55）"而言，表 5.3-2 中模型 3、4、5 中交互项"内向型国外（qj59）×吸收能力（过去）（qj55）""内向型国内（qj62）×吸收能力（过去）（qj55）"吸收均为正值，其中后者系数通过统计显著性检验（0.045；$p<0.05$），说明吸收能力促进技术标准的形成数量。对于变量"吸收能力（当年）（qj74）"而言，表 5.3-2 中模型 6、7、8 是相关检验结果，其中交互项"吸收能力（当年）（qj74）×内向型国外（qj59）"系数显著为正（0.045；$p<0.1$）。企业消化吸收能力的正向调节作用见图 5.3-4 所示。首先开放式创新程度与标准竞争力正相关。当消化吸收能力高时，开放式创新与标准竞争力的正向关系加强，见图 5.3-4 中虚线所示。

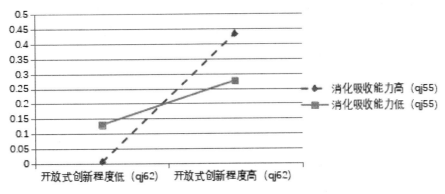

图 5.3-4　企业消化吸收能力（qj55）的调节作用

消化吸收能力的正向调节作用可以由图 5.3-5 所示，当吸收能力较高时（以 qj74 衡量），开放式创新与技术标准竞争力正向关系加强，见图 5.3-5 中虚线所示。

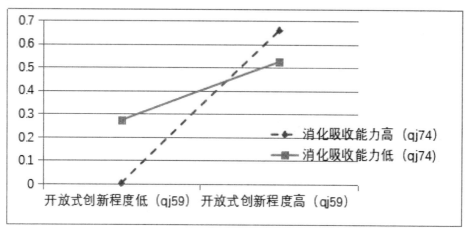

图 5.3-5　企业消化吸收能力（qj74）的调节作用

表 5.3-3 中模型 3、4、5 生存分析对吸收能力"吸收能力（过去）（qj55）"的检验；模型 6、7、8 是对以"吸收能力（当年）（qj74 ）"指标衡量的企业吸收能力的检验。首先，主要变量"吸收能力（过去）（qj55）× 内向型国外（qj59）""吸收能力（过去）（qj55）× 内向型国内（qj62）""吸收能力（当年）（qj74 ）× 内向型国外（qj59）""吸收能力（当年）（qj74 ）× 内向型国内（qj62）"交互项系数皆为正值，其中变量"吸收能力（当年）（qj74 ） × 内向型国外（qj59）"系数统计检验显著（1.044；p<0.1）。因此，假设 2 得到部分支持。我们在文后讨论了引进国外经费对首次技术标准形成的影响，以及相应理论和实践启示。

吸收能力对企业首个标准制定的影响尤为明显。见图 5.3-6 所示，当消化吸收能力较弱时，开放式创新并不能促进首个标准出现的概率，甚至影响是负向的；而当消化吸收能力较强时，开放式创新对首次标准制定具有正向影响，见图 5.3-6 中虚线所示。

我们在假设 3 中认为，外部制度合法性正向促进技术标准竞争力的提高；内部制度合法性正向促进技术标准竞争力的提高。表 5.3-4、表 5.3-5 分别是泊松回归和生存分析的检验结果。

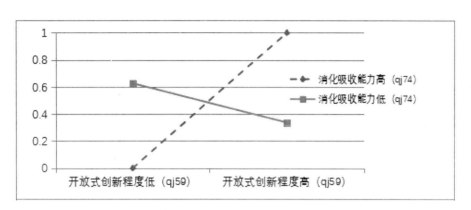

图 5.3-6　消化吸收能力（qj74）对首个标准的调节作用

表 5.3-4 中模型 1、2 是泊松回归检验结果，其中模型 6 中变量"外部因子 1（factor 1_out）""外部因子 2（factor 2_out）"系数显著为正（1.080, $p<0.01$; 0.420, $p<0.01$）。但是模型 2 中变量"内部因子 1（factor 1_in）""内部因子 2（factor 2_in）"系数显著为负。因此，对于外部制度合法性，其促进形成技术标准数量，而内部制度合法性具有负向影响作用，假设 3 得到泊松回归的部分支持。表 5.3-5 中模型 1、2 是生存分析检验结果。其中主要变量系数均为正值，"外部因子 1（factor 1_out）""外部因子 2（factor 2_out）"显著为正（1.650, $p<0.01$; 1.296, $p<0.05$），说明外部制度合法性促进首次技术标准的形成；"内部因子 1（factor 1_in）"系数亦显著为正（1.147; $p<0.05$）。因此，假设 3 得到生存分析的支持。我们在后文进行讨论。

我们在假设 4 中认为，合法性距离负向内向型开放式创新与技术标准竞争力之间的关系。表 5.3-4 中模型 6、7 中交互项"内向型国外（qj59）× 合法性距离（Distance）""内向型国内（qj62）× 合法性距离（Distance）"系数均为负值，其中后者通过统计显著性检验（-0.056; $p<0.1$）。表 5.3-5 中模型 6、7 系数虽然为正值，但不显著。因此，假设 4 得到泊松回归的支持，但并没有得到生存分析的支持。内向型创新而言，制度合法性距离负向调节其与形成技术标准数量之间的关系，但对其与首次形成技术标准之间的调节作用不显著，后文我们进行讨论。

表 5.3-4　泊松回归结果（假设 3 和假设 4）

DV: qi27	模型 1	模型 2	模型 3	模型 4	模型 5	模型 6	模型 7	模型 8
内向型国外 (qj59)			0.207***			0.326		−0.005
			(0.069)			(0.231)		(0.282)
内向型国内 (qj62)				0.321***			0.477***	0.625***
				(0.065)			(0.098)	(0.131)
合法性距离 (Distance)					0.051	0.051	0.046	−0.200
					(0.040)	(0.040)	(0.044)	(0.184)
内向型国外 (qj59) × 合法性距离 (Distance)						−0.032		0.046
						(0.058)		(0.073)
内向型国内 (qj62) × 合法性距离 (Distance)							−0.056*	−0.140***
							(0.033)	(0.048)
外部因子 1 (factor 1_out)	1.080***							1.371***
	(8.404)							(0.233)
外部因子 2 (factor 2_out)	0.420***							0.552**
	(2.796)							(0.215)
内部因子 1 (factor_1_in)		−1.016***						−1.154***
		(−2.750)						(0.414)
内部因子 2(factor_2_in)		−0.908***						−1.146***
		(−2.797)						(0.417)
企业规模 (qc27)	0.052	0.385***	0.338***	0.314***	0.345***	0.328***	0.299***	0.010
	(0.604)	(5.341)	(0.072)	(0.074)	(0.070)	(0.072)	(0.074)	(0.093)
财务绩效 (qc12)	−0.000***	−0.000	−0.000	0.000	−0.000	−0.000	−0.000	−0.000***
	(−2.772)	(−0.535)	(0.000)	(0.000)	(0.000)	(0.000)	(0.000)	(0.000)
企业年龄 (age)	0.004	0.025**	0.026**		0.023**	0.024**	0.026***	0.010
	(0.333)	(2.630)	(0.010)		(0.010)	(0.010)	(0.010)	(0.013)
Constant	−3.857***	−6.898***	−6.320***	−6.176***	−6.422***	−6.331***	−6.126***	−3.705***
	(−5.119)	(−9.712)	(0.679)	(0.689)	(0.663)	(0.677)	(0.687)	(0.842)
Observations	1,358	1,358	1,358	1,358	1,358	1,358	1,358	1,358
Log likelihood	−267.0	−294.1	−298.8	−294.0	−301.0	−298.1	−291.2	−247.5
Pseudo R2	0.174	0.0903	0.0757	0.0906	0.0690	0.0780	0.0993	0.234
		假设 3			假设 4			

注：括号内为标准误（Standard errors）；*** 表示 p<0.01,** 表示 p<0.05,* 表示 p<0.1。

　　文中所有假设的统计检验情况汇报在了表 5.3-6 中。内容包含假设的预测方向、相应统计检验方法、支持情况等。

表 5.3-5　生存分析结果（假设 3 和假设 4）

DV: Hazard Rate(_t)	模型 1	模型 2	模型 3	模型 4	模型 5	模型 6	模型 7	模型 8
内向型国外（qj59）		1.042				1.696**		1.788**
		(0.109)				(0.408)		(0.454)
内向型国内（qj62）				1.188**			1.066	1.030
				(0.0901)			(0.164)	(0.167)
合法性距离（Distance）					1.112***	1.114***	0.909	1.041
					(0.0299)	(0.0297)	(0.0555)	(0.0653)
内向型国外（qj59）×合法性距离（Distance）						0.836		0.817*
						(0.0979)		(0.100)
内向型国内（qj62）×合法性距离（Distance）							1.035	1.020
							(0.0321)	(0.0328)
外部因子1（factor 1_out）	1.650***							1.615***
	(0.165)							(0.178)
外部因子2（factor 2_out）	1.296**							1.269**
	(0.133)							(0.132)
内部因子1（factor 1_in）		1.147**						1.095
		(0.0660)						(0.118)
内部因子2（factor 2_in）		0.949						0.963
		(0.0701)						(0.0590)
企业规模（qc27）	1.079	1.255***	1.250***	1.232***	1.215***	1.220***	1.197***	1.072
	(0.0728)	(0.0711)	(0.0703)	(0.0702)	(0.0676)	(0.0684)	(0.0741)	(0.0742)
财务绩效（qc12）	1.000	1.000	1.000	1.000	1.000	1.000	1.000	1.000
	(3.65e-06)	(2.94e-06)	(2.93e-06)	(2.94e-06)	(2.93e-06)	(2.93e-06)	(3.42e-06)	(3.75e-06)
企业年龄（Age）	0.985	0.998	1.000	1.001	0.996	0.996	1.007	0.985
	(0.0136)	(0.0118)	(0.0116)	(0.0116)	(0.0119)	(0.0119)	(0.0108)	(0.0139)
Constant	0.00577***	0.00147***	0.00157***	0.00171***	0.00162***	0.00154***	0.00232***	0.00520***
	(0.00343)	(0.000759)	(0.000803)	(0.000879)	(0.000816)	(0.000778)	(0.00124)	(0.00318)
Observations	1,358	1,358	1,358	1,358	1,358	1,358	1,358	1,358
Log likelihood	−403.5	−413.0	−415.5	−413.6	−410.3	−408.4	−386.2	−397.2
		假设 3ab			假设 4			

注：括号内为标准误（Standard Errors）；*** 表示 p<0.01，** 表示 p<0.05，* 表示 p<0.1。

表 5.3-6　假设验证情况

	泊松回归结果（标准数量）		生存分析结果（首个标准）	
	预测符号	支持与否	预测符号	支持与否
假设 1	正向	得到支持	正向	得到支持
假设 2	正向调节	得到支持	正向调节	得到支持
假设 3a	正向	得到支持	正向	得到支持
假设 3b	正向	不支持	正向	得到支持
假设 4	负向调节	得到支持	负向调节	不支持

5.3.5 结论与展望

一、研究结论与启示

本书研究了影响技术标准竞争力的内外部因素与过程机制。以开放式创新为视角，运用技术标准竞争与新制度主义理论，讨论了吸收能力与制度合法性对技术标准竞争力的作用。泊松回归与生存分析为实证方法，高新技术企业为研究样本，检验了理论假设。研究发现内向型创新提升了技术标准竞争力，这种效应得到吸收能力的加强，但被合法性距离所减弱。同时，企业追求制度合法性的行为提高了技术标准竞争力。外部制度合法性更有利于标准数量衡量的整体竞争力，内部制度合法性更有利于形成首个技术标准。最后，讨论了对企业技术标准竞争的理论与实践启示。

本书结合开放式创新与吸收能力等理论与视角，拓展了技术标准研究的理论边界，为新兴市场企业提供了有益的理论借鉴。基于一个内外部结合的理论框架，阐述了内部吸收能力与外部制度合法性对标准竞争力的影响机理。研究发现内向型创新增强了标准竞争力，企业的吸收能力进一步加强了这种促进效应。研究结论启示，现实企业应该强化内向型开放式创新模式，并在此过程中提高企业吸收能力。内向型开放式创新与吸收能力，两者相结合有利于增强技术标准竞争能力。另外，企业吸收能力可以增强标准竞争力。基于以上两点，我们认为企业应该在内向型开放式创新基础上，同步建设吸收能力。毕竟吸收能力从一定程度上决定着内向型开放式创新的绩效，继而加强技术标准竞争力。提高吸收能力可以加快将外部技术资源转化为内部企业能力的过程。同时，企业应该积极地向其他企业学习，通过国际化向国外企业学习，知识和经验积累可以提高标准竞争力。

本书发现制度合法性是影响标准竞争力的重要因素。企业追求制度合法性的行为提高了标准竞争力，但受到内外部制度合法性距离的制约。基于内外部制度合法性构成因素以及合法性距离的概念，本书论证它们之间的耦合与匹配，研究结论对制度理论与开放式创新理论做出了贡献。我们的研究结论进一步显示，内外部制度合法性具有不同的影响机制。外部制度合法性的影响作用较为宏观，更利于提高技术标准的制定数量；内部制度合法性的影响作用相对微观，更有利于形成首个技术标准。本书研究者认为科技创新人才在技术标准竞争中十分必要，技术标准竞争说到底是人才的竞争。企业的科技创新人才队伍的储备与建设也是追求规范合法性的直接反映，因此，寻找多途径去完善科技创新人才成长的内在长效机制，对增强企业标准竞争力，是十分必要的（张宏如，2012）[33]。

更为具体的研究结果表明，外部政府支持、市场发展可以提高企业形成技术标准的总体数量，但内部合法性并没有这样的显著影响。我们认为此点结论具有深刻的现实启示，至少说明企业内部的制度安排需要结合其他因素，才能对整体标准竞争力产生作用。同时，无论外部制度合法性、内部制度合法性都能够促进企业首个标准的形成。这同样为现实中的企业提供了重要启示。知识积累、模仿和追随等影响着首个标准形成。研究者认为，现实企业应该在创新过程中努力探索内外部两种制度合法性的合理组合，缩小内部合法性与外部制度合法性之间的距离，只有这样才能更为有效地通过创新能力的提高，增强技术标准的竞争力。

二、局限与未来方向

尽管如此，本书存在着研究不足。首先，本书只是关注了内向型开放式创新，而未探讨外向型创新的影响机制。外向型是技术资源市场化的过程，其与企业外部市场环境、产业竞争、协同关系等密切相关。未来研究应该综合考虑两种开放式创新的影响过程，阐述两者与技术标准竞争之间的动态作用机制。其次，吸收能力的衡量需要细分，例如至少可以划分为潜在与实现两种。后续研究需要对吸收能力进行细化并深入探讨。最后，本书的数据来自国家高新区企业，这从一定程度上限制了研究结论的普遍适用性。虽然本书更关注金融危机情景下的标准竞争，但作者认为相对稳定的环境下，企业的标准制定行为同样值得关注。而且只有在对比两种不同环境基础上，得出的结论才更具有说服力。本书研究者希望在后续研究中能够扩大样本，引入比较分析方法，以便完善现有研究。综上，本书作者将在以后研究中努力弥补上述研究缺陷。

5.4 微观视角下的组织跨边界学习

5.4.1 理论基础与研究假设

　　创新是新兴市场企业增强竞争力的重要动力，尤其对面临环境不确定性时，激烈的竞争使得企业不断寻求创新的途径。企业可以选择不同的创新模式，例如自主创新、渐进性创新、开放式创新等，其中包括"二次创新"，即企业通过引进先进技术，消化吸收之后改进现有落后技术（吴晓波，1995a；吴晓波，1995b）[1,2]。以中国为代表的新兴市场国家的创新能力日趋提高，创新成果逐渐影响并传递到其他发达国家（徐娜娜等，2016）[3]。然而，新兴市场的制度环境也影响着企业创新活动的诸多方法，例如创新投入、创新过程，最终从某种程度上决定着企业创新能力（刘放等，2016）[4]。二次创新显得日益重要，对其进行系统分析具有理论与实践意义。

　　技术创新是推动经济增长的重要力量，技术创新成果直接反映了企业的自主创新能力（陈力田，2014）[5]。中国企业的自主创新是多样化的，其中以开放式方式从企业外部引进消化吸收并进行再创新是主要形式（吴晓波等，2009）[6]。在现实中，技术复杂性与高度的竞争使得单个企业很难满足创新所需的技术与资金，开放式合作至关重要（高良谋等，2014）[7]。创新的开放性为企业带来了包括财务绩效与战略绩效的不同收益，增强了企业竞争力（蔡宁等，2013）[8]。内向型与外向型是开放式创新的两种模式。内向型注重于企业从外部获得资源并转化为企业能力的过程；外向型则强调企业将内部自身技术资源进行商业化过程（Lichtenthaler，2011）[9]。开放式创新的提出者认为这种外延式的创新方式提高了企业创新能力，实现了后进国家的产业升级（Chesbrough，2003）[10]。本书研究者发现两种模式影响二次创新的机理长期被以往研究忽略，更缺乏针对特殊制度情景的研究。

　　综观以往文献，尚缺乏针对新兴市场环境下二次创新与开放式创新的系统研究，基于此，本书研究者分析了此种情景下企业二次创新的选择与相应后果。金融危机便是环境不确定性的典型代表，探讨这种高度不确定性环境下企业的开放式创新活动十分必要，典型例子包括 2009 年世界性金融危机。面临金融危机情形下的企业如何选择创新模式，在以往文献中没有得到充分阐述。本书试图解决上述问题，为中国企业开放式创新理论与实践做出贡献。

一、内向型开放式创新与制度合法性距离

研究者基于企业二次创新选择的过程，分析了影响企业选择的决定性因素以及它们的影响机理。在此基础上，论述了二次创新选择影响企业创新绩效的机制。不同开放模式对二次创新影响机制也有所不同。本书作者认为影响二次创新选择的主要因素包括内向型、外向型、企业内外部制度合法性、企业自有知识等。新兴市场制度环境具有特殊性（Meyer 等，2009）[11]，笔者在制度耦合与内外部制度合法性相关概念基础之上，提出了内外部制度距离的概念，结合现实企业从事二次创新活动的基本过程，有步骤地展开论述。

知识获取是外部知识探索的开放。企业通过内向型开放式创新，消化吸收外部技术资源转化为企业内部能力，最终促进企业创新（赵凤等，2016）[12]。例如，大型医药企业常从外部合作的生物制造企业中购买一部分技术。外部资源获取可以通过正式或非正式的方式进行，产品与流程方面的创新都是代表性的方式，研究表明它们提高了创新绩效（Mention，2011）[13]。聚焦外部资源获取方面的研究，探讨了获取程度、来源、方式、资源类型对创新绩效的不同影响（Chiang 等，2010）[14]。例如，技术联盟企业的创新绩效可以通过联盟获得提高，并且这种提高程度与联盟多样性密切相关（Faems 等，2010）[15]。

类似结论可以从吸收能力观点得到印证，此观点认为开放性状态为企业带来更多资源，便于企业吸收利用。通过吸收转化外部的市场信息与技术资源，企业创新能力获得提高，创新绩效得到改善（陈钰芬，2008）[16]。内向型是各种资源从企业外部向内部转化的过程，这一过程中企业往往倾向于选择技术改造，加大技术改造经费支出。技术改造程度的增大需要企业具有更高程度的消化吸收能力，在具备更为有效的吸收能力后，企业从事二次创新的可能性也会增加。基于上述分析，本书研究者有如下假设：

假设 1a：选择内向型开放式创新的企业将更倾向于从事"二次创新"活动。

假设 1b：内向型开放式创新程度与"二次创新"正相关。

组织场域中存在着制度合法性，它们是制度环境影响企业行为的具体机制：

强制合法性（Coercive）、模拟合法性（Mimetic）、规范合法性（Normative）。这三种类型的制度合法性与外部、内部制度环境的联系略有不同。强制合法性和模拟合法性更多地与外部制度环境紧密相连，政府与市场即为外部制度环境的具体表现形式；规范合法性反映了企业内部专业化程度，更多地与内部制度环境密切相关。企业制度便是这些不同制度的总和，它也同时体现在多项制度安排的耦合上。高照军等便阐述了内外部制度耦合影响创新绩效的机理（高照军等，2014）[17]。建立在以往研究基础上，笔者进一步认为内外部制度合法性之间在耦合基础上必然存在着某种距离，这种距离恰恰反映了两者之间的耦合程度，可以称为内外部制度距离。这一点可以映射到正式组织的结构上，它们往往是制度规则反映的结果，而这些制度规则是被理性化的（Meyer 等，1977）[18]。当内外部制度之间的距离较远时，企业内部制度和外部制度不能很好地发生耦合作用，组织结构、工作机制等相应的制度安排对创新的促进机制无法发挥出来。本书研究者有如下假设：

假设 1c：制度距离负向调节内向型开放式创新程度与二次创新之间的关系。

二、外向型开放式创新与二次创新

知识利用是外部知识利用，即技术知识商业化，其是一个自内向外的外向型开放过程。现实企业从事外向型开放式创新的很多，例如飞利浦电子（Philips Electronics）通过技术许可每年获得数亿美元（Alexy 等，2009）[19]。外向型模式强调企业内部技术资源商业化的过程，但是企业在参与市场化过程中，反而有可能忽视加强对企业内部的技术改造，为企业综合利用内外部两种资源带来新的矛盾。外向型具有经济（获得许可费等额外收入）与战略（获得研发支持、建立行业标准等）两方面的利益优势，促进了企业创新绩效的提高（Lichtenthaler 等，2009）[20]。针对欧洲大中型企业的调查数据研究发现，授权许可、联盟、技术出售等技术外部商业化活动对企业创新绩效具有正向影响（Lichtenthaler 等，2007）[21]。

但是，外向型创新在特定情景下也可能具有消极影响。已有研究发现外向型过程中可能使企业面临丧失掉对关键资源控制的风险，同时增加了参与方的协调成本（Boudreau，2010；Henkel，2006）[22,23]。二次创新是企业对外部与内部资源重新整合利用的过程，反映了企业的综合创新能力，其中就包含对自有创新资源的保护问题。这个过程与外向型创新的市场化过程存在着一定冲突。此种情景下，本书研究者认为外向型过程中的企业从事二次创新的动力会相应减弱。相应地，本书有如下假设：

假设 2a：选择外向型开放式创新模式更不倾向于从事"二次创新"。

假设 2b：外向型开放式创新程度与"二次创新"负相关。

同时，内外部制度距离将加强外向型与二次创新之间的负向关系。尽管内外部制度合法性营造了企业创新的环境，增强了创新绩效，但是内部与外部制度环境需要共同发挥作用，两者之间良好的耦合状态是提高创新绩效的前提条件。而耦合状态从一定程度上表现为内外部制度距离，当制度距离较大时，企业的内部与外部制度环境不能很好地耦合。耦合状态不良，内外部制度距离较大的制度环境带来了创新资源的浪费，随之便可能是创新效率的下降，原因在于，一个良好的创新环境恰恰是内外部环境诸多因素相互匹配、共同作用的过程。同时，外向型开放式创新以自身技术商业化、市场化为典型特征，较远的内外部制度距离加大了技术市场化的成本，企业更加不会参与二次创新。相应地，本书有如下假设：

假设 2c：制度距离负向调节外向型开放式创新程度与"二次创新"之间的关系：即负向关系得到加强。

三、二次创新的调节作用

二次创新通常蕴含于企业开放式创新的动态过程之中，引进、消化吸收再创新是其一般过程，因此二次创新具有开放性。彭新敏等仔细分析了二次创新伴随低异质性网络演变为高异质性二重网络的过程，他们发现这一过程中的组织学习平衡方式同样经历了间断性向双元型的转变（彭新敏等，2011）[24]。从开放式创新模式选择视角，研究者认为内向型和外向型都能够促进企业创新绩效，同时二次创新能力加强了这种正向效应。这种"再创新"过程增强了企业学习能力，有利于企业塑造自主创新能力并推动转型升级。中国企业引进国外先进技术，采取内向型模式的企业不在少数，它们消化吸收了外部知识并将其转化为企业自身的一部分。因此，从企业外部寻求资源，甚至跨越不同组织探索资源、开发资源成为开放式创新的重要内容，跨组织边界活动对企业绩效的影响也是学术界的研究热点（Huizingh，2011）[25]。可见，再创新为代表的二次创新往往能快速提高企业的创新能力，帮助企业通过消化吸收外部资源并转换为企业创新绩效。因此，研究者认为企业从事"二次创新"的行为有可能加强内向型与创新绩效之间的正向关系。以上观点得出如下假设：

假设 3a：内向型开放式创新模式与创新绩效正相关。

假设 3b：企业"二次创新"正向调节内向型与创新绩效之间的关系。

同理，外向型使得企业自身技术市场化，通过市场学习增强了企业市场竞争能力，同时增加了企业资源。以往研究发现诸如外部环境、产品特征与组织要素等都是决定企业开放式创新绩效的情景因素（Almirall 等，2010）[26]。开放式创新模式为企业提供了寻求资源的途径，其既带来了外部资源又提高了内部资源的利用效率，使得内外部两种资源在企业创新过程中相互补充。这些活动具有特定的内生情景与外生情景。前者例如社会关系紧密程度、互动关系等；后者例如知识距离、组织距离等。它们从某种程度上决定着外部创新知识特性，这些特性又进一步对企业创新绩效产生影响（陈钰芬等，2009）[27]。在以上情景中，各项关键要素通过影响企业外向型创新过程与结果，提升企业能力，塑造着企业竞争优势。外向型模式使得企业更紧密地与市场相结合，获得信息、争夺资源，将它们与内部资源合理有效地融合起来，再通过二次创新加以综合运用，势必对企业创新能力与企业绩效产生积极作用。由此可见，外向型过程中的二次创新有利于协同内外部资源，达到企业的优化配置，提高企业创新绩效、增强竞争优势。因此，本书作者有如下假设：

假设 4a：外向型开放式创新与创新绩效正相关。

假设 4b：企业"二次创新"正向调节外向型与创新绩效之间的关系。

本书理论模型请见图 5.4-1，此图同时汇报了假设涉及的关键要素以及内在逻辑。

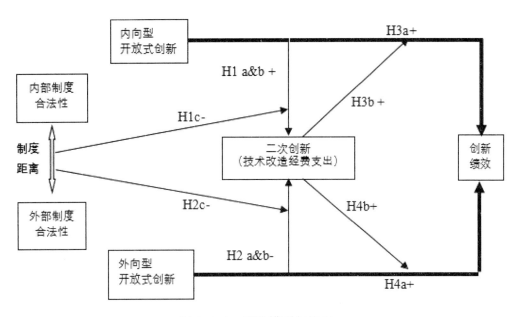

图 5.4-1　理论模型与假设

5.4.2 研究设计

一、样本

本书样本来自南宁国家高新区。正如前文所述,制度环境特殊性是新兴市场主要特征之一,新兴市场企业面临着很高的环境不确定性,金融危机为探讨环境不确定性下企业创新行为提供了很好的情景,2009 年尤为突出,以此期间为基础,本书作者选择总计 684 家企业数据,样本观测值由于统计分析方法不同而略有差异,生存分析中 Duration 为零的观测值有 12 条记录,剔除后的样本共有 1966 条。

二、变量定义

首先,因变量。统计模型中所涉及的因变量有两个:"二次创新"与创新绩效。企业在从事技术改造过程中的经费支出很好地反映了企业引进外部技术并消化吸收再次创新的活动程度,所以本书研究者采用其衡量二次创新,即变量"二次创新"。创新绩效有两种不同的衡量方式:专利申请数与首次获得专利情况。本书选取泊松模型检验"专利申请数量(qj55)"为因变量的模型;历史事件分析（Event History Analysis）或称生存分析（Survival Analysis）检验"首次获得专利情况"的模型。生存分析的因变量为"风险概率"（Hazard Rate），即以高新区内全部企业为整体样本，计算每一个企业从进入高新区的时点到本书数据收集时刻获得首个专利的概率。

其次，自变量。统计模型中所涉及的自变量包括：内向型与外向型选择、内向型与外向型程度、合法性距离。一方面，本书研究者创造了两个哑变量衡量内向型与外向型选择。变量"内向型选择"如果取值为1表示企业选择了内向型开放式创新，取值为0表示没有选择内向型。同理，有变量"外向型选择"。另一方面，关于内向型程度与外向型程度，本书采用如下方式加以衡量。内向型开放式创新从两个维度衡量，企业既可以从国内市场获得所需技术，也可以选择从国外引进。结合这两种情况，本书研究者相应地采取两个变量：国外内向型程度、国内内向型程度，并加以对数变换。它们分别反映了引进国外技术经费支出、购买国内技术经费支出。在衡量外向型开放式创新程度时，研究者采用了技术转让收入占技术收入的比例，即变量"外向型开放式程度"。通过调研，本书研究者总结了技术收入四种来源：技术转让、技术承包、技术咨询与服务、接受委托研究开发。它们在研究中都得到了充分的考虑。

最后，关于合法性距离（Distance），本书认为潜变量的因子分析方法能更好地衡量制度合法性距离，研究者因此分别从内部、外部制度合法性中提取两个因子。其中外部因子衡量了外部制度合法性：外部因子1（factor 1_out）、外部因子2（factor 2_out）。内部制度合法性包括两个因子：内部因子1（factor 2_in）、内部因子2（factor 2_in）。本书作者遵循以往文献，从"强制合法性"和"模拟合法性"两个方面衡量外部制度合法性。具体衡量如下："强制合法性"综合考虑国家资本（qc35）、参保人员人数（qd24）、实际上缴税费（qc13），并分别取对数。"模拟性合法性"包含：进区时间（qb08），是否有企业认证（qb11），有认证为1没有为0，企业产品销售收入（qc07）。内部制度合法性通过规范合法性加以衡量，采用如下三个指标度量："企业员工中研究生的数量比例（qd18）""当年吸纳高校应届毕业生比例（qd14）"和"留学归国人员的数量比例（qd03）"[4]。

---

4 对数据与变量详细情况感兴趣的读者，请联络作者索取。

研究者采用欧几里得距离（Euclidean Distance）来衡量内外部制度距离，该方法能用于连续变量和 0-1 变量，且该方法一直为先前文献所沿用（Thomas 等，1991；李茜等，2010）[28-29]。其计算方式见公式（1）。

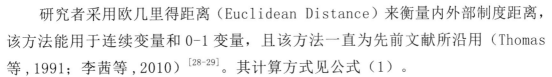

$$distance = \sqrt{\begin{aligned}&(factor1\_in - factor1\_out)^2 + (factor1\_in - factor2\_out)^2 + \\ &(factor2\_in - factor1\_out)^2 + (factor2\_in - factor2\_out)^2\end{aligned}}$$
公式（1）

再次，控制变量。在以往文献基础上，本书控制了一些关键变量：吸收转化能力、无形资产、财务绩效、企业年龄、研究团队规模、企业规模与国际化程度。企业只有将外部知识转化为内部并合理地表达，才能算是真正消化吸收。因此，本书研究者采集了企业每年发表科技论文的数量，用此项指标衡量"吸收转化能力"；无形资产从一定程度上反映了企业的知识积累，本书对其取对数；企业每年年末净利润取对数衡量企业的"财务绩效"；企业成立年限即为"企业年龄"；在衡量"研究团队规模"时，结合高新技术企业特点，本书研究者选取标准化后的年末从业人员数作为控制变量，同时采用取对数后的固定资产衡量"企业规模"；使用企业每年的出口额占总销售额的比例衡量企业国际化程度。

三、分析方法

因变量随研究问题不同而有所差异，相应地选取杜宾模型（Tobit）、泊松回归与生存分析（Survival Analysis）。研究者以企业技术改造经费支出衡量企业的"二次创新"行为，技术改造经费支出显然不能为负，可以理解为在 0 点截断。本书采用杜宾模型（Tobit），其等价于截断模型与 Probit 模型的结合。当不同观测值的归并点都相同时（左归并点），采用此模型。其次，研究者关注了专利申请数即因变量"创新绩效（qj55）"。本书研究者选择泊松回归与生存分析两种不同方法。

5.4.3　实证分析

一、描述性结果

本书作者在表 5.4-1 中汇报了变量特征并进行了相关性分析。值得注意的是衡量内向型开放式创新选择与程度的变量，如"国内内向型程度、内向型选择"等变量之间相关系数大于 0.5，但它们分别衡量着开放式创新模式的选择与程度，并不出现在同一个模型中。研究者在下一步统计分析中展开了详细统计检验。

表 5.4-1　变量描述及相关性分析

	1	2	3	4	5	6	7	8	9	10	11	12	13	14	15
1. 创新绩效	1														
2. 内向型选择	0.103***	1													
3. 外向型选择	0.012	-0.023	1												
4. 二次创新	0.189***	0.183***	-0.064**	1											
5. 国外内向型程度	0.056*	0.656***	-0.002	0.145***	1										
6. 国内内向型程度	0.059***	0.743***	-0.028	0.148***	0.146***	1									
7. 合法性距离	0.141***	0.061**	-0.005	0.07**	0.038†	0.077**	1								
8. 外向型开放式程度	0.024	-0.002	0.357***	-0.028	0.009	-0.01	0.041†	1							
9. 吸收转化能力	0.184***	0.047*	-0.009	0.087***	0.008	0.036	0.209***	0.029	1						
10. 无形资产	0.065**	0.094***	-0.037†	0.051*	0.124***	0.05*	0.249***	0.016	0.094***	1					
11. 财务绩效	0.174***	0.066**	0.091***	0.205***	0.057*	0.042†	0.023	0.024	0.056*	0.063**	1				
12. 企业年龄	0.186***	0.005	-0.067**	0.029	0.009	-0.003	0.171***	-0.058	0.181***	0.159***	0.088***	1			
13. 研究团队规模	0.064**	0.028	-0.029	0.126***	0.009	0.041†	0.129***	-0.015	0.03	0.27***	0.076***	0.112***	1		
14. 企业规模	0.197***	0.112***	0.058**	0.359***	0.083***	0.097***	0.118***	0.047*	0.079***	0.225***	0.506***	0.202***	0.289***	1	
15. 国际化程度	0.209***	0.223***	-0.049*	0.315***	0.244***	0.127***	0.15***	-0.008	0.098***	0.098***	0.114***	0.154***	0.189***	0.237***	1
Mean	0.436	0.016	0.081	1.698	0.052	0.051	1.976	0.002	0.570	0.759	6.645	7.896	0	7.983	0.441
Std. Dev.	1.760	0.126	0.273	3.489	0.623	0.540	2.024	0.016	3.798	2.397	2.988	6.845	1	2.391	1.851

注：N=1978；*** 表示 $p<0.001$；** 表示 $p<0.01$；* 表示 $p<0.05$；† 表示 $p<0.1$。

研究者探索分析了二次创新对取得首个专利的影响，见图 5.4-2 所示。可以看出，二次创新程度较高时企业获得首个专利的概率较大（图 a 靠上侧的图线），相应的图 b 中的生存图形较低[5]。

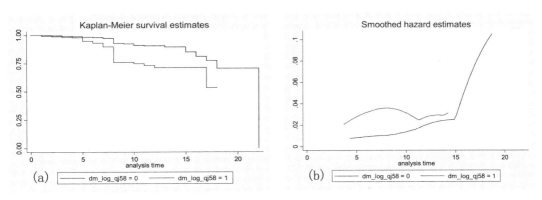

图 5.4-2　二次创新的影响创新绩效

二、实证结果

本书作者在表 5.4-2 至表 5.4-4 中详细汇报了假设检验结果，表 5.4-2 是杜宾（Tobit）回归、表 5.4-3 是泊松回归、表 5.4-4 是生存分析的检验情况。同时，研究者在表 5.4-5 中总结了所有假设与统计结果的检验情况。

技术改造投入中，研究者首先关注了二次创新与开放式创新之间的关系。假设 1 认为采取内向型创新模式的企业更偏好于从事"二次创新"（H1a）。从表 5.4-2 中模型 1 中可获得此结论的支持，变量"内向型选择"系数显著为正（7.225；$p<0.01$）提供了证据。同时，本书作者认为内向型创新程度与"二次创新"之间存在着正相关关系（H1b）。从表 5.4-2 模型 2、3 中可以获得相关统计检验结果的支持，两个关键变量的系数都显著为正值：模型 2 中变量"国外内向型程度"系数显著为正（0.955；$p<0.05$）；模型 3 中变量"国内内向型程度"亦显著为正（1.123；$p<0.05$）。可见，从国外与国内引进技术对于企业"二次创新"的程度都有一定程度的强化作用。因此，本书的假设 1a、1b 得到统计检验的支撑。

5　生存分析首先需要定义什么是所谓的"死亡"事件，本研究定义为"企业获得首个专利"。相应地，所谓"生存"事件便是在观测时间段内没有取得专利。因此，企业创新能力越强，图 5.4-2a 左侧生存曲线越低。变量"dm_Log_qj58=1"表示二次创新程度高于均值，为 0 表示低于均值。

表 5.4-2 杜宾模型（假设 1 和假设 2）

因变量: Log_qj58	模型 1	模型 2	模型 3	模型 4	模型 5	模型 6	模型 7	模型 8	模型 9	模型 10
内向型选择	7.225***									2.005
	(1.937)									(5.380)
国外内向型程度		0.955**		2.917***						2.458**
		(0.387)		(0.814)						(1.232)
国内内向型程度			1.123**		1.691**					0.985
			(0.442)		(0.795)					(1.137)
合法性距离				-0.200	-0.248			-0.229	-0.210	-0.179
				(0.194)	(0.198)			(0.195)	(0.195)	(0.194)
国外内向型程度×合法性距离				-0.623***						-0.578**
				(0.225)						(0.245)
国内内向型程度×合法性距离					-0.147					-0.086
					(0.184)					(0.181)
外向型选择						-4.647***				-4.416***
						(1.288)				(1.367)
外向型开放式程度							-38.045	-37.370	11.685	28.248
							(24.107)	(24.187)	(53.347)	(52.093)
合法性距离×外向型开放式程度									-20.537	-15.668
									(21.607)	(20.201)
吸收转化能力	0.094	0.101	0.095	0.110	0.112	0.096	0.100	0.116*	0.116*	0.105

续表

因变量：Log qj58	模型 1	模型 2	模型 3	模型 4	模型 5	模型 6	模型 7	模型 8	模型 9	模型 10
无形资产	-0.030	-0.030	0.005	0.019	0.045	0.041	0.028	0.061	0.054	0.040
	(0.066)	(0.066)	(0.066)	(0.068)	(0.068)	(0.066)	(0.066)	(0.068)	(0.068)	(0.067)
财务绩效	0.078	0.074	0.092	0.072	0.084	0.105	0.085	0.083	0.082	0.089
	(0.135)	(0.136)	(0.134)	(0.139)	(0.137)	(0.133)	(0.135)	(0.138)	(0.138)	(0.137)
企业年龄	-0.125***	-0.130***	-0.130***	-0.128***	-0.125***	-0.145***	-0.142***	-0.137***	-0.138***	-0.134***
	(0.046)	(0.046)	(0.046)	(0.046)	(0.046)	(0.046)	(0.046)	(0.047)	(0.047)	(0.046)
研究团队规模	-0.581*	-0.588*	-0.657*	-0.624*	-0.629*	-0.687**	-0.696**	-0.674**	-0.674**	-0.626*
	(0.336)	(0.337)	(0.346)	(0.337)	(0.337)	(0.346)	(0.347)	(0.341)	(0.341)	(0.336)
企业规模	2.804***	2.847***	2.810***	2.932***	2.858***	2.791***	2.877***	2.922***	2.925***	2.808***
	(0.253)	(0.254)	(0.253)	(0.260)	(0.258)	(0.251)	(0.254)	(0.259)	(0.259)	(0.255)
国际化程度	0.810***	0.837***	0.889***	0.911***	0.916***	0.899***	0.927***	0.946***	0.939***	0.851***
	(0.146)	(0.147)	(0.144)	(0.150)	(0.145)	(0.143)	(0.144)	(0.145)	(0.145)	(0.149)
年份哑变量	Included	Included	Included	Included	Included	Included	Included	Included	Included	Included
Constant	-34.745***	-35.078***	-34.836***	-35.467***	-34.789***	-34.552***	-35.293***	-35.300***	-35.330***	-34.362***
	(2.424)	(2.436)	(2.432)	(2.462)	(2.437)	(2.409)	(2.444)	(2.451)	(2.451)	(2.412)
sigma	10.032***	10.071***	10.059***	10.044***	10.055***	10.006***	10.083***	10.084***	10.078***	9.904***
	(0.433)	(0.435)	(0.434)	(0.434)	(0.434)	(0.432)	(0.435)	(0.435)	(0.435)	(0.427)
Observations	1,978	1,978	1,978	1,978	1,978	1,978	1,978	1,978	1,978	1,978
Log Likelihood	-1944	-1948	-1948	-1943	-1946	-1944	-1949	-1949	-1948	-1933
Pseudo R2	0.103	0.101	0.101	0.103	0.102	0.103	0.100	0.101	0.101	0.108
	H1a	H1b	H1b	H1c	H1c	H2a	H2b		H2c	

注：$N=1978$；*** 表示 $p<0.01$，** 表示 $p<0.05$，* 表示 $p<0.1$，括号中是标准差。

　　研究者在假设 1c 中认为制度合法性距离负向调节内向型开放式创新程度与技术改造经费支出之间的关系。表 5.4-2 模型 4、5 中的交互项系数都呈现负值，同时"国外内向型程度 × 合法性距离"系数通过显著性检验（-0.623；$p < 0.01$）。对于采取从国外引进技术的内向型企业，合法性距离负向调节其参与"二次创新"的行为。而对于国内引进技术的企业，这种调节作用并不明显。本书研究者在讨论部分加以说明。因此假设 1c 得到部分支持。

　　对于变量"国外内向型程度"，当合法性距离增大时，正向关系减弱，见图 5.4-3 所示。

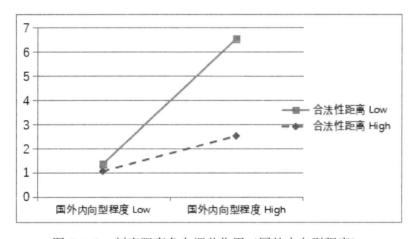

图 5.4-3　制度距离负向调节作用（国外内向型程度）

　　对于变量"国内内向型程度"，当合法性距离增大时，正向关系减弱，见图 5.4-4 所示。

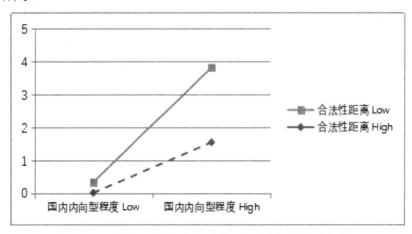

图 5.4-4　制度距离负向调节作用（国内内向型程度）

　　对于外向型开放式创新，在假设 2 中研究者认为选择外向型模式更不倾向于"二次创新"（假设 2a），相应的统计检验结果请见表 5.4-2 模型 6、7。从模型 6 中可见，变量"外向型选择"系数显著为负（-4.647；$p < 0.01$），从一个侧面反映了企业保护知识、谨慎技术商业化的意识倾向，假设 2a 得到支持。在此之后，研究者讨论了企业开展外向型创新的程度与同时进行"二次创新"活动之间的关系，本书作者认为两者之间呈现负相关（假设 2b）。从模型 7 中可见，变量"外向型开放式程度"系数为负值，但是并没有通过统计显著性检验。

　　在此基础上，本书研究者讨论了制度合法性距离对开放式创新程度与二次创新之间的关系的负向调节作用，提出了两者负向关系将会受到"合法性距离"强化的假设 2c。模型 8、9 是相关检验。模型 9 中可以看出交互项"合法性距离 × 外向型开放式程度"系数为负值，但统计检验不显著。因此，假设 2c 没有得到支撑。研究者认为部分原因可能是外向型创新的具体类型需要进一步细分，并考虑其他相伴随的具体情景因素。

　　研究者在假设 3 中讨论了内向型、二次创新与创新绩效之间的关系。

　　首先，研究者认为内向型模式与创新绩效正相关（假设 3a）。泊松回归结果在表 5.4-3 中，其中模型 1 至模型 4 为相应的统计检验结果。从模型 1 中可见，变量"国外内向型程度"系数显著为正（0.102；$p < 0.001$）；从模型 3 中可见，变量"国内内向型程度"亦显著为正（0.144；$p < 0.001$）。因此假设 3a 得到统计检验的支撑。

　　其次，研究者讨论了二次创新对内向型与创新绩效之间关系的正向调节机制（假设 3b）。表 5.4-3 中模型 2 与研究者的假设相反，交互项"二次创新 × 国外内向型程度"系数显著为负（-0.028；$p < 0.001$）。

　　正如假设 3b 所言，内向型与创新绩效之间的关系受到二次创新的正向调节作用。此种情况见图 5.4-5 所示，虚线展现了在二次创新程度较高时内向型创新绩效的变化。可以看出，企业从事较高程度的"二次创新"时，内向型与创新绩效之间正向关系被减弱，即虚线相比与实现变得更为平坦。

表 5.4-3　泊松回归（假设 3 和假设 4）

因变量：创新绩效（qj55）	模型 1	模型 2	模型 3	模型 4	模型 5	模型 6	模型 7
国外内向型程度	0.102***	0.292***					0.288***
	(0.028)	(0.090)					(0.093)
二次创新		0.074***		0.073***		0.073***	0.071***
		(0.008)		(0.008)		(0.008)	(0.008)
二次创新×国外内向型程度		-0.028***					-0.029***
		(0.011)					(0.011)
国内内向型程度			0.144***	0.173**			0.180**
			(0.033)	(0.085)			(0.086)
二次创新×国内内向型程度				-0.010			-0.011
				(0.010)			(0.010)
外向型开放式程度					3.803**	1.866	2.108
					(1.581)	(2.169)	(2.159)
二次创新×外向型开放式程度						1.351***	1.345***
						(0.472)	(0.473)
吸收转化能力	0.015***	0.014***	0.015***	0.014***	0.015***	0.014***	0.015***
	(0.003)	(0.003)	(0.003)	(0.003)	(0.003)	(0.003)	(0.003)
无形资产	0.030**	0.056***	0.037***	0.058***	0.035***	0.052***	0.048***
	(0.012)	(0.012)	(0.012)	(0.012)	(0.012)	(0.012)	(0.012)
财务绩效	0.303***	0.259***	0.307***	0.261***	0.311***	0.268***	0.269***
	(0.024)	(0.023)	(0.024)	(0.023)	(0.024)	(0.023)	(0.023)
企业年龄	0.035***	0.033***	0.035***	0.033***	0.035***	0.033***	0.034***
	(0.003)	(0.003)	(0.003)	(0.003)	(0.003)	(0.003)	(0.003)
研究团队规模	-0.023	-0.077*	-0.032	-0.081*	-0.030	-0.077*	-0.072*
	(0.036)	(0.042)	(0.037)	(0.042)	(0.037)	(0.042)	(0.042)
企业规模	1.046***	0.922***	1.028***	0.908***	1.037***	0.908***	0.890***
	(0.122)	(0.123)	(0.122)	(0.123)	(0.122)	(0.123)	(0.124)
年份哑变量	Included	Included	Included	Included	Included	Included	Included
Constant	-5.308***	-5.087***	-5.338***	-5.106***	-5.352***	-5.125***	-5.130***
	(0.225)	(0.218)	(0.226)	(0.218)	(0.227)	(0.220)	(0.221)
Observations	1,978	1,978	1,978	1,978	1,978	1,978	1,978
Log likelihood	-1945	-1904	-1943	-1904	-1948	-1901	-1893
Pseudo R2	0.223	0.240	0.224	0.239	0.222	0.241	0.244
	H3				H4		

注：$N=1978$；*** 表示 $p<0.01$，** 表示 $p<0.05$，* 表示 $p<0.1$，括号中是标准差。

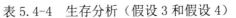

表 5.4-4　生存分析（假设 3 和假设 4）

因变量: Coefficient in Survival	模型 1	模型 2	模型 3	模型 4	模型 5	模型 6	模型 7
国外内向型程度	0.015	-0.195					-0.400
	(0.105)	(0.478)					(0.702)
二次创新		0.058**		0.057**		0.048**	0.049**
		(0.023)		(0.023)		(0.023)	(0.023)
二次创新 × 国外内向型程度		0.019					0.037
		(0.052)					(0.076)
国内内向型程度			0.227***	0.419***			0.427***
			(0.076)	(0.122)			(0.121)
二次创新 × 国内内向型程度				-0.033*			-0.032*
				(0.018)			(0.018)
外向型开放式程度					6.087	-186.093*	-249.547*
					(4.948)	(108.305)	(135.536)
二次创新 × 外向型开放式程度						31.022*	40.886**
						(16.646)	(20.820)
吸收转化能力	0.035***	0.030***	0.036***	0.030***	0.035***	0.032***	0.031***
	(0.007)	(0.007)	(0.007)	(0.007)	(0.007)	(0.007)	(0.007)
无形资产	0.026	0.045	0.029	0.037	0.020	0.030	0.028
	(0.033)	(0.034)	(0.032)	(0.033)	(0.033)	(0.035)	(0.035)
财务绩效	0.332***	0.309***	0.340***	0.323***	0.336***	0.333***	0.348***
	(0.069)	(0.066)	(0.069)	(0.067)	(0.069)	(0.069)	(0.070)
企业年龄	-0.108***	-0.104***	-0.107***	-0.102***	-0.106***	-0.105***	-0.102***
	(0.030)	(0.030)	(0.030)	(0.030)	(0.030)	(0.030)	(0.030)
研究团队规模	-0.161	-0.242	-0.199	-0.248	-0.159	-0.227	-0.246
	(0.158)	(0.175)	(0.170)	(0.178)	(0.158)	(0.171)	(0.177)
企业规模	0.678**	0.620**	0.633**	0.571**	0.671**	0.591**	0.541*
	(0.273)	(0.274)	(0.275)	(0.276)	(0.273)	(0.275)	(0.277)
年份哑变量	Included	Included	Included	Included	Included	Included	Included
Constant	-11.310***	-11.300***	-11.402***	-11.415***	-11.345***	-11.416***	-11.554***
	(0.926)	(0.921)	(0.930)	(0.928)	(0.929)	(0.930)	(0.937)
Observations	1,966	1,966	1,966	1,966	1,966	1,966	1,966
Log likelihood	-349.5	-346.2	-346.4	-342.4	-348.9	-341.1	-336.6
	H3				H4		

注：$N=1978$；*** 表示 $p<0.01$，** 表示 $p<0.05$，* 表示 $p<0.1$，括号中是标准差。

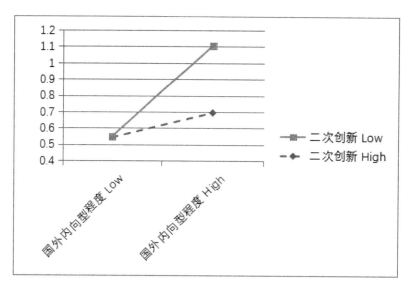

图 5.4-5 二次创新负向调节机制

　　表 5.4-4 展现了生存分析的结果，此模型因变量为企业首次取得专利情况。可以看出，表 5.4-4 中模型 3 变量"国内内向型程度"系数显著为正（0.227；$p < 0.001$），此结果反映了国内引进技术对于首次创新更有促进作用，而国外引进技术在模型 1 中没有得到统计检验的支持。同时，模型 4 交互项"二次创新 × 国内内向型程度"系数显著为负值（-0.033；$p < 0.05$），它也提供了"二次创新"具有负向调节作用的统计支持。本书研究者在后文展开了较为详细的讨论。

　　研究者在假设 4 中认为外向型与创新绩效之间存在着正相关关系（假设 4a）。上文已经提及，表 5.4-3 泊松回归中模型 5 变量"外向型开放式程度"系数显著为正（3.803；$p < 0.01$），说明外向型企业能够促进以专利总数衡量的创新绩效。假设 4a 并没有得到生存分析的支持，在表 5.4-4 模型 5 中变量"外向型开放式程度"系数尽管为正，但统计上不显著。因此，假设 4a 得到泊松回归的支持。同时，笔者认为"二次创新"对外向型与创新绩效之间关系具有正向调节机制（假设 4b）。表 5.4-3 模型 6 交互项"二次创新 × 外向型开放式程度"系数显著为正（1.351；$p < 0.001$），说明二次创新行为具有正向调节作用。对于关注首次创新成果的生存分析，表 5.4-4 中模型 6 交互项"二次创新 × 外向型开放式程度"系数亦显著为正（31.022；$p < 0.05$），也提供了正向调节的证据。

研究者认为企业"二次创新"（技术改造经费支出）正向调节外向型与创新绩效之间的关系（假设 4b）。见图 5.4-6 虚线部分所示，外向型创新的绩效在二次创新程度增大时得到很大程度的提高，这形象地说明了二次创新的正向调节作用。

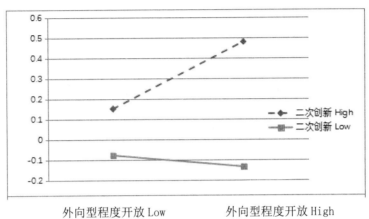

图 5.4-6　二次创新正向调节作用

　　本书研究者在表 5.4-5 中汇报了所有假设与统计检验的结果。

表 5.4-5　假设检验结果汇总

假设	关键内容	预测符号	检验结果
假设 1			
H1a	内向型的选择与从事"二次创新"的倾向。	正向	正向、支持
H1b	内向型程度与"二次创新"之间的关系。	正向	正向、支持
H1c	制度距离对内向型程度与"二次创新"关系的调节机制	负向调节	负向、支持
假设 2			
H2a	外向型模式的选择与从事"二次创新"的倾向。	负向	负向、支持
H2b	外向型程度与"二次创新"之间的关系。	负向	负向、不显著
H2c	制度距离对外向型程度与"二次创新"关系的调节机制。	负向	负向、不显著
假设 3			
H3a	内向型模式与创新绩效之间的关系。	正向	
H3b	"二次创新"对内向型与创新绩效之间关系的调节机制。	正向	负向、相反
假设 4			
H4a	外向型与创新绩效之间的关系。	正向	正向、支持
H4b	"二次创新"对外向型与创新绩效之间关系的调节机制。	正向	正向、支持

5.4.4 结论与启示

一、研究结论

运用开放式创新与制度理论，结合二次创新对创新绩效的影响过程，阐述了开放式创新模式、制度合法性等关键因素的作用机制。以高新技术企业为样本，杜宾模型、泊松回归与生存分析的研究发现，采取内向型开放式创新的企业更倾向于从事二次创新，并受到制度合法性距离的负向调节。二次创新对不同创新模式与绩效之间的调节作用截然相反。其负向调节内向型与创新绩效之间的正向关系，正向调节外向型与创新绩效之间的正向关系。研究结论对中国企业的自主创新具有理论与实践意义。本书所有假设基本得到统计结果的支持。其中，假设2检验结果与理论推导方向一致但不显著，假设3b得出了与理论假设完全相反的结果。本书研究者认为这种结果反而更具有理论意义与现实启示，下文进行了较为详尽的阐述。

首先，研究发现合法性距离对国外引进技术的内向型企业，具有显著负向调节作用。本书研究者认为其部分原因可能归咎于新兴市场制度环境，这种制度特殊性核心体现于企业的"情景依赖性"，即企业竞争优势在新兴市场环境中才能充分发挥，一旦离开了新兴市场环境，这些优势便荡然无存。现实意义在于其启示企业在国际性过程中应该谨慎选择国际化的时机，合理规划国际化的进程。对于采取从国外引进技术的内向型企业，合法性距离负向调节其从事"二次创新"的行为，而对于国内引进技术的企业，这种调节作用并不明显（假设1c）。因此，国际化战略需要谨慎，尤其注意克服制度差异的消极影响。开放式创新过程中的外部资源获取结合了制度合法性的情景分析，得出的结论丰富了开放式创新的理论框架与分析范式。

其次，研究结论表明不同开放式创新模式与二次创新呈现不同的作用关系，这些因素与制度合法性和国际化等因素交织在一起，共同决定着企业的创新绩效。同时，选择不同创新模式的企业，对二次创新的投入方向与力度也略显差异。例如，采用内向型开放式创新模式的企业更倾向于加大技术改造为代表的二次创新，但受到内外部制度合法性距离负向调节作用的影响。研究结论表明二次创新具有不同的、影响国际企业开放式创新模式与创新绩效之间关系的作用机

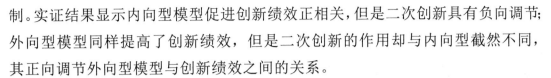

制。实证结果显示内向型模型促进创新绩效正相关，但是二次创新具有负向调节；外向型模型同样提高了创新绩效，但是二次创新的作用却与内向型截然不同，其正向调节外向型模型与创新绩效之间的关系。

最后，研究发现相比于国外技术引进，国内技术的消化吸收对企业创新的促进作用更为明显（假设 3）。本书作者认为企业应当考虑适当引进国外技术。同时。二次创新负向调节作用说明，企业应该考虑合理有序地引进。对于处于国际化初期的企业，可以考虑先充分利用国内技术，在国内技术不能完全满足技术创新需要基础之上，再引进国外技术。

二、理论与实践启示

本书具有理论贡献。首先，本书研究者从开放式创新视角探讨企业的二次创新，拓展了开放式创新的理论框架。结合此理论视角与逻辑框架对具体创新模式影响二次创新绩效的研究结论，为新兴市场企业创新研究做出了理论贡献。其次，上述讨论以新兴市场企业为研究对象，为制度理论应用于新兴市场研究又做出了有益探索。最后，制度合法性的理论推演与量化在研究方法做出了贡献，具有一定理论价值，可为相关学者的后续研究提供有益借鉴。

本书具有实践启示。首先，相关研究结论表明二次创新并不在所有情景下都促进企业创新绩效的提高，有效的二次创新选择是一个权变的过程。因此，二次创新要结合外部环境，做到"适境"。其次，企业应该"适度"地选择二次创新，盲目过多地引进并不能很好地消化吸收，也不能提高创新能力。研究结论同样启示了企业进行自主创新的重要性。最后，二次创新的选择要"适时"。企业二次创新对外向型与创新绩效之间关系的正向调节作用，从一个侧面表明了企业内部技术资源市场化的重要性。这同时启示企业，要在二次创新过程中探索适合自身资源的市场化道路，将内部资源与外部资源相互融合，提高企业的市场化能力。

综上所述，本书不仅拓展了开放式创新、二次创新的理论边界，做出了一定的理论贡献，而且为制度理论与国际化理论与创新理论的结合也提供了有益的尝试。研究结论对新兴市场企业如何"适境、适度、适时"地选择二次创新具有实践启示。

三、局限与未来方向

本书存在着一定的不足。首先，外向型开放式创新的类型需要进一步更为细致地划分，并综合考虑特定类型的情景因素。本书作者认为制度合法性距离的相关假设检验没有通过统计性检验，部分原因可能来自于此。另外，关于开放式创新过程中，对于资源保留的开放一直被以前所忽视，本书虽然有所涉及，但并没有展开系统的讨论（张峰，2012）[30]。更为详细地划分开放式创新类型时，应该合理考虑企业对"资源保留"的开放。 其次，本书作者希望在后续研究中进一步推敲现有假设的逻辑，尤其是"二次创新"对开放式创新模式与创新绩效的不同调节机制。正如本书所言，二次创新的"选择"受到开放式创新的影响，二次创新"程度"具有调节作用。因此，本书作者希望在后续研究中进一步梳理研究逻辑，合理地解决这个问题。最后，本书没有充分考虑到内向型与外向型模式选择之间的动态平衡性。以往研究也表明企业创新过程中应保持探索式与利用式之间的平衡发展，而不是在"强项"上继续做强（王凤彬等，2012）[31]。此两者的选择必然受到企业战略行为的影响，例如国际化等，因而从动态视角阐述开放式创新选择机制对于理解企业创新行为是至关重要的。同时，本书也没有充分考虑伴随开放式创新过程的微观机制，例如心理资本对创新过程与结果的影响（张宏如，2013）[32]。本书研究者期待在以后研究中弥补上述不足。

本章小结

首先，梳理了组织学习的理论脉络。其次，从不同维度探讨了组织跨边界学习。从宏观视角讨论了内外部制度耦合对组织跨边界学习，从中观视角阐述了开放式创新模式选择，从微观视角讨论了新兴市场中企业的二次创新及投机性学习。综合分析了双元网络情景中的组织跨边界学习与企业创新之间的关系。

本章参考文献

【5.1.1 组织学习文献综述】

[1] 耿帅. 共享性资源与集群企业竞争优势的关联性分析 [J]. 管理世界, 2005, (11)：112-119.

[2] Miner A S, Mezias S J. Ugly Duckling No More: Pasts and Futures of Organizational Learning Research[J]. Organization Science, 1996, 7: 88-99.

[3] Nonaka I. A Dynamic Theory of Organizational Knowledge Creation[J]. Organization Science, 1994, 5(1)：14-37.

[4] Conner K R, Prahalad C K. A Resource-based Theory of the Firm: Knowledge Versus Opportunism[J]. Organization Science, 1996, 7(5)：477-501.

[5] Grant R M. Toward a Knowledge-based Theory of the Firm[J]. Strategic Management Journal, 1996, 17：109-222.

[6] Spender J C. Making Knowledge the Basis of a Dynamic Theory of the Firm[J]. Strategic Management Journal, 1996, 17：45-62.

[7] Huber G. Organizational Learning: The Contributing Processes and the Literature[J]. Organization Science, 1991, 2：88-115.

[8] Levitt B, March J G. Organizational learning[J]. Annual Review of SocioLogy, 1988, 14：319-340.

[9] Thomas J B, Sussman S W, Henderson J C. Understanding "Strategic Learning"：Linking Organizational Learning, Knowledge Management, and Sense Making[J]. Organization Science, 2001, 12(3)：331-345.

[10] Simon H A. Bounded Rationality and Organizational Learning[J]. Organization Science, 1991, 2(1)：125-134.

[11] Crossan M M, Lane H W, White R E. An Organizational Learning Framework: From Intuition to Institution[J]. Academy of Management Review, 1999, 24(3)：522-537.

[12] Vera D,Crossan M.Strategic Leadership and Organizational Learning[J].Academy of Management Review,2004,29(2)：222-240.

[13] Powell W W,Koput K W,Smith-Doerr L.Interorganizational Collaboration and the Locus of Innovation: Networks of Learning in BiotechnoLogy[J].Administrative Science Quarterly,1996,41(1)：116-145.

[14] Fiol C M,Lyles M A.Organizational Learning[J].Academy of Management Review,1985,10(4)：803-813.

[15] Crossan M M,Maurer C C,White R E.Reflections on The 2009 AMR Decade Award: Do We Have A Theory of Organizational Learning?[J]. Academy of Management Review,2011,36(3)：446-460.

[16] Kim L.Crisis Construction and Organizational Learning: Capability Building in Catching-Up at Hyundai Motor[J].Organization Science,1998,9(4)：506-521.

[17] Hanssen-Bauer J,Snow C C.Responding to Hypercompetition: The Structure and Processes of a Regional Learning Network Organization[J]. Organization Science,1996,7(4)：413-427.

[18] Holmqvist M.A Dynamic Model of intra- and interorganizational Learning[J].Organization Studies,2003,24(1)：95-123.

[19] Dery D.Decision-Making,Problem-Solving and Organizational Learning[J].Omega,1983,11(4)：321-328.

[20] Vince R.Power and Emotion in Organizational Learning[J].Human Relations,2001,54(10)：1325-1351.

[21] 芮明杰,樊圣君."造山"：以知识和学习为基础的企业新逻辑 [J].管理科学学报,2001,4(3)：14-24.

[22] 陈国权,郑红平.组织学习影响因素、学习能力与绩效关系的实证研究[J].管理科学学报,2005,8(1)：48-61.

[23] 郑向杰,赵炎.联盟创新网络中企业间知识共享的博弈分析 [J].软科学,2013,27(10)：83-96.

[24] 魏江,焦豪.创业导向,组织学习与动态能力关系研究 [J]. 外国经济与管理,2008,30(2):36-41.

[25] Nicolini D,Meznar M B.The Social Construction of Organizational Learning: Conceptual and Practical Issues in the Field[J].Human Relations,1995,48(7):727-746.

[26] Easterby-Smith M.Disciplines of Organizational Learning: Contributions and Critiques[J].Human Relations,1997,50(9):1085-1113.

[27] Vince R,Sutcliffe K,Olivera F.Organizational Learning: New Directions[J].British Journal of Management,2002,13(S2):S1-S6.

[28] Bapuji H,Crossan M.From Questions to Answers: Reviewing Organizational Learning Research[J].Management Learning,2004,35(4):397-417.

[29] Berends H,Lammers I.Explaining Discontinuity in Organizational Learning: A Process Analysis[J].Organization Studies,2010,31(8):1045-1068.

【5.1.2 基于网络的组织学习】

[1] 韩炜,杨俊,张玉利.创业网络混合治理机制选择的案例研究 [J]. 管理世界,2014,2:118-136.

[2] 宋雪.管理会计创造价值的实证研究 [J]. 科研管理,2018,39(4):166-176.

[3] Byun H,Frake J,Agarwal R.Leveraging who you know by what you know: Specialization and returns to relational capital[J].Strategic Management Journal,2018,39(7):1803-1833.

[4] Keister L A.Engineering growth: Business group structure and firm performance in China's transition economy[J].American Journal of SocioLogy,1998,104(2):404-440.

[5] Jiang H,Xia J,Cannella A A,et al.Do ongoing networks block out

new friends? Reconciling the embeddedness constraint dilemma on new alliance partner addition[J].Strategic Management Journal,2018,39(1)：217-241.

[6] 任兵，区玉辉，彭维刚.连锁董事与公司绩效：针对中国的研究 [J]. 南开管理评论,2007,10(1)：8-15.

[7] 彭正银，廖天野.连锁董事治理效应的实证分析——基于内在机理视角的探讨 [J]. 南开管理评论,2008(1)：99-105.

[8] 胡国栋.中国本土组织的家庭隐喻及网络治理机制 [J]. 中国工业经济,2014,10：97-109.

[9] 张新香，胡立君.商业模式动态演化机制：基于互联网业的多案例内容分析 [J]. 科研管理,2018,39(3)：110-121.

[10] Turner T,Pennington W W.Organizational etworks and the process of corporate entrepreneurship: How the motivation,opportunity,and ability to act affect firm knowledge,learning,and innovation[J].Small Busness Economics,2015,45(2)：447-463.

[11] Wei Y F.Organizational imprinting and response to institutional complexity: Evidence from publicly-traded Chinese state-owned firms in Hong Kong[J].Management and Organization Review,2017,13(2)：345-373.

[12] Mingo S,Morales F,Dau L A.The interplay of national Distances and regional networks: Private equity investments in emerging markets[J].Journal of International Business Studies,2018,49(3)：371-386.

[13] Weber K,Waeger D.Organizationa as polities: An open systems perspective[J].Academy of Management Annals,2017,11(2)：886-918.

[14] Chu J S G,Davis G F.Who killed the inner circle? The decline of the American corporate interlocknetwork[J].American Journal of SocioLogy,2016,122(3)：714-754.

[15] Zhang X, Ma X F, Wang Y, et al. What drives the internationalization of Chinese SMEs? The joint effecs of international entrepreneurship characteristics, network ties, and firm ownership[J]. International Business Review, 2016, 25(2): 522-534.

[16] Greve H R, Yue L Q. Hereafer: How crises shape communities through learinging and institutional legacies[J]. Organization Science, 2017, 28(6): 1098-1114.

[17] 仲伟周, 段海艳. 基于董事个体态度和行为的董事会效率研究[J]. 管理世界, 2008, (4): 177-178.

[18] Wilson J F, Buchnea E, Tilba A. The British corporate network, 1905-1976: Revisting the finance-industry relationship[J]. Business History, 2018, 60(6): 779-806.

[19] Marquis C, Raynard M. Instituional strategies in emerging markets[J]. The Academy of Management Annals, 2015, 9(1): 291-335.

[20] Le S, Kroll M. CEO international experience: Effects on strategic change and firm performance[J]. Journal of International Business Studies, 2017, 48(5): 573-595.

[21] Vince R, Sutcliffe K, Olivera F. Organizational learning: new directions[J]. British Journal of Management, 2002, 13(S2): S1-S6.

[22] Singh S, Tabassum N, Darwish T K, et al. Corporate goverance and Tobin's Q as a measure of orgaizational performance[J]. Britishi Journa of Management, 2018, 29(1): 171-190.

[23] 武咸云, 陈艳, 李秀兰, 等. 战略性新兴产业研发投入、政府补助与企业价值[J]. 科研管理, 2017, 38(09): 30-34.

[24] 李茜, 张建君. 制度前因与高管特点: 一个实证研究[J]. 管理世界, 2010, 10: 110-121.

[25] Takeuchi R, Bolino M C, Lin C C. Too many motives? The interactive effects of multiple motives on organizational citizenship

behavior[J]. Journal of Applied PsychoLogy, 2015, 100(4): 1239-1248.

【5.2 宏观视角下的组织跨边界学习】

[1] 何建洪, 贺昌政. 创新性企业的形成——基于网络能力与创新战略作用的分析 [J]. 科学学研究, 2013, 31(2): 298-309.

[2]Lane P J, Koka B R. Pathak S. The reification of absorptive capacity: a critical review and rejuvenation of the construct[J]. Academy of Management Review, 2006, 31(4): 833-863.

[3] Chesbrough H. The era of open innovation[J]. MITSloan Management Review, 2003, 4(3): 35-41.

[4] Lichtenthaler U. Open innovation: past research, currentdebates, and future directions[J]. Academy of Management Perspectives, 2011, 25(1): 75-93.

[5] Davis J P, Eisenhardt K M. Rotating leadership and collaborative innovation: recombination processes in symbiotic relationships[J]. Administrative Science Quarterly, 2011, 56(2): 159-201.

[6] Pache A C, Santos F. Inside the hybrid organization: selective coupling as a response t0 competing institutional Logics[J]. Academy of Management Journal, 2013, 56(4): 972-1001.

[7] Birkinshaw J, Hamel G, Mol M J. Management innovation[J]. Academy of Management Review, 2008, 33(4): 825-845.

[8] Meyer J W, Rowan B. Institutionalized organizations: formal structure as myth and ceremony[J]. American Journal of SocioLogy, 1977, 83(2): 340-363.

[9]Kondra A Z, Hinings C R. Organizational diversity and change in institutional theory[J]. Organization Studies, 1998, 19(5): 743-767.

[10] DiMaggio P J, Powell W W. The iron cage revisited:

institutional isomorphism and collective rationality in organizational fields[J]. American SocioLogical Review, 1983，147-160.

[11] Wooldridge J M. Introductory Econometrics: A Modern Approach[M]. South-Western Pub. 2009，495.

【5.3 中观视角下的组织跨边界学习】

[1] Gao X D.A Latecomer's Strategy to Promote a TechnoLogy Standard: The Case of Datang and TD-SCDMA[J].Research Policy,2014,43：597-607.

[2] Chesbrough H,Crowther A K.Beyond High Tech: Early Adopters of Open Innovation in Other Industries[J].R&D Management,2006,36(3),229-236.

[3] Lichtenthaler U.Open Innovation: Past Research,Current Debates,and Future Directions[J].Academy of Management Perspectives,2011,25(1)：75-93.

[4] 杨蕙馨，王硕，冯文娜.网络效应视角下技术标准的竞争性扩散——来自iOS与Android之争的实证研究[J].中国工业经济,2014(9)：135-147.

[5] De Maeijer E,Van Hout T,Weggeman M,Post G.Studying Open Innovation Collaboration between the High-tech Industry and Science with Linguistic Ethnography-battling over the Status of Knowledge in a Setting of Distrust[J].Journal of Innovation Management,2017,4(4),8-31.

[6] Dahlander L,Gann D M.How Open is Innovation?[J].Research Policy,2010,39,699-709.

[7] 杨书燕，吴小节，汪秀琼.制度逻辑研究的文献计量分析[J].管理评论,2017,29（3）：90-109.

[8] 高照军，武常岐.制度理论视角下的企业创新行为研究——基于国家高新区企业的实证分析[J].科学学研究，2014,32(10)：1580-1592.

[9] 田宇，杨艳玲.贫困地区新创企业创业者关系网络对其组织合法性的影响

机制研究 [J]. 管理学报，2017, 14(2)：176-184.

[10] Liou R S, Chao M C, Ellstrand A. Unpacking Institutional Distance: Addressing Human Capital Development and Emerging-Market Firms' Ownership Strategy in an Advanced Economy[J]. Thunderbird International Business Review, 2016, 59(3)：281-295.

[11] 高照军，张宏如，蒋耘莛. 制度合法性距离、二次创新与开放式创新绩效的关系研究 [J]. 管理评论, 2018, 30(3)：47-59.

[12] Huizingh E K. Open Innovation: State of the Art and Future Perspectives[J]. Technovation, 2011, 31(1), 2-9.

[13] Mention A L. Co-operation and Co-operation as Open Innovation Practices in the Service Sector: Which Influence on Innovation Novelty?[J]. Technovation, 2011, 31(1)：44-53.

[14] Farrell J, Saloner G. Standardization, Compatibility, and Innovation[J]. The RAND Journal of Economics, 1985, 16(1)：70-83.

[15] Katz M L, Shapiro, C. Network Externalities, Competition, and Compatibility[J]. The American Economic Review, 1985, 75(3)：424-440.

[16] 李冬梅，宋志红. 网络模式、标准联盟与主导设计的产生 [J]. 科学学研究, 2017, 35 (3)：428-437.

[17] 王道平，韦小彦，方放. 基于技术标准特征的标准研发联盟合作伙伴选择研究 [J]. 科研管理, 2015, 36(1)：81-89.

[18] 魏津瑜，刘月，南广友，等. 基于技术标准的高技术产业集群创新绩效与定价模式研究 [J]. 科学管理研究, 2017, 35 (1)：51-54.

[19] Chiang Y H, Hung K P. Exploring Open Search Strategies and Perceived Innovation Performance from the Perspective of Inter-organizational Knowledge Flows[J]. R&D Management, 2010, 40(3)：292-299.

[20] 吴洁，彭星星，盛永祥，等. 基于动态控制模型的产学研知识转移合作博弈研究 [J]. 中国管理科学, 2017, 25 (3)：190-196.

[21] Faems D, De Visser M, Andries P, Van Looy B. TechnoLogy Alliance

Portfolios and Financial Performance: Value-enhancing and Cost-increasing Effects of Open Innovation[J]. Journal of Product Innovation Management, 2010, 27(6): 785-796.

[22] Roldán Bravo M I, Lloréns Montes F J, Ruiz Moreno A. Open Innovation and Quality Management: The Moderating Role of Interorganisational IT Infrastructure and Complementary Learning Styles[J]. Production Planning & Control, 2017, 26: 1-14.

[23] Srivastava M K, Gnyawali D R, Hatfield D E. Behavioral Implications of Absorptive Capacity: The Role of TechnoLogical Effort and TechnoLogical Capability in Leveraging Alliance Network TechnoLogical Resources[J]. TechnoLogical Forecasting and Social Change, 2015, 92: 346-358.

[24] Martinkenaite I, Breunig K J. The Emergence of Absorptive Capacity through Micro-macro Level Interactions[J]. Journal of Business Research, 2016, 69(2): 700-708.

[25] 龙勇, 梅德强, 常青华. 风险投资对高新技术企业技术联盟策略影响——以吸收能力为中介的实证研究 [J]. 科研管理, 2011, 32(7): 76-84.

[26] Gao Z J. How SOEs Succeed in Privatization: Net Political Benefits and Learning in Networks[J]. Nankai Business Review International, 2011, 2(3): 257-274.

[27] Meyer K, Estrin S, Bhaumik S, Peng M W. Institutions, Resources, and Entry Strategies in Emerging Economies[J]. Strategic Management Journal, 2009, 30(1): 61-80.

[28] Bitektine A, Haack P. The "Macro" and the "Micro" of Legitimacy: Toward a Multilevel Theory of the Legitimacy Process[J]. Academy of Management Review, 2015, 40(1): 49-75.

[29] Chen S T, Haga K Y A, Fong C M. The Effects of Institutional Legitimacy, Social Capital, and Government Relationship on Clustered

Firms' Performance in Emerging Economies[J].Journal of Organizational Change Management,2016,29(4)：529-550.

[30] Bjerregaard T.Studying Institutional Work in Organizations: Uses and Implications of Ethnographic MethodoLogies[J].Journal of Organizational Change Management,2011,24(1)：51-64.

[31] 王晓红,谢兰兰.金融危机后全球跨国直接投资的主要特征及趋势研究[J].宏观经济研究,2017,(3)：32-47.

[32] Thomas A S,Litschert R J,Ramaswarmy K.The Performance Impact of Strategy-manager Coalignment：An Empirical Examination[J].Strategic Management Journal,1991,12：509-522.

[33] 张宏如.中国式EAP：科技创新人才激励的新视角[J].科学管理研究,2012,30(6)：85-88.

【5.4 微观视角下的组织跨边界学习】

[1] 吴晓波.二次创新的周期与企业组织学习模式[J].管理世界,1995a,3：168-172.

[2] 吴晓波.二次创新的进化过程[J].科研管理,1995b,16(2)：27-35.

[3] 徐娜娜,徐雨森.资源、创新网络与后发企业逆向创新的协同演化——基于海尔集团的纵向案例研究[J].管理评论,2016,(28)6：216-228.

[4] 刘放,杨筝,杨曦.制度环境、税收激励与企业创新投入[J].管理评论,2016,28(2)：61-73.

[5] 陈力田.企业技术创新能力演化研究述评与展望：共演和协同视角的整合[J].管理评论,2014,26(11)：76-87.

[6] 吴晓波,马如飞,毛茜敏.基于二次创新动态过程的组织学习模式演进——杭氧1996-2008纵向案例研究[J].管理世界,2009,(2)：152-164.

[7] 高良谋,马文甲.开放式创新：内涵、框架与中国情境[J].管理世界,2014,6：157-169.

[8] 蔡宁,闫春.开放式创新绩效的测度：理论模型与实证检验[J].科学学

研究, 2013, 31(3): 469-480.

[9] Lichtenthaler U. Open Innovation: Past Research, Current Debates, and Future Directions[J]. Academy of Management Perspectives, 2011, 25(1): 75-93.

[10] Chesbrough H. W. Open Innovation: The New Imperative for Creating and Profiting from TechnoLogy[M]. Boston: Harvard Business Publishing Corporation, 2003.

[11] Meyer K, Estrin S, Bhaumik S, et al. Institutions, Resources, and Entry Strategies in Emerging Economies[J]. Strategic Management Journal, 2009, 30(1): 61-80.

[12] 赵凤, 王铁男, 王宇. 开放式创新中的外部技术获取与产品多元化: 动态能力的调节作用研究[J]. 管理评论, 2016, 28(6): 76-85.

[13] Mention A. L. Co-operation and Co-operation as Open Innovation Practices in the Service Sector: Which Influence on Innovation Novelty?[J]. Technovation, 2011, 31(1): 44-53.

[14] Chiang Y H, Hung K P. Exploring Open Search Strategies and Perceived Innovation Performance from the Perspective of Inter-organizational Knowledge Flows[J]. R&D Management, 2010, 40(3): 292-299.

[15] Faems D, De Visser M, Andries P, et al. TechnoLogy Alliance Portfolios and Financial Performance: Value-enhancing and Cost-increasing Effects of Open Innovation[J]. Journal of Product Innovation Management, 2010, 27(6): 785-796.

[16] 陈钰芬. 企业开放式创新的动态模式研究[J]. 科研管理, 2008, 30(5): 1-11.

[17] 高照军, 武常岐. 制度理论视角下的企业创新行为研究——基于国家高新区企业的实证分析[J]. 科学学研究, 2014, 32(10): 1580-1592.

[18] Meyer J W, Rowan B. Institutionalized Organizations: Formal Structure as Myth and Ceremony[J]. American Journal of SocioLogy, 1977:

340-363.

[19 Alexy O,Criscuolo P,Salter A.Does IP Strategy Have to Cripple Open Innovation[J]? MIT Sloan Management Review,2009,51(1)：71-77.

[20] Lichtenthaler U,Lichtenthaler E.A Capability-based Framework for Open Innovation: Complementing Absorptive Capacity[J].Journal of Management Studies,2009,46(8)：1315-1338.

[21] Lichtenthaler U,Ernst H.External TechnoLogy Commercialization in Large Firms: Results of a Quantitative Benchmarking Study[J].R&D Management,2007,37(5)：383-397.

[22] Boudreau K.Open Platform Strategies and Innovation: Granting Access vs.Devolving Control[J].Management Science,2010,56(10)：1849-1872.

[23] Henkel J.Selective Revealing in Open Innovation Processes: The Case of Embedded Linux[J].Research Policy,2006,35(7)：953-969.

[24] 彭新敏，吴晓波，吴东.基于二次创新动态过程的企业网络与组织学习平衡模式演化——海天1971-2010年纵向案例研究[J].管理世界,2011,4：138-149.

[25] Huizingh E K.Open Innovation: State of the Art and Future Perspectives[J].Technovation,2011,31(1)：2-9.

[26] Almirall E,Casadesus-masanell R.Open versus Closed Innovation: A Model of Discovery and Divergence[J].Academy of Management Review,2010,35(1)：27-47.

[27] 陈钰芬，陈劲.开放式创新促进创新绩效的机理研究[J].科研管理,2009,30(4)：1-9.

[28] Thomas A.S.,Litschert R.J.,Ramaswarmy K.The Performance Impact of Strategy-Manager Coalignment: An Empirical Examination[J].Strategic Management Journal,1991,(12)：509-522.

[29]　李茜，张建君. 制度前因与高管特点：一个实证研究 [J]. 管理世界 ,2010,(10)：157-183.

[30]　张峰. 开放式创新实证研究评述与未来展望 [J]. 外国经济与管理 ,2012,34(5)：52-58.

[31]　王凤彬，陈建勋，杨阳. 探索式与利用式技术创新及其平衡的效应分析 [J]. 管理世界 ,2012,(3)：96-112.

[32]张宏如. 心理资本对创新绩效影响的实证研究 [J]. 管理世界 ,2013,(10)：170-171.

第6章 双元网络与制造业高质量发展

6.1 双元网络与开放式创新

6.1.1 理论基础与研究假设

创新的核心是搜索组织外部具有潜在价值的商业思想（Laursen 等 , 2006）[1]。国外学者首先提出了开放式创新的概念（Chesbrough, 2003）[2]。我国学者也认为开放、动态的"引进消化吸收再创新"是我国企业自主创新的主要方式之一（吴晓波，1995；吴晓波等，2009；）[3, 4]。学者们普遍认同的是企业创新离不开与大量外部企业的合作，这种开放性同时伴随着竞争性，适当保护创新成果的商业化过程有时候是必需的（Laursen 等 , 2014）[5]。在这种创新与价值创造过程中，企业需要不断打破组织边界，与外部组织建立合作关系，包括正式与非正式的获得创新资源的方式（阳银娟等 , 2015）[6]。企业通过开放式创新获得国际竞争，将国外先进技术引进，并通过吸收转化，进行技术改造，称为二次创新（吴晓波等 , 2011）[7]。开放式创新有内向型与外向型两类模式，大多数新兴市场企业采取内向型模式（Cassiman 等 , 2015）[8]。

新兴市场制度环境影响着国际竞争环境中企业创新模式选择与结果，国际化程度不同必然导致企业具有不同的"组织基因"与能力（Miller 等 , 2012）[9]。结合转型经济背景下后发企业的技术追赶，魏江等提出了"制度性市场"的概念，识别了包含并进式、采购式等四种学习模式，并解构了制度型市场与技术不连续性交互驱动技术追赶的机理（魏江等 , 2016）[10]。笔者在制度耦合基础上，提出了"内外部制度合法性距离"的概念，结合企业国际化过程，阐述了影响开放式创新绩效的机理（郑文全等 , 2008；Bjerregaard, 2011）[11, 12]。

以上研究表明开放式模式对企业创新绩效有着重要影响。但是现有研究并没有阐述何种因素、如何影响，更缺乏结合中国情景的针对性研究。基于此，我们提出研究问题，企业如何选择不同模式开展"二次创新"以及制度影响开放式创新绩效的结果。首先，我们提出了一个结合企业内外部因素的理论框架。其次，结合两阶段模型，我们系统阐述了包括企业吸收能力、知识积累，外部制度环境等因素对开放式创新模式选择与后果的影响机理。研究结论具有重要理论与实践价值。

6.1.2 两阶段模型的提出

制度转型下的中国企业面临着外部制度、内部资源能力的双重约束，此种情景下企业表现出包括战略性变革、业务领域变化、海外市场开拓等多方面的应对，相应地，企业成长路径的典型特征表现出不连续性（魏江等，2011）[13]。本书研究者提出一个两阶段模型，并阐述了开放式创新模式选择的前因和后果。见图 6.1-1 所示，主要因素包括企业内部与外部两个方面，如吸收能力、知识积累、企业外部的制度合法性等。遵循一个从企业内部向外部逐渐拓展的逻辑，我们讨论了决定国际化企业开放式创新模式的因素与对创新绩效的影响过程。

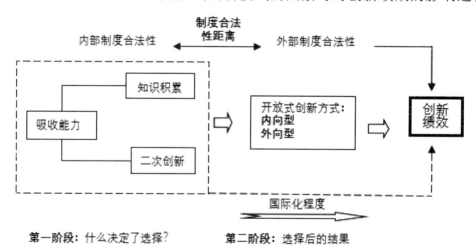

图 6.1-1　选择与后果的两阶段模型

一、第一阶段：开放式创新方式的选择

首先，吸收能力。Vasudeva 等认为企业吸收能力是一种将外部信息转化为内部能力，最终达到商业化的目的（Vasudeva 等，2011）[14]。张振刚等基于华南地区 119 家企业的研究发现实际吸收能力具有完全中介作用，潜在吸收能力在内向型与绩效之间其显著的负向调节，在外向型与绩效之间起着显著的正向调节（张振刚等，2015）[15]。内向型创新便是将外部知识消化吸收，转换为企业内部资源与能力。这一过程提高了企业竞争优势、创新能力乃至动态能力。邹波等研究发现企业广度与深度吸收能力，促进创新绩效，尤其是深度方面的影响更为明显（邹波等，2015）[16]。

吸收能力如何影响企业开放式创新模式选择？本书研究者认为由于路径依赖性（Path Dependency），吸收能力较强的企业在内向型开放式创新过程中，逐渐形成了对内向型过程的路径依赖。而外向型创新需要将企业内部技术商业化，要求企业具有较多的市场化的能力。虽然吸收能力促进了企业内部资源的开发利用，可能带来创新成果，但是吸收能力较强的企业更愿意将自身技术运用产品开发中。这种惯性或者企业特质导致吸收能力较强的企业更具有内向型倾向。我们有如下假设：

假设 1：吸收能力较强的企业更倾向于选择内向型开放式创新模式。

其次，知识积累的中介作用。知识积累在内向型模式选择过程中发挥的关键作用。企业知识有多种反映形式，如专利申请数量、无形资产等。知识影响着企业创新，内部知识与市场知识之间具有相互作用（Zhou 等，2012）[17]。知识通过多种途径例如社会网络加以传递，保留在组织内部（Phelps 等，2012）[18]，甚至企业积累的知识可以跨国、跨文化传递（Li，2010）[19]。本书作者认为知识积累带来的优势使得企业更加倾向于选择内向型模式。同时，内部知识积累有利于利用外部知识，并促进价值创造（Denicolai 等，2014）[20]。当缺少了必要的知识积累后，企业没有知识储备，也就不能将新知识快速转化为企业能力。相应地，企业就不会偏向于内向型模式的选择。我们有如下假设：

假设 2：对于内向型开发式创新的选择，企业知识积累具有中介作用。

最后，二次创新。企业的"二次创新"是在学习先进技术的基础上，对自己现有技术加以改造。所以二次创新与企业对内部资源与知识的管理能力密切相关，只有吸收能力较强的企业才有可能在二次创新过程中受益，这些企业的优势资源大多通过内部知识积累获得，而内部知识积累通常是内向型过程的长期结果（张军等，2014）[21]。基于二次创新动态过程的研究发现了小规模、低成员异质性网络向大规模、高成员异质性的演化，间断型向双元型组织学习平衡模式的演化（彭新敏等，2011）[22]。众多企业集聚在一起，分享引进的先进技术。陈劲等发现开放式创新战略有效提高了集聚对创新绩效的促进作用（陈劲等，2013）[23]。基于国外直接投资及 FDI 背景下国际技术转移与知识溢出的理论提供了一个"引进—消化吸收—再创造"的理论框架，关注外生性因素对创新能力的影响。另一方面，技术资源商业化的外向型需要对外部市场更多的驾驭能力，处于引进吸收阶段的企业往往面临资源匮乏，没有能力与精力将自身技术商业化。我们得到如下假设：

假设 3a：二次创新与内向型开放式创新的选择正相关。

假设 3b：二次创新与外向型开放式创新的选择负相关。

二、第二阶段：不同选择的后果和影响因素

首先，开放式创新方式与创新绩效。企业不应该仅仅依靠自己的创新投入，竞争优势通常来自内向型创新（Enkel 等，2009）[24]。陈劲与吴波认为开放式创新视角下企业选择合适的合作模式，保持适度的开放度可以较为有效地获取外部关键资源（陈劲等，2012）[25]。内向型与企业吸收能力密切相关，是企业获取资源并内部化，一个由外向内的过程。外向型将企业自身技术资源商业化，获得资源，促进创新。外向型通过技术商业化过程，提高了企业绩效，增强了竞争力。我们有如下假设：

假设 4a：内向型开放式创新与创新绩效正相关。

假设 4b：外向型开放式创新与创新绩效正相关。

其次，国际化程度的不同调节作用。采取开放式创新的企业，面临着国际与国内两个市场的竞争，两种资源的获取。吴航等讨论了中国企业在国际搜索与本地搜索之间的抉择，结合组织双元与外部知识搜索理论，从平衡维度和联合维度检验了外部搜索对创新绩效的积极影响，并指出创新复杂性与产业竞争压力具有正向调节作用（吴航等，2016）[26]。国际化研究文献丰富，包括海外市场进入模式研究（Mudambi 等，2014；Lee 等，2010）[27, 28]、跨国并购（Deng 等，2015）[29]。刘星等研究发现外商直接投资影响着企业自主创新能力（刘星等，

2009)[30]；陈继勇等认为知识溢出在外商直接投资中我国企业自主创新能力的影响不可忽视（陈继勇等，2010)[31]。而对于知识溢出、国际技术转移过程中，企业异质性从一定程度上决定了技术创新能力（王华等，2010)[32]。

国际化是重要的学习方式，但也伴随着消极效应（Fletcher 等，2012)[33]。这些消极作用加重了内向型过程中技术消化吸收的困难。首先，国际化程度增加了企业知识泄露的危险（Kafouros 等，2008)[34]。当东道国市场的知识有限，知识泄露的成本将超过知识溢出的汇报。其次，国际化增加了交易成本与管理难度，全球性协调与控制带来的是成本的提高。地理距离、制度差异等显著影响信息沟通的质量、频率，造成效率下降和误解风险提高。最后，国际化过程中技术创新的复杂性导致战略联盟的失败风险，企业许多专用资产投资将会成为沉没成本。因此，我们有如下假设：

假设 5a：国际化程度负向调节内向型与创新绩效之间的关系。

技术资源商业化与国际化过程都需要企业逐步走向市场。融入市场过程便是组织学习过程，外向型过程塑造的组织学习"基因与常规（Routine）"有利于国际化过程中的管理效率。这种效率获得的优势使得在更广阔国际市场上获取创新收益（Kotabe 等，2002)[35]。企业可以在全球市场上选择廉价原料，并选择适宜的地区设立研发部门，有效地降低了创新和研发的成本。财务能力的提高，进一步加强了外向型创新，推动着企业技术商业化。技术商业化可以获得互补性资产，使得国际化企业从中开发而获益，国际化增强了企业获得互补性资产的机会和能力。国际化过程中，在东道国建立联盟，获得联盟优势，减少了技术的不确定性，提高了创新效率；通过知识外溢实现全球范围的资源整合。因此，我们有如下假设：

假设 5b：国际化程度正向调节外向型与创新绩效之间的关系。

再次，制度合法性。制度合法性反映了制度环境对企业行为的影响机制，具有三个维度：模拟合法性、强制合法性与规范合法性（Chung 等，2016)[36]。刘洋等在制度理论与知识观理论基础上，探讨了转型经济的后发企业在创新能力追赶过程中的研发网络边界、地理与知识边界拓展（刘洋等，2015)[37]。内部制度合法性主要包括与专业化程度密切相关的规范合法性，专业化人员增强了企业创新能力（Adler 等，2013）[38]。追求规范合法性的企业更注重人才培养、知识管理，在企业内部营造良好的创新氛围。外部制度合法性主要包括模拟合法性（Gentry 等，2013）[39]、强制合法性（Han 等，2014）[40]，模拟合法性与市场竞争相关；强制合法性反映了政府强制性措施等对企业的影响作用。强制合法性使得企业更加遵循法律政策，从而规范企业的合法经营，模拟合法性使得企业在交易过程中，更加被对方所认同。两类合法性组成的外部制度环境都有利于为企业创新行为创造良好的氛围。因此我们有如下假设：

假设 6a：内部制度合法性正向调节内向型与创新绩效之间的关系。

假设 6b：外部制度合法性正向调节外向型与创新绩效之间的关系。

最后，内外部制度距离。高照军等提出外部制度环境和内部制度环境之间具有耦合关系，只有两者耦合状态良好才能够促进企业创新绩效的提高（高照军等，2014）[41]。但是耦合性没有讲清楚制度系统内各要素之间的具体联系与关系，两者如何耦合及其内部机理。我们认为，内外部制度合法性而言，两者应该同等发展，如果一方发展提前于另一方，耦合机制不能发生作用。只有在相同水平的内外部制度环境，才能够发挥促进作用。我们提出"企业内外部制度距离"的概念。当内外部制度合法性距离越远，两者之间不能很好地契合，外部制度环境不能有效地符合内部制度环境的要求，内部制度环境也同样不能与外部发生作用。因此，内外部制度合法性距离不利于企业技术标准竞争力的培养和提升。我们有如下假设：

假设 7a：制度距离负向调节内向型与创新绩效之间的关系。

假设 7b：制度距离负向调节外向型与创新绩效之间的关系。

本书逻辑和所有假设见图 6.1-2 所示。假设 1 至 3 是关于不同开放式创新模式的选择；假设 4 至假设 7 是关于不同模式选择后对创新绩效的影响，同时关注企业内外部制度环境，包括制度合法性和制度距离的作用。

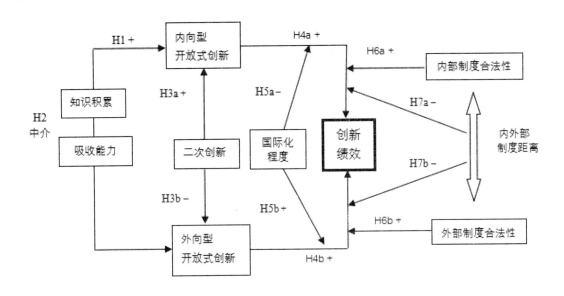

图 6.1-2　概念模型

6.1.3 研究设计

一、数据来源

本书样本来自南宁国家级高新区内的高新企业。前述介绍过南京高新区各项优势，本书关注金融危机期间企业创新行为，另一方面 2011 年后高新区的产业规划发生较大变化，为了保障研究结果的稳定性与科学性，本书选择从 2008年至 2010 年三年的数据，经过处理后最终有效样本包含 684 家企业。

二、变量定义

首先，因变量。①在探讨开放式创新模式选择时，我们选用逻辑回归模型，因变量为模式选择，包括内向型选择（Inbound）、外向型选择（Outbound）。如果企业选择内向型开放式创新模式，变量 Inbound 取值 1，否则为 0；同理，如企业选择外向型，变量 Outbound 取值 1，否则为 0。②第二阶段模式中，我们的因变量为创新绩效，相应采用泊松回归，因变量为"专利申请数（qj55）"。

其次，自变量。自变量包括吸收能力（qi25）、知识积累 A（Intangible）、二次创新（qj58）、国外经费（qj59）与国内经费（qj62）、技术转让（Outbound Degree）、国际化程度（qc11）、制度合法性、制度合法性距离。

　　具体衡量方式如下所述。吸收能力（变量qi25）采用发表科技论文数量作为衡量方式。知识积累采用企业无形资产衡量（Intangible）。二次创新采用技术改造经费支出（qj58）衡量，并取对数。内向型采用两个指标衡量：引进国外技术经费支出、购买国内技术经费支出，分别用变量"国外经费（qj59）""国内经费（qj62）"表示，并做对数变换。外向型指技术资源商业化，我们用技术转让收入占总收入的比例衡量，即变量Outbound Degree；国际化程度（qc11），采用公司每年出口总额并取对数。内外部制度合法性。本书采用因子分析的方法，分别从内部、外部制度合法性中提取两个因子。外部制度合法性由"外部因子1（factor 1_out）""外部因子2（factor 2_out）"两个因子衡量；内部制度合法性由"内部因子1（factor 2_in）""内部因子2（factor 2_in）"衡量。

　　内部制度环境主要考虑规范合法性，包括三个指标；外部制度环境研究强制合法性和模拟合法性两方面，共选择六个指标。因此，总共包括九个具体指标。企业创新的制度环境由外部制度环境和内部制度环境组成（高照军等，2014）[41]。

　　外部制度环境从"强制合法性"和"模拟合法性"两个方面衡量。"强制合法性"强调政府行政力量的影响，"模拟合法性"强调来自周围有影响力的组织的影响压力，如相同行业竞争者的竞争压力等。见图6.1-3所示。

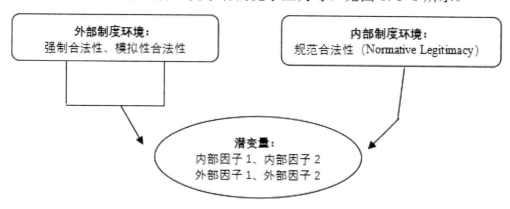

图6.1-3　企业内外部制度合法性

　　内外部制度距离。本书采用欧几里得距离（Euclidean Distance）来衡量内外部制度距离，该方法能用于连续变量和0-1变量（Thomas等，1991）[42]，且该方法一直为先前文献所沿用（李茜等，2010）[43]。

$$distance = \sqrt{\begin{array}{l}(\text{factor}1\_in - \text{factor}1\_out)^2 + (\text{factor}1\_in - \text{factor}2\_out)^2 + \\ (\text{factor}2\_in - \text{factor}1\_out)^2 + (\text{factor}2\_in - \text{factor}2\_out)^2\end{array}}$$　　公式（1）

最后，控制变量。本书控制企业规模（qd01）、企业年龄（age）及年份哑变量。高新技术企业规模用人才数量衡量更为适宜，我们采用年末从业人数作为指标。企业年龄以公司成立年限为衡量，我们同时控制年份哑变量。

三、分析方法

首先，逻辑回归。本书采用逻辑回归检验开放式创新模式选择的相关假设；计数模型泊松回归验证选择既定模式后创新绩效的相关假设。

其次，泊松回归。所谓泊松模型即假定被解释变量服从泊松分布，其是一种计数模型。我们采用横截面数据的泊松回归模型，其常用于被解释变量为非负整数的情形，泊松回归模型的表达式为：

$$y_i \sim Poisson(\mu_i), \mathrm{P}(y_i) = \frac{e^{-\lambda_i}\lambda_i^{y_i}}{y_i!}$$

$$\mu_i = \exp(X_i\beta)$$　　　　　　公式（2）

6.1.4 实证分析

一、描述性分析

本书主要变量的相关系数见表 6.1-1。相关性矩阵显示，研究所选变量之间存在着显著的关系，并且所有变量相关系数基本都小于 0.2，我们同时用方差膨胀因子进行了检验，表明不存在多重共线性问题。以变量"内向型模式选择"为例，与其显著正相关的变量包括"知识积累 A""二次创新（qj58）""国际化程度（qc11）"等，制度因素衡量的几个变量也与内向型选择存在显著的关系。下文展开了详细的统计检验。

二、假设检验结果

我们在两阶段模型的第一阶段中关注"什么决定了开放式创新模式的选择"。假设 1 认为吸收能力较强的企业更倾向于选择内向型模式，表 6.1-2 中逻辑回归结果为相关检验。其中变量"吸收能力（qi25）"在内向型模式为因变量的模型 2 显著为正（0.030；†表示 $p<0.1$），而在外向型模式为因变量的模型 3

中不显著。因此假设 1 得到验证，说明吸收能力较强的企业会偏向于由外及内的内向型创新模式。

表 6.1-1　变量相关性分析

	1	2	3	4	5	6	7	8	9	10	11	12	13	14	15	16	17
1. 知识积累 B (qj55)	1***																
2. 内向型选择 (inbound)	0.1***	1															
3. 外向型选择 (outbound)	0.01	-0.02	1														
4. 吸收能力 (qj25)	0.18***	0.05†	-0.01	1													
5. 知识积累 A (intangible)	0.07**	0.09***	-0.04†	0.09***	1												
6. 二次创新 (qj58)	0.19***	0.18***	-0.06**	0.09***	0.05*	1											
7. 内向型程度_国外 (qj59)	0.06*	0.66***	0	0.01	0.12***	0.15***	1										
8. 内向型程度_国内 (qj62)	0.06**	0.74***	-0.03	0.04	0.05*	0.15***	0.15***	1									
9. 外向型程度 (outbound degree)	0.02	0	0.36***	0.03	0.02	-0.03	0.01	-0.01	1								
10. 国际化程度 (qc11)	0.21***	0.22***	-0.05*	0.1***	0.1***	0.32***	0.24***	0.13***	-0.01	1							
11. 内部因子1 (factor1_in)	0.04†	0.01	0.04†	0.2***	0.2***	-0.08***	-0.01	0.03	0.04†	0	1						
12. 内部因子2 (factor2_in)	0	-0.06**	0.02	-0.17***	-0.04*	-0.04†	-0.02	-0.07**	0.11***	-0.06*	0	1					
13. 外部因子1 (factor1_out)	0.26***	0.08**	-0.01	0.03	0.23***	0.22***	0.07**	0.07**	-0.06**	0.17***	0.07**	-0.1***	1				
14. 外部因子2 (factor2_out)	0.13***	0.1***	0.03	0.1***	0.17***	0.3***	0.1***	0.09**	0.02	0.27***	0.01	0.02	0	1			
15. 合法性距离 (decoupling)	0.14***	0.06**	0	0.21***	0.25***	0.07**	0.04†	0.08***	0.04†	0.15***	0.73***	0.04†	0.21***	-0.02	1		
16. 企业规模 (qd01)	0.06**	0.03	-0.03	0.03	0.27***	0.13***	0.01	0.04†	-0.01	0.19***	0.04†	0	0.15***	0.25***	0.13***	1	
17. 企业年龄 (age)	0.19***	0.01	-0.07†	0.18***	0.16***	0.03	0.01	0	-0.06**	0.15***	0.12***	-0.07**	0.4***	0.01	0.17***	0.11***	1
均值	0.44	0.02	0.08	0.57	0.76	1.70	0.05	0.05	0.00	0.44	0	0	0	0	1.98	156.94	7.90
标准差	1.76	0.13	0.27	3.80	2.40	3.49	0.62	0.54	0.02	1.85	1	1	1	1	2.02	677.51	6.84

注：样本数 N=1798。*** 表示 p<0.001，** 表示 p<0.01，* 表示 p<0.05，† 表示 p<0.10，双尾检验。

假设 2 则认为企业知识积累在内向型选择过程中具有中介作用。我们采用 "知识积累 B（qj55）" 与 "知识积累 A（Intangible）" 作为衡量知识积累的两个指标。表 6.1-2 中模型 2、4、5 提供了相关支撑证据。首先，当模型 4、5 中引入知识积累作为自变量后，吸收能力对内向型选择的吸收有显著为正，变为不显著，并且数值也相应下降，由原来模型 2 中 0.030 变为模型 4 中的 0.021 与模型 5 中的 0.019。我们得出结论，知识积累两个变量都具有完全中介作用[③]。假设 2 得到支持。

　　我们在假设 3 中认为二次创新与开放式创新模式选择具有不同关系：与内向型模式的选择正相关；与外向型模式的选择负相关。表 6.1-2 中模型 6、7 中变量 "二次创新（qj58）" 系数都显著为正（0.285, p<0.0001; 0.273, p<0.0001）。其中模型 7 同时考虑了知识积累与吸收能力的作用。说明二次创新程度越高，企业越倾向于选择内向型模式。同理，模型 8、9 中变量 "二次创新（qj58）" 系数都显著为负（-0.142, p<0.0001; -0.139, p<0.0001）。说明二次创新投入越高，企业越不倾向于选择外向型模型。假设 3 得到支持。

　　针对选择的后果，我们采用泊松回归与生存分析检验相关假设。表 6.1-3 泊松回归是对假设 4、5 的检验结果，因变量为计数（Count）类型的创新绩效。假设 4 认为企业选择内向型后，创新活动与创新绩效正相关（假设 4a）；企业选择外向型后，创新活动与创新绩效正相关（假设 4b）。对于内向型模式，其中模型 1 中变量 "内向型程度 _ 国外（qj59）" 系数显著为正（0.208; p<0.0001），模型 4 中变量 "内向型程度 _ 国内（qj62）" 系数亦显著为正（0.206; p<0.0001）。对于外向型模式，模型 6 中变量 "外向型程度（Outbound Degree）" 系数显著为正（5.958; p<0.0001）。其说明无论是内向型还是外向型，都能够促进企业创新绩效。

表 6.1-2 逻辑回归结果（模式选择假设 1 至假设 3）

	模型 1 内向型	模型 2 内向型	模型 3 外向型	模型 4 内向型	模型 5 内向型	模型 6 内向型	模型 7 内向型	模型 8 外向型	模型 9 外向型
吸收能力 (qi25)		0.030 † (0.018)	0.010 (0.023)	0.021 (0.020)	0.019 (0.023)	0.010 (0.023)	0.011 (0.023)	0.014 (0.022)	0.013 (0.022)
知识积累 A (Intangible)				0.194*** (0.051)			0.168** (0.054)		0.051 (0.049)
知识积累 B (qj55)					0.163** (0.048)	0.098† (0.053)	0.104† (0.054)	0.041 (0.051)	
二次创新 (qj58)						0.285*** (0.046)	0.273*** (0.046)	-0.142*** (0.032)	-0.139*** (0.032)
企业规模 (qd01)	0.000 (0.000)	0.000 (0.000)	-0.002* (0.001)	-0.000 (0.000)	0.000 (0.000)	-0.000 (0.000)	-0.000 (0.000)	-0.001 (0.001)	-0.001 (0.001)
企业年龄 (Age)	0.003 (0.025)	-0.004 (0.026)	-0.054** (0.020)	-0.017 (0.027)	-0.018 (0.027)	-0.019 (0.024)	-0.027 (0.025)	-0.064** (0.021)	-0.064** (0.021)
Constant	-4.368*** (0.405)	-4.333*** (0.405)	-4.300*** (0.466)	-4.716*** (0.446)	-4.261*** (0.404)	-4.968*** (0.459)	-5.507*** (0.557)	-4.239*** (0.466)	-4.288*** (0.468)
Observations	1,978	1,978	1,978	1,978	1,978	1,978	1,978	1,978	1,978
Log Likelihood	-163.0	-162.1	-481.9	-156.3	-158.0	-136.8	-132.5	-469.6	-469.4
Pseudo R2	0.00450	0.00965	0.133	0.0452	0.0351	0.164	0.191	0.155	0.155
		假设 1			假设 2				假设 3

注：*** 表示 $p<0.001$；** 表示 $p<0.01$；* 表示 $p<0.05$；† 表示 $p<0.1$，括号中是标准差。

190

表 6.1-3　泊松回归（假设 4 和假设 5）

DV：qj55	模型 1	模型 2	模型 3	模型 4	模型 5	模型 6	模型 7	模型 8
内向型程度_国外（qj59）	0.208***		0.243***					0.150*
	(0.028)		(0.057)					(0.064)
国际化程度（qc11）		0.150***	0.146***		0.157***		-1.294*	-1.295*
		(0.010)	(0.011)		(0.011)		(0.584)	(0.586)
qj59×qc11			-0.020**					-0.009
			(0.007)					(0.008)
内向型程度_国内（qj62）				0.206***	0.258***			0.237***
				(0.033)	(0.036)			(0.038)
qj62×qc11					-0.039***			-0.036***
					(0.009)			(0.009)
外向型程度（Outbound degree）						5.958***	1.892	2.020
						(1.539)	(2.550)	(2.567)
Outbound degree × qc11							1.442*	1.446*
							(0.583)	(0.585)
企业规模（qd01）	0.000***	0.000	0.000	0.000***	0.000	0.000***	0.000	0.000
	(0.000)	(0.000)	(0.000)	(0.000)	(0.000)	(0.000)	(0.000)	(0.000)
企业年龄（Age）	0.048***	0.039***	0.039***	0.048***	0.038***	0.048***	0.039***	0.039***
	(0.002)	(0.003)	(0.003)	(0.002)	(0.003)	(0.002)	(0.003)	(0.003)
Constant	-2.475***	-2.455***	-2.485***	-2.444***	-2.468***	-2.438***	-3.901***	-3.936***
	(0.113)	(0.113)	(0.114)	(0.112)	(0.113)	(0.112)	(0.591)	(0.594)
Observations	1,978	1,978	1,978	1,978	1,978	1,978	1,978	1,978
Log Likelihood	-2223	-2151	-2144	-2227	-2133	-2235	-2143	-2121
Pseudo R2	0.112	0.141	0.144	0.111	0.148	0.108	0.144	0.153

注：*** 表示 $p < 0.001$；** 表示 $p < 0.01$；* 表示 $p < 0.05$；† 表示 $p < 0.1$，括号中是标准差。

假设 5 讨论了企业国际化程度的调节作用，我们认为企业国际化程度负向调节内向型与创新绩效之间的关系（假设 5a），正向调节外向型与创新绩效之间的关系（假设 5b）。表 6.1-3 模型 3 变量交互项 "qj59×qc11" 系数显著为负（-0.020；$p < 0.01$），表明国际化程度（qc11）对内向型（qj59 衡量）与创新绩效之间的关系具有负向调节作用。国际化程度较高时，内向型与创新绩效

的正向关系变得平坦，见图6.1-4中虚线部分所示。

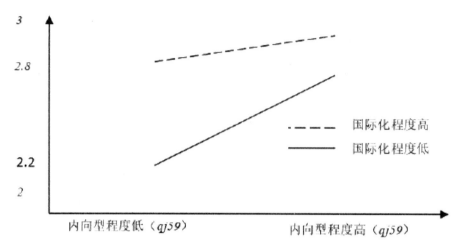

图 6.1-4 国际化对内向型（qj59）负向调节

模型5中交互项"qj62×qc11"系数显著为负（-0.039；$p<0.0001$），说明国际化程度内向型（qj62衡量）与创新绩效之间的关系亦具有负向调节作用。因此，国际化负向调节内向型与创新绩效之间的关系，国际化程度高时，内向型对创新绩效的正向作用变得平坦，见图6.1-5中虚线部分所示。

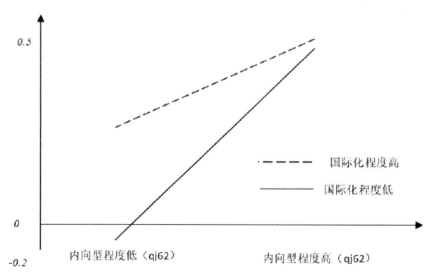

图 6.1-5 国际化对内向型（qj62）负向调节

假设 6 讨论了制度合法性对创新绩效的促进作用。表 6.1-4 中模型 1 至模型 4 分别反映了内外部制度因子正向作用与创新绩效。首先，制度因子的系数都为正值，并且"factor1_in、factor1_out、factor2_out"的系数通过统计性检验（0.062，$p<0.01$；0.761，$p<0.0001$；0.308，$p<0.0001$）。因此，企业追求制度合法性能够提高创新绩效，假设 6 得到泊松回归的支持。

表 6.1-3 中模型 7 变量交互项"outbound degree×qc11"系数显著为正（1.442；$p<0.05$），表明外向型创新与创新绩效的关系受到国际化程度的正向调节，随着国际化程度提高，外向型创新与企业绩效之间正向关系得到加强，见图 6.1-6 中虚线部分所示。

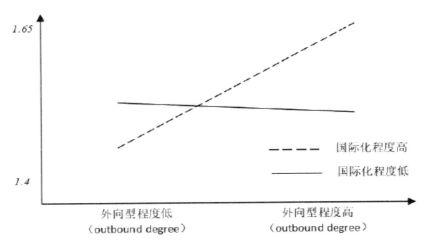

图 6.1-6 国际化对外向型正向调节

假设 7 是关于内外部制度距离的调节作用，我们认为合法性距离负向调节内向型与创新绩效之间的关系（假设 7a）；负向调节外向型与创新绩效之间的关系（H7b）。表 6.1-4 中模型 7、8、10 提供了支持的相关证据。其中模型 7、8 中交互项系数都为负值，其中变量"qj59×Decoupling"统计显著（-0.078，$p<0.0001$），制度距离负向调节内向型与创新绩效的关系。模型 10 中变量"Outbound Degree×Decoupling"系数显著为负（-2.596，$p<0.05$），说明制度合法性距离亦负向调节外向型与创新绩效的关系。假设 7 得到泊松回归的支持。合法性距离对内向型与创新绩效关系的负向调节作用，见图 6.1-7、图 6.1-8 所示。

表 6.1-4 泊松回归（假设 6 和假设 7）

DV: qj55	模型 1	模型 2	模型 3	模型 4	模型 5	模型 6	模型 7	模型 8	模型 9	模型 10
内部因子 1 (factor1_in)	0.062**									
	(0.021)									
内部因子 2 (factor2_in)		0.029								
		(0.032)								
外部因子 1 (factor1_out)			0.761***							
			(0.030)							
外部因子 2 (factor2_out)				0.308***						
				(0.029)						
内向型程度 国外 (qj59)					0.208***		0.439***			
					(0.028)		(0.056)			
内向型程度 国内 (qj62)						0.206***		0.204***		
						(0.033)		(0.060)		
合法性距离 (Decoupling)							0.094***	0.092***		0.094***
							(0.008)	(0.008)		(0.008)
qj59 × Decoupling							-0.078***			
							(0.020)			
qj62 × Decoupling								-0.005		
								(0.012)		
Outbound Degree									5.958***	11.843***
									(1.539)	(3.167)
Outbound degree × decoupling										-2.596*
										(1.321)
企业规模 (qd01)	0.000***	0.000***	0.000	0.000	0.000***	0.000***	0.000***	0.000***	0.000***	0.000***
	(0.000)	(0.000)	(0.000)	(0.000)	(0.000)	(0.000)	(0.000)	(0.000)	(0.000)	(0.000)
企业年龄 (Age)	0.046***	0.047***	0.028***	0.040***	0.048***	0.048***	0.044***	0.044***	0.048***	0.043***
	(0.002)	(0.002)	(0.003)	(0.002)	(0.002)	(0.002)	(0.002)	(0.002)	(0.002)	(0.002)
Constant	-2.425***	-2.429***	-2.795***	-2.365***	-2.475***	-2.444***	-2.659***	-2.614***	-2.438***	-2.612***
	(0.112)	(0.112)	(0.120)	(0.112)	(0.113)	(0.112)	(0.114)	(0.113)	(0.112)	(0.113)
Observations	1,978	1,978	1,978	1,978	1,978	1,978	1,978	1,978	1,978	1,978
Log Likelihood	-2237	-2240	-1945	-2189	-2223	-2227	-2170	-2183	-2235	-2187
Pseudo R2	0.107	0.105	0.223	0.126	0.112	0.111	0.133	0.128	0.108	0.127

注：*** 表示 $p<0.001$；** 表示 $p<0.01$；* 表示 $p<0.05$；† 表示 $p<0.1$。括号中是标准差。

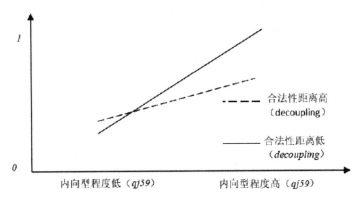

图 6.1-7 合法性距离负向调节（内向型 qj59）

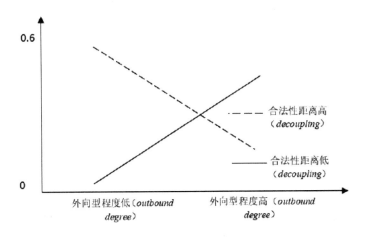

图 6.1-8 合法性距离负向调节（外向型 outbound degree）

所有假设结果见表 6.1-5 中内容。表中可见，我们的假设都得到了统计结果的验证。

表 6.1-5 假设验证情况

第一阶段：什么决定了选择？假设 1 至假设 3			
假设序号	假设内容	预测	验证情况
假设 1	吸收能力与开放式创新模式选择	与内向型应该正向并显著； 与外向型应该不显著	支持
假设 2	企业知识积累在内向型的选择中，具有中介作用	完全中介	系数由显著变为不显著，绝对值变小。支持
假设 3	H3a：二次创新与内向型选择正相关 H3b：二次创新与外向型选择负相关	正向； 负向	支持

第二阶段：选择的结果？假设 4 至假设 7			
假设序号	假设内容	预测	验证情况
假设 4	H4a：内向型与创新绩效正相关 H4b：外向型与创新绩效正相关	正向； 正向	支持
假设 5	H5a：国际化程度负向调节内向型与创新绩效之间的关系 H5b：国际化程度正向调节外向型与创新绩效之间的关系	负向调节； 正向调节	支持
假设 6	H6a：内部制度合法性促进创新绩效 H6b：外部制度合法性促进创新绩效	正向	支持
假设 7	H7a：合法性距离负向调节内向型与创新绩效之间的关系 H7b：合法性距离负向调节外向型与创新绩效之间的关系	负向调节； 负向调节	支持

6.1.5 结论

一、主要结论与启示

本书以开放式创新为视角，探讨了影响具体创新模式选择的因素与作用机制，并阐述了对创新绩效的影响过程。遵循从企业内部到外部的逻辑思路，本书较为完整地论述了从内部吸收能力到外部国际化等诸多因素与开放式创新模式及其绩效的关系，得出的研究结论具有理论意义与实践启示。

首先，在以往文献基础上本书发现吸收能力较强的企业更倾向于选择内向型，同时知识积累在这个选择过程中发挥着中介作用。以往研究表明吸收能力与开放式创新是密切相关的，但大多数忽略了其与具体模式选择之间的关系（Zobel，2017；林春培等，2017；Xia 等，2016）[44-46]。本书表明，较具有知识与经验的企业更倾向于发挥自身优势，吸收转化外部资源，选择内向型模式。现实启示在于我国企业长期采用"引进—消化—再创新"的二次创新，因此培养吸收能力，增强知识积累至关重要。同时，这一结论也提供了企业适时适度国际化的重要启示。我们认为当面对国际化竞争时，应该采取权变的创新方式，选择不同阶段最为适宜的模式。国际化初期，内向型模式有利于创新绩效，而国际化后期外向型不失为组织学习的重要形式，同样有助于创新绩效的提高。

其次，国际化对内向型与外向型与创新绩效的关系具有不同调节机制。本书作者认为，这反映了外向型与内向型学习之间的冲突。这种冲突与矛盾为国际化企业做出了理论探索，研究结论是对新兴经济背景的国际化研究的有益补充，具有现实意义。吕迪伟等提出开放式创新具有特定模式，不同模式研究对于开放式创新理论构建作用各异（吕迪伟等，2017）[47]。高照军认为对于国际化企业而言，这种作用机制更为复杂（高照军，2016）[48]。本书发现，国际化程度正向调节外向型与创新绩效，负向调节内向型与创新绩效的关系。此研究发现表明，其一，企业可以在国际化过程中增强自身技术商业化过程，两者是相互促进的；其二，内向型企业在消化吸收先进技术，从事二次创新时，应该选择适宜时机开展国际化。现实意义在于为如何提高我国企业国际竞争力，合理选择开放式创新方式，促进创新驱动战略实施。

最后，本书阐述了内外部制度合法性和制度合法性距离对创新绩效的影响。研究表明，制度合法性距离具有负向调节机制，其负向调节创新模式与创新绩效之间的关系。制度合法性是影响企业绩效的重要因素（李宏贵等，2017）[49]，学者多关注不同国家制度距离对国际化企业的影响，对制度合法性的探讨尚处于起步阶段，相关研究较少（Liou 等，2016）[50]。学术界常见从区域空间视角对制度环境影响创新效率的讨论（毛良虎等，2016）[51]。本书研究发现合法性距离对国外引进技术的影响更为明显，而对于引进本土技术的影响甚微，此研究结论是制度研究在新兴市场企业领域的理论延伸，丰富了制度逻辑与企业管理的理论框架。

二、研究不足与未来研究方向

本书存在着局限。研究样本只包含高新技术企业，这从一定程度上限制了研究结论的普适性。同时，研究视角相对静态，缺乏动态因素。创新模式的选择应该是企业根据外部环境进行权变的结果。未来研究应探讨创新模式选择的动态变化，探讨影响因素与内部机理。关于选择既定开放式创新模式后的结果，也应该考虑较为宏观因素，如产业集聚、区域吸收能力等。研究者认为内向型企业在消化吸收先进技术、二次创新过程中应在适宜时机进行国际化。本书作者希望在以后研究中探讨上述问题，并弥补以往研究中的不足。

6.2 双元网络与产业融合

6.2.1 理论基础与研究假设

转型升级嵌入全球价值链是当前中国企业亟待解决的重要问题。传统国际分工模式以最终产品为界限,产品通过国际市场交换实现价值(戴翔等,2017)[1]。然而,全球化背景下跨境流动的产品不再局限于最终产品,产业升级关键在于产业链升级(Bracker等,1986)[2]。国外研究将产业链也称为供应链,近年来国内学者注重供应链在创新与企业成长中的作用,例如知识供应链效率对区域创新的影响(周文泳等,2017)[3]。产品链、知识链与价值链协同发展共同推动着集群式产业链升级并重构全球价值链(严北战,2011)[4]。因此,从企业成长与创新视角探讨产业链升级具有理论意义,对中国企业的转型升级具有实践启示。

企业成长与创新在产业链升级过程中相互交织。企业成长理论认为企业成长是一个规模扩展、知识积累与制度建设的互动过程,产业演化与转轨经济等都是与企业成长的组成部分(邬爱其等,2002)[5]。中国企业面临着摆脱跨国公司对其在全球价值链中"低端锁定"的问题,增强创新能力提供了解题方法。资源、技术与协调都是产业链发展的重要驱动要素。通过创新投入可以提高企业在产业链中的价值位阶,但企业成长的不同阶段表现出的创新活动与产业链行为大有不同,新创企业为了生存更热衷于提高创新能力并整合资源(蔡莉等,2009)[6]。这些企业的死亡风险不是出现在企业生命周期刚开始的最初阶段,因为它们拥有初始资源禀赋足以支撑其生存一段时间,这段时间称为"青春期"(Brüderl等,1991)[7]。产业链升级问题将对新创期与青春期企业的讨论拓展到空间维度。正是由于空间知识溢出与企业创新,产业链升级具有了不同的动力来源(伍骏骞等,2016)[8]。尽管"青春期"假设准确地描述了新企业生存或者死亡的现象(Fichman等,1991)[9],但是企业在新创期、青春期的创新活动及其对产业链升级的影响一直没有得到关注,成为学术空白。

以上文献看出,阐述企业成长中的创新活动影响产业链升级的过程具有重要的理论意义与应用价值。对现有文献也表明企业成长与产业链升级在动态演

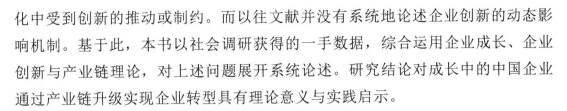

化中受到创新的推动或制约。而以往文献并没有系统地论述企业创新的动态影响机制。基于此，本书以社会调研获得的一手数据，综合运用企业成长、企业创新与产业链理论，对上述问题展开系统论述。研究结论对成长中的中国企业通过产业链升级实现企业转型具有理论意义与实践启示。

一、企业创新投入与产业链升级

中国企业在产业链升级过程中面临着跨国公司的低端锁定，它们需要"脱嵌"低端产业链，"入嵌"价值位阶较高的产业链。产业升级过程往往体现于入嵌产业链并不断构建产业链的过程。创新活动在企业成长过程中的产业链构建发挥着不可替代的作用，包括技术创新与制度创新，以及与企业特定经营活动相关的创新活动，例如商业模式创新。研究表明新兴商业模式推动着"大数据"产业链形成，引发着行业跨界与融合（李文莲等，2013）[10]。创新活动甚至影响到经济区域中的不同经济群落。企业创新活动的影响具有跨区域、网络化的倾向。网络产业链中平台领导者通过一系列策略协调产业链各参与主体的创新行为，实现价值创新的协同（姚凯等，2009）[11]。可见，创新活动在企业成长过程中从不同层面影响着产业链升级。本书作者认为企业创新投入与产业链入嵌程度的关系，取决于创新投入带来的结果。如果创新投入不能提高创新绩效或带来其他积极效果，过多创新投入可能因提高企业成本而不利于嵌入产业链。综上所述，企业创新投入并不必然带来企业产业链的顺利入嵌，其取决于创新投入是否有效利用并转化为企业绩效。基此，有如下竞争性假设：

假设 1a：企业创新投入与企业入嵌产业链程度之间存在正向关系。

假设 1b：企业创新投入与企业入嵌产业链程度之间存在负向关系。

二、企业吸收能力与产业链升级

企业吸收能力不仅对于企业自身而且对于产业集聚与区域创新，都具有不可忽视的影响作用。在区域经济发展过程中，基于企业集群的异质企业成长决定着区域创新及区域兴衰（鲁诚至等，2017）[12]。后发企业技术追赶与技术创新有助于产业链升级，这个过程中企业的消化吸收能力起着关键作用。企业的消化吸收能力促使企业更有效地获得外部技术资源，在企业网络中还具有传递技术资源的作用（Srivastava 等，2015）[13]。传递过程使得吸收能力在企业、产业链等不同层次与空间内发挥着作用（Martinkenaite 等，2016）[14]。吸收能力会强化产业链内企业的合作，例如技术联盟企业的吸收能力便加强了联盟各方的研发合作（龙勇等，2011）[15]。本书作者认为企业消化吸收能力在提高企业创新能力过程中塑造了企业的市场竞争力，从而有助于通过入嵌新的行业，实现企业的产业链升级。综上，有如下假设：

假设 2：企业的吸收能力越强越有利于企业入嵌产业链。

三、新创企业的产业链升级

新创企业通常指创业企业的初级阶段。新创企业正处在企业能否生存的关键时期，在产业链中尚未形成较强的竞争力，它们通过各种途径寻求资源与机会。例如，嵌入产业网络等。经济活动都同时具有产业与地域两个空间归属，产业链是基于一定的技术经济关联并依据特定的逻辑关系与时空布局关系形成的组织形态，为嵌入的企业创造着分工协作收益。然而，新创企业由于经验缺乏，与其他企业的合作关系网络尚未成熟等原因，嵌入产业链会遇到较多的挑战与困难。基此，有假设 3a。

新创企业在成长过程中通过组织学习等不断提高创新能力。创新能力是产业链持续发展的关键。围绕创新链与产业链，区域产业链也在不断整合发展（朱瑞博，2011）[16]。这个过程中基于产业链等网络状组织的开放式创新尤为重要（高照军等，2018）[17]。创新投入对新创企业而言，意味着更高的经营成本，这给资源有限的新创企业带来更大的挑战。本书作者认为创新投入对入嵌产业链的影响不能一概而论，其取决于这些投入获得的效果，例如，能否有效地转换为企业绩效或者企业能力等。因此，新创企业的属性会强化创新投入与入嵌产业链的关系。也就是说，如果企业创新投入与入嵌产业链程度之间存在正相关，则新创企业正向调节两者的关系；如果创新投入与入嵌产业链程度之间负相关，则新创企业呈现负向调节机制。基此，有假设 3b。

企业创新能力很大程度上由消化吸收能力所决定。吸收能力强的企业更能够将创新投入转化为创新绩效，塑造企业能力。企业消化吸收能力在超本地业务网络与集群企业升级之间发挥着完全中介作用（戴维奇等，2013）[18]。集群式产业链组织形式下，企业通过与技术轨道耦合成长，提升了自主创新能力。

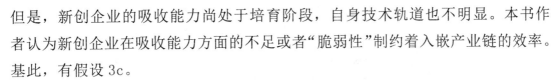
但是，新创企业的吸收能力尚处于培育阶段，自身技术轨道也不明显。本书作者认为新创企业在吸收能力方面的不足或者"脆弱性"制约着入嵌产业链的效率。基此，有假设 3c。

综上所述，我们提出如下假设：

假设 3a：处于新创期的企业更难嵌入产业链。

假设 3b：新创企业的属性对创新投入与入嵌产业链之间的关系具有强化机制：当创新投入与入嵌存在正相关，则新创企业正向调节两者关系；当创新投入与入嵌之间负相关，则新创企业负向调节两者关系。

假设 3c：新创企业负向调节企业吸收能力与嵌入程度的关系。

四、青春期企业的产业链升级

以 Penrose 为代表的企业成长理论对于回答"为什么新企业具有高死亡率"等问题存在难度，种群生态学视角下的研究者对新企业的生存和死亡原因及其机制提出了一系列概念，例如：新进入缺陷、青春期、青春期脆弱性等（Penrose，2009）[19]。新企业都会拥有支撑其生存一段时间的初始资源禀赋，使得新企业最大的死亡风险不会出现企业生命周期刚开始的最初阶段，这段时间称为"青春期"。其描述了新企业生存或者死亡的现象，很多社会关系具有青春期脆弱性。

企业的青春期是生命周期理论提出的十个阶段之一。企业生命阶段与产业链发展是紧密联系的。首先，青春期企业，企业市场快速扩张，规模迅速扩大，企业表现得活力十足。这些雄心勃勃的企业更热衷于开拓合作关系，嵌入产业链。其次，青春期企业处于高速成长阶段，创新活动活跃，创新投入转为企业能力的过程更为有效。从而，青春期扩大了创新投入对产业链入嵌的促进作用。最后，经过初创期的磨炼，青春期的企业的消化吸收能力得到提高，促进了产业链的入嵌。

综上所述，我们提出如下假设：

假设 4a：青春期企业入嵌程度更深。

假设 4b：青春期正向调整创新投入与嵌入程度的关系。

假设 4c：青春期正向调整吸收能力与嵌入程度的关系。

见图6.2-1为理论模型,研究者以企业成长、企业创新与产业链理论为基础,阐述了相关因素在企业成长的新创期、青春期对产业链入嵌的影响机理。

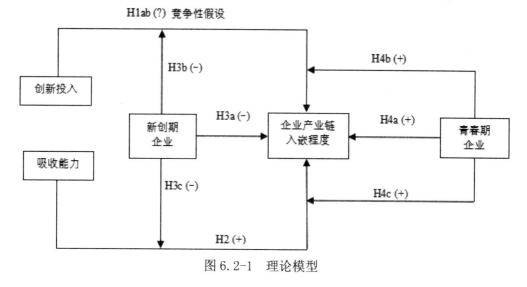

图6.2-1　理论模型

6.2.2 研究设计

一、样本来源与研究方法

本书选取国务院发展研究中心在全国范围的调研数据。调研对象包括大型、中型与小微企业,涉及上市与非上市公司。控股情况包括国有、集体、私人、港澳台控股与外商控股。调研时间跨度为期五年,针对随机选取的企业分别在2007年、2009年、2011年对1400多家企业展开访谈。在调研时间跨度内调研对象始终保持一致,以确保样本稳定性。因变量"入嵌程度(p6q42s)"为定序变量,作者采用排序选择模型(Oprobit)。该模型通过指数变量的不同区间界定观测变量的排序等级,误差项服从标准正态分布。

二、变量定义

首先,因变量。企业在产业链中的脱嵌行为是本书关注的重点,我们定义了定序变量"入嵌程度"(p6q42s),企业在经营中脱离原产业链,进入新的行业,有如下几种情况。调研问卷中调研者问询"2007年以来贵公司产业结构调整情况",分别设置五个选项供企业选择:A. 在本行业内向上下游产业延伸

（P6Q42S1）；B. 主业不变，进入新的行业（P6Q42S2）；C. 主业转向新行业，但保留原行业（P6Q42S3）；D. 退出原行业，完全进入新行业。具体情况如表6.2-1所示。根据企业进入新行业时与原行业的关系，确定入嵌产业链的程度：取值1为"初步嵌入"；2为"中度嵌入"；3为"完全嵌入"。

表 6.2-1　企业产业结构调整

变量名	2007 年以来贵公司产业结构调整情况（P6Q42）	二分变量"脱嵌原产业链"	入嵌程度
P6Q42S1	A. 在本行业内向上下游产业延伸	0	
P6Q42S2	B. 主业不变，进入新的行业	1	1 "初步嵌入"
P6Q42S3	C. 主业转向新行业，但保留原行业	1	2 "中度嵌入"
P6Q42S4	D. 退出原行业，完全进入新行业	1	3 "完全嵌入"
P6Q42S5	E. 在本行业中向上游产业延伸	0	

其次，自变量。自变量包括：①创新投入（p4q28b）采用企业在每个调研年度年研发费用占销售收入的百分比衡量；②吸收能力（p4q34a）采用企业每个调研年度拥有的专利数量；③青春期（Adolescence）与④新创期（Startups）。新创企业划分标准不一，根据企业年龄有6、8、10、12年。《全球创业观察2002年中国报告》对新创企业的界定为成立时间在42个月内的企业（葛宝山等，2009）[20]。国外也有学者将新创企业界定为成立时间在8年内的企业（Zahra，1993）[21]。本书作者定义企业年龄大于12年、小于19年的企业为处于青春期的企业，青春期之前的企业为新创企业；⑤研发机构（p4q28）为哑变量，在问卷题项中设置问题："贵公司是否设有专门的研发机构？"如果回答"有"，取值为1，否则为0。

最后，控制变量。控制变量包括：①资产总额（p8q52sTA），采用企业在调研年末的资产总额取对数；②国有企业（p1q2）为哑变量，取值1表示国有企业，0为非国有企业；③员工总数（p8q52sEMP）为员工总数，并除以1000以保持分析结果的稳健性。④产能利用率（p3q22），有时也叫设备利用率，是工业总产出对生产设备的比率，即实际生产能力有多少在运转发挥生产作用；⑤国际化程度（p6q38b）采用企业出口市场的主要国家与地区数量（个）衡量；⑥国内市场广度（p6q38c）用企业国内市场的省市数量衡量。

6.2.3 实证分析

一、描述性统计与相关关系分析

研究者在表 6.2-2 中汇报了变量的相关性。首先，主要变量之间的相关系数大都在 0.02 左右，初步表明它们之间不存在多重共线性的问题。其次，主要自变量吸收能力、青春期、研发机构等与因变量呈现显著的关系，预示着本书作者提出的假设具有一定的合理性。

表 6.2-2　变量的描述性统计

	1	2	3	4	5	6	7	8	9	10	11	12
1. 入嵌程度 (p6q42s)	1											
2. 创新投入 (p4q28b)	-0.024	1										
3. 吸收能力 (p4q34a)	0.05**	-0.017	1									
4. 青春期 (Dolescence)	0.033*	-0.001	0.06***	1								
5. 新创期 (Startups)	-0.021	0.06***	-0.038	-0.212***	1							
6. 研发机构 (p4q28)	0.041**	0.054***	0.039*	0.024	-0.046**	1						
7. 资产总额 (p8q52sTA)	0.019	-0.136***	0.154***	0.06***	-0.115***	-0.048**	1					
8. 国有企业 (p1q2)	-0.021	-0.012	0.068***	0.003	-0.077***	-0.101***	0.215***	1				
9. 员工总数 (p8q52siMP)	0.029†	-0.024	0.027†	-0.014	-0.014	0.007	0.048***	0.058***	1			
10. 产能利用率 (p3q22)	-0.055***	-0.016	0.008	-0.009	-0.034*	0.026†	0.171***	0.079***	-0.013	1		
11. 国际化程度 (p6q38b)	0.015	-0.042**	0.18***	0.013	0.008	0.058***	0.087***	0.018	-0.005	0.065***	1	
12. 国内市场广度 (p6q38c)	-0.023	0.059**	0.103***	0.038*	-0.074***	0.128***	0.1***	-0.018	0.036*	0.031*	0.177***	1
Mean	0.081	4.9	0.378	0.306	0.092	0.922	13.665	0.197	2.518	88.925	11.717	19.92
Std. Dev.	0.356	4.469	0.846	0.461	0.29	0.268	1.824	0.398	26.04	17.595	16.348	9.711
Min	0	0	0	0	0	0	0.798	0	1	0	0	0
Max	3	54	9.99	1	1	1	21.749	1	1381	99.87	300	216

注：*** 表示 $p<0.001$；** 表示 $p<0.01$；* 表示 $p<0.05$；† 表示 $p<0.1$。

二、定序回归分析

本书的假设检验结果汇报在表 6.2-3、表 6.2-4 中。

表 6.2-3　定序回归结果（OPROBIT H1-H3）

DV: 入嵌程度 (p6q42s)	模型 1	模型 2	模型 3	模型 4	模型 5	模型 6	模型 7
创新投入 (p4q28b)		-0.031			-0.014		-0.013
		(0.020)			(0.020)		(0.020)
吸收能力 (p4q34a)			-0.120			-0.056	-0.064
			(0.173)			(0.137)	(0.140)
新创期 (Startups)				-0.258*	0.292	-0.003	0.515
				(0.138)	(0.332)	(0.186)	(0.334)
p4q28b×Startups					-0.121*		-0.113*
					(0.071)		(0.066)
p4q34a×Startups						-1.249*	-1.239*
						(0.664)	(0.669)
研发机构 (p4q28)	0.938**	0.963**	0.950**	0.947**	0.967**	0.921**	0.950**
	(0.400)	(0.406)	(0.403)	(0.410)	(0.416)	(0.416)	(0.422)
资产总额 (p8q52sTA)	0.006	-0.001	0.008	0.000	-0.006	0.008	0.001
	(0.039)	(0.039)	(0.039)	(0.040)	(0.041)	(0.041)	(0.042)
国有企业 (p1q2)	0.327	0.341*	0.342*	0.332	0.363*	0.313	0.347*
	(0.205)	(0.207)	(0.207)	(0.206)	(0.208)	(0.209)	(0.210)
员工总数 (p8q52sEMP)	0.028	0.029	0.030	0.031	0.031	0.038	0.038
	(0.056)	(0.055)	(0.055)	(0.055)	(0.055)	(0.054)	(0.054)
产能利用率 (p3q22)	-0.000	-0.001	-0.000	-0.001	-0.001	0.000	-0.000
	(0.003)	(0.003)	(0.003)	(0.003)	(0.004)	(0.004)	(0.004)
国际化程度 (p6q38b)	-0.000	-0.000	-0.000	-0.001	-0.001	0.000	0.000
	(0.004)	(0.004)	(0.004)	(0.004)	(0.005)	(0.004)	(0.004)
国内市场广度 (p6q38c)	-0.018***	-0.017**	-0.018***	-0.019***	-0.019***	-0.017**	-0.017**
	(0.007)	(0.007)	(0.007)	(0.007)	(0.007)	(0.007)	(0.007)
Industry Dummy	Included	Included	Included	Included	IIncluded	Included	Included
Year Dummy	Included	Included	Included	Included	Included	Included	Included
Constant cut1	6.595	6.388	6.637	6.391	6.424	6.613	6.582
	(186.423)	(163.278)	(186.155)	(163.059)	(203.427)	(181.534)	(198.536)
Constant cut2	7.153	6.948	7.196	6.952	6.990	7.181	7.154
	(186.423)	(163.278)	(186.155)	(163.059)	(203.427)	(181.534)	(198.536)
Constant cut3	7.865	7.664	7.909	7.671	7.713	7.907	7.884
	(186.423)	(163.278)	(186.155)	(163.059)	(203.427)	(181.534)	(198.536)
Observations	1,227	1,227	1,227	1,227	1,227	1,227	1,227
Log Likelihood	-308.5	-307.1	-308.1	-306.7	-303.6	-304.3	-301.2
Pseudo R2	0.0846	0.0887	0.0855	0.0900	0.0990	0.0970	0.106
		假设 1	假设 2	假设 3a	假设 3b	假设 3c	

注：*** 表示 p<0.01，** 表示 p<0.05，* 表示 p<0.1。

表 6.2-4　定序回归结果（OPROBIT H1-H4）

DV: 入嵌程度 (p6q42s)	模型1	模型2	模型3	模型4	模型5	模型6	模型7	模型8	模型9	模型10
创新投入 (p4q28b)		-0.023**			-0.019*		-0.019**			-0.012
		(0.009)			(0.011)		(0.009)			(0.011)
吸收能力 (p4q34a)			0.057*			-0.015			0.057*	-0.010
			(0.030)			(0.054)			(0.030)	(0.053)
青春期 (Adolescence)				0.125*	0.187*	0.065				0.138
				(0.065)	(0.107)	(0.072)				(0.112)
Adolescence× p4q28b					-0.013					-0.019
					(0.019)					(0.019)
Adolescence× p4q34a						0.113*				0.101
						(0.065)				(0.064)
新创期 (Startups)							-0.201*	0.310	0.088	0.603**
							(0.118)	(0.300)	(0.163)	(0.297)
p4q28b× Startups								-0.109*		-0.105*
								(0.064)		(0.058)
p4q34a× Startups									-1.342**	-1.309**
									(0.614)	(0.629)
研发机构 (p4q28)	0.353**	0.372**	0.343**	0.346**	0.365**	0.342**	0.348**	0.364**	0.321**	0.339**
	(0.160)	(0.161)	(0.159)	(0.160)	(0.161)	(0.160)	(0.160)	(0.162)	(0.161)	(0.163)
资产总额 (p8q52sTA)	0.040**	0.033*	0.036*	0.037*	0.031	0.035*	0.037*	0.031	0.036*	0.030
	(0.019)	(0.019)	(0.019)	(0.019)	(0.019)	(0.019)	(0.019)	(0.019)	(0.019)	(0.020)
国有企业 (p1q2)	-0.083	-0.082	-0.089	-0.080	-0.080	-0.067	-0.090	-0.087	-0.102	-0.080
	(0.084)	(0.085)	(0.084)	(0.084)	(0.085)	(0.085)	(0.084)	(0.085)	(0.085)	(0.085)
员工总数 (p8q52sEMP)	0.001*	0.001*	0.001*	0.001*	0.001*	0.001*	0.001*	0.001*	0.001*	0.001*
	(0.001)	(0.001)	(0.001)	(0.001)	(0.001)	(0.001)	(0.001)	(0.001)	(0.001)	(0.001)
产能利用率 (p3q22)	-0.006***	-0.006***	-0.006***	-0.006***	-0.006***	-0.005***	-0.006***	-0.006***	-0.006***	-0.006***
	(0.002)	(0.002)	(0.002)	(0.002)	(0.002)	(0.002)	(0.002)	(0.002)	(0.002)	(0.002)
国际化程度 (p6q38b)	0.002	0.002	0.002	0.002	0.002	0.002	0.003	0.003	0.002	0.002
	(0.002)	(0.002)	(0.002)	(0.002)	(0.002)	(0.002)	(0.002)	(0.002)	(0.002)	(0.002)
国内市场广度 (p6q38c)	-0.011***	-0.011***	-0.012***	-0.011***	-0.011***	-0.012***	-0.012***	-0.011***	-0.012***	-0.011***
	(0.004)	(0.004)	(0.004)	(0.004)	(0.004)	(0.004)	(0.004)	(0.004)	(0.004)	(0.004)
Industry	Included	Included	Included	Included	Included	Included	Included	Included	Included	Included
Year Dummy	Included	Included	Included	Included	Included	Included	Included	Included	Included	Included
Constant cut1	2.192***	2.066***	2.133***	2.203***	2.100***	2.156***	2.116***	2.010***	2.087***	2.039***
	(0.348)	(0.353)	(0.349)	(0.350)	(0.357)	(0.351)	(0.352)	(0.358)	(0.354)	(0.363)
Constant cut2	2.759***	2.635***	2.701***	2.771***	2.670***	2.726***	2.683***	2.580***	2.657***	2.615***
	(0.351)	(0.355)	(0.351)	(0.352)	(0.359)	(0.353)	(0.354)	(0.360)	(0.356)	(0.365)
Constant cut3	3.325***	3.203***	3.270***	3.339***	3.241***	3.300***	3.251***	3.150***	3.229***	3.193***
	(0.357)	(0.362)	(0.358)	(0.359)	(0.365)	(0.360)	(0.361)	(0.366)	(0.363)	(0.371)
Observations	4,482	4,482	4,482	4,482	4,482	4,482	4,482	4,482	4,482	4,482
Log Likelihood	-1165	-1162	-1164	-1163	-1159	-1160	-1164	-1158	-1159	-1151
Pseudo R2	0.0431	0.0461	0.0444	0.0446	0.0478	0.0470	0.0444	0.0489	0.0479	0.0548
		假设1		假设2			假设3a	假设3b	假设3c	

注：*** 表示 $p<0.01$，** 表示 $p<0.05$，* 表示 $p<0.1$。

首先，关于企业创新投入与企业入嵌产业链之间的关系，作者提出两个竞争性假设：表 6.2-3 中模型 2、表 6.2-4 中模型 2 为检验结果。其中，表 6.2-2 模型 2 变量"创新投入（p4q28b）"为负值但不显著；表 6.2-4 中模型 2 变量"创新投入（p4q28b）"系数显著负值（-0.023；$p<0.05$）。因此，假设 1b 得到支持，即创新投入与入嵌产业链程度呈现负向关系，但是这种负向关系在企业的新创期并不显著。本书在后文将进行讨论。

其次，作者认为吸收能力越强越有利于企业入嵌产业链。表 6.2-3 中模型 3、表 6.2-4 中模型 3 为检验结果。其中表 6.2-3 中模型 3 变量"吸收能力（p4q34a）"系数为负值但不显著；表 6.2-4 中模型 3 变量"吸收能力（p4q34a）"系数显著为正值（0.057；$p<0.1$）。因此，企业吸收能力越强越有利于其对产业链的嵌入。但这种促进作用在企业初创期并不显著。

再次，本书假设 3 是针对新创企业的讨论。我们提出处于新创期的企业更难嵌入产业链，表 6.2-3 中模型 4、表 6.2-4 中模型 7 为检验结果。其中，表 6.2-3 中模型 4 变量"新创期（Startups）"系数显著为负值（-0.258；$p<0.1$）；表 6.2-4 中模型 7 变量"新创期（Startups）"也显著为负（-0.201；$p<0.1$）。因此，假设 3a 得到支持，新创期企业更不容易入嵌产业链。进一步，我们认为新创企业负向调节创新投入与嵌入程度之间的关系。表 6.2-3 模型 5 与表 6.2-4 模型 8 中交互项"p4q28b×Startups"为相关统计检验统计量，其中表 6.2-3 模型 5 中其呈现显著的负值（-0.121；$p<0.1$）；表 6.2-4 模型 8 中同样呈现显著负值（-0.109；$p<0.1$）。因此，假设 3b 得到支持，新创企业属性负向调节创新投入与嵌入程度的负向关系，即强化了两者的负向关系。最后，本书作者提出新创企业负向调节企业吸收能力与嵌入程度的关系。表 6.2-3 中模型 6、表 6.2-4 模型 9 交互项"p4q34a×Startups"为相关检验统计量，其在表 6.2-3 模型 6、表 6.2-4 模型 9 中都呈现显著的负值（-1.249，$p<0.1$；-1.342，$p<0.05$）。因此，新创企业属性具有负向调节机制，即弱化了企业吸收能力与嵌入程度之间的正向关系，假设 3c 得到支持。

最后，本书作者探讨了企业在青春期入嵌产业链的情况。表 6.2-4 中模型 4 至模型 6 为检验结果。本书研究者提出青春期企业入嵌程度更深，从表 6.2-4

模型 4 中变量"青春期（Adolescence）"系数显著为正值（0.125；$p<0.1$）可以得出结论：处于青春期的企业入嵌产业链的程度更深，因此假设 4a 得到支持。进一步，本书作者认为青春期正向调整创新投入与嵌入程度的关系。表 6.2-4 中模型 5 是相关的统计检验，交互项"Adolescence×p4q28b"系数为负值但不显著。因此，假设 4b 没有得到统计支持。在此基础上，我们认为青春期正向调整吸收能力与嵌入程度的关系，表 6.2-4 模型 6 为统计检验，交互项"Adolescence×p4q34a"显著为正值（0.113；$p<0.1$），表明青春期强化了吸收能力与嵌入程度之间的正向关系。所以，假设 4c 得到支持。

三、稳健性分析

本书采取了几种方法检验本书结论的稳健性。首先，本书中的定序模型在采用 Oprobit 以外，运用 OLogit 模型进行综合分析。其次，在采用横截面数据分析方法的同时，也分年度对 2007、2009、2011 年度数据分别运用上述两种定序回归模型进行了检验，结果没有发生显著改变。最后，运用面板数据的分析方法获得的研究结论也没有发生显著变化。可见，本书结论具有较强的稳健性。

6.2.4 研究结论及启示

一、主要结论

在企业成长中，创新活动如何影响着不同阶段企业的产业链升级？研究基于企业成长与产业链理论讨论了新创期、成长期企业的创新投入、吸收能力影响入嵌产业链的机理。研究共提出 4 条假设，运用定序回归模型结合调研获得中国企业的一手数据进行实证检验，研究结果表明：第一，创新投入是企业入嵌产业链的重要影响因素，但在企业成长不同阶段的影响机制存在显著差异。整体而言，企业创新投入与入嵌程度负相关。第二，企业吸收能力有利于企业入嵌产业链。第三，创新活动在企业成长的代表性阶段（新创期、青春期），对产业链升级的影响机制有所不同。

二、理论贡献与实践启示

本书具有一定的理论贡献。首先，本书拓展了国内外相关研究的理论边界，对企业成长与产业链理论的发展做出了贡献。其次，对新创期、青春期企业的

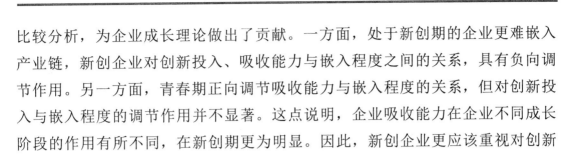

比较分析，为企业成长理论做出了贡献。一方面，处于新创期的企业更难嵌入产业链，新创企业对创新投入、吸收能力与嵌入程度之间的关系，具有负向调节作用。另一方面，青春期正向调节吸收能力与嵌入程度的关系，但对创新投入与嵌入程度的调节作用并不显著。这点说明，企业吸收能力在企业不同成长阶段的作用有所不同，在新创期更为明显。因此，新创企业更应该重视对创新的投入。

上述研究结论具有现实启示。尽管企业创新是产业链升级的重要推动力量，但是企业不应盲目增加创新投入，而应侧重于塑造吸收能力。盲目的创新投入不仅不利于转型升级，而且会加重企业在产业链中的"低端锁定"。企业应该在成长的具体阶段，适时、适度地结合吸收能力对创新投入进行动态调整。

三、研究不足及未来方向

尽管如此，本书具有局限性。首先，样本来自于社会调研的一手数据，难免具有主观性，一定程度上降低了结论的普适性。其次，本书作者在新创期的概念基础上，探讨了"青春期"企业创新特点及对产业链升级行为的作用，但对青春期相关因素的量化还不够深入。例如，构建代表性量化指标，衡量企业青春期阶段的行为特点等。当然，这超出了本书的研究范围，但为未来的研究创造了空间。我们希望在后续研究中能够弥补以上不足。

6.3　产业融合推动江苏制造业高质量发展的路径与机制

6.3.1　理论基础

党的十九大指出，"我国经济已由高速增长阶段转向高质量发展阶段"。江苏是制造业大省，涵盖所有 31 个制造业行业大类，探讨江苏省制造业高质量是十分必要的。从国际形势看，发达国家工业化历史表明制造业发展是建设工业强国的基础。中国制造业受到世界经济竞争形势的"双重挤压"效应。一方面，随着中国劳动力成本的不断上升，越来越多的发展中国家以更低的劳动力成本承接劳动密集型产业转移，如印度、越南、印度尼西亚等。来自劳动力低成本和牺牲环境为代价的传统比较优势已不复存在。另一方面，发达国家高端制造业开始回流。中国制造业转型升级迫在眉睫。这种情景下，产业融合为制造业高质量发展提供了有效的途径，开放式创新成为重要的推动力。基此，本书以开放式创新为视角，探讨产业融合推动制造业高质量发展的路径及具体机制，为江苏省制造业高质量发展提供政策建议。

一、产业融合与制造业高质量发展的学术史梳理与研究动态

国外研究呈现如下脉络：（1）最早对产业融合问题的探讨是从技术角度进行的，技术范式跨越不同产业扩散，导致这些产业出现技术创新，如电子数字技术对计算机业、电信业的影响，扩大了这些产品的技术基础，导致了产业融合。产业融合是通过技术革新和放宽限制来降低行业间的壁垒，加强行业企业之间的竞争合作关系（植草益，2001）[1]，体现了对制造业的重视。（2）产业融合可以从不同角度理解，从信息传输产业的融合角度认为其是在数字融合基础上出现的产业边界模糊化现象，是"采用数字技术后原本各自独立的产品的整合"，为了适应产业增长而发生的产业边界的收缩或者消失（Ono 等，1998）[2]。从服务部门的结构变化角度，将融合定义为"由数字化激活的服务部门的重构"（李美云，2005）[3]。澳大利亚政府信息办公室在其《融合报告》中启示了融合本质上是结构性的，与融合相关的最显著变化是产业机构变化。再次，技术变化使得融合成为可能，融合的驱动力来自于对商业利益的追求。广义的产业融合是从产业的演化发展角度，重视技术融合对产业演化的影响。产业融合的分类包括替代性融合和互补性融合、来自需求方的功能融合和来自供给方的制度融合。（3）产业融合与制造业高质量发展表现出密切的联系。技术融合从根本上改变以往各自独立产业或市场部门的边界，并使它们融合成一个新的竞争环境的技术共同成长过程。技术在一系列产业中的广泛应用和扩散，并导致创新活动的发生。

国内研究沿着如下几条路径：（1）产业融合的内涵与研究对象。产业融合是指不同产业或同一产业内的不同门类相互渗透，逐步形成新产业的动态发展过程。对信息化与产业融合的探讨较多，广义产业融合具有四种基本类型，即需求关联型、工艺关联型、销售关联型和制造业服务化。对具体行业之间产业

融合的讨论越发深入，例如旅游与文化产业，重视耦合协调度和空间相关性（翁钢民等，2016）[4]。（2）产业融合的重要作用。产业融合成为产业发展及经济增长的新动力，形成一个可将不同部门容纳其中的新的框架（周振华，2003）[5]。直接效应是导致产业发展基础、产业之间关联、产业结构关系、产业组织形态等方面发生根本变化（韩顺法等，2009）[6]。以中国信息产业与制造业为例，产业融合成为提高制造业绩效薪的切入点，同时发现市场结构水平、所有权结构与产业融合对制造业绩效共同起推动作用（徐盈之等，2009）[7]。（3）产业融合与制造业发展的研究较多，但大多数研究尚处于制造业高质量发展重要性的理论论述上，强调"变革、创新、融合"，推动先进制造业和现代服务化融合（辛国斌，2019）[8]。装备制造业是制造业的基础和核心，我国与发达国家在实体经济上的差距主要体现在装备制造业上（任继球，2019）[9]。

现有研究呈现如下动态：其一，产业融合为制造业高质量发展提供了有效路径，这为本课题探讨跨层次动力机制提供了理论依据。其二，产业融合与开放式创新具有密切联系，说明了本课题研究内容的合理性与及时性。其三，产业融合与企业一体化密切相关，展现出层次性。

二、开放式创新的学术史梳理与研究动态

国外研究呈现如下脉络：（1）国外学者首先提出了开放式创新的概念（Chesbrough，2003）[10]。开放式创新有内向型与外向型两类模式，大多数新兴市场企业采取内向型模式。企业竞争优势通常来自内向型创新，其是企业获取资源并内部化，一个由外向内的过程、与企业吸收能力密切相关（Enkel等，2009）[11]。外向型将企业自身技术资源商业化，获得资源，促进创新。（2）创新的核心是搜索组织外部具有潜在价值的商业思想（Laursen等，2006）[12]。国外学者们普遍认同的是企业创新离不开与大量外部企业的合作，这种开放性同时伴随着竞争性，适当保护创新成果的商业化过程有时候是必需的（Laursen等，2014）[13]。开放性与产业融合越发交织在一起。

国内研究有如下路径：（1）我国学者也认为开放、动态的"引进消化吸收再创新"是我国企业自主创新的主要方式之一（吴晓波等，2009）[14]。在这种创新与价值创造过程中，企业需要不断打破组织边界，与外部组织建立合作关系，

包括正式与非正式的获得创新资源的方式（阳银娟等，2015）[15]。（2）企业通过开放式创新获得国际竞争，将国外先进技术引进，并通过吸收转化，进行技术改造，称为二次创新（吴晓波等，2015）[16]。（3）开放式创新视角下企业选择合适的合作模式，保持适度的开放度可以较为有效地获取外部关键资源（陈劲等，2012）[17]。

现有研究呈现如下动态：首先，普遍强调开放式创新的重要性，开始探讨其对产业融合的作用机制，这说明了本课题符合理论趋势，具有新颖性。其次，重视内向型与外向型开放式创新模式的选择与二元平衡，这说明了本课题研究内容的合理性。最后，对创新生态系统分析呈现出层次性，如企业、行业层次等，这说明了本课题研究方法的恰当性。

三、简要评述

以往研究取得了丰硕成果，论述了产业融合的重要性，阐述了开放式创新的驱动动力等，但存在以下不足。（1）研究视角与理论基础上：缺乏适宜的研究视角，没有将产业融合与开放式创新模式进行必要的结合。（2）研究主题与研究内容上：研究主题对产业融合的重要性论述较多，实证分析很少。而实证分析是理解制造业高质量发展的具体作用机制的关键。（3）研究方法存在明显缺陷。缺乏跨层次的方法，没有很好地处理企业是镶嵌于网络的嵌套性问题，也忽略了创新系统是纵向与横向创新链条交错而成的多层次网络空间。本书旨在弥补以往研究不足基础上，构建产业融合对江苏省制造业高质量发展的推动机制的理论逻辑体系。

6.3.2 研究对象与总体框架

以江苏省制造业高质量发展为研究对象，下页图6.3-1揭示产业融合推动制造业高质量发展的路径及机制，从而提供有益的政策建议。

6.3.3 江苏省制造业高质量发展的核心问题探讨

一、江苏省制造业产业集聚效应有待进一步提高

江苏省制造业的发展形成了13个各类产业集群，例如高端纺织、集成电路、生物医药等。这13个产业集群在全国范围内也具有一定的影响力，对区域经济

发展，制造业转型等发挥着不可忽视的作用。同时，也表现出了产业集聚在江苏省的短板。突破表现在产业集聚内企业的关联性还需要进一步加强，知识溢出的效应还有待进一步发掘。只产业集聚内企业在产品制造、产品营销等各个环节形成更强的联动效应，才能够真正发挥产业集聚的独特优势，也才能够在转型升级过程中实现江苏省制造业的高质量发展。

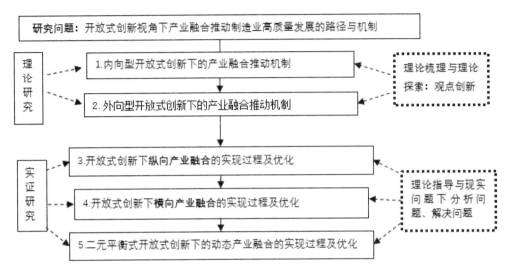

图 6.3-1　产业融合推动制造业高质量发展的路径及机制

二、江苏省的高新技术投入偏低，产业层次单一

从高新技术投入看，江苏省的高新投入相对较低，还需要继续加强高新技术企业的发展。同时，江苏省高新技术企业在产业层次上表现得较为单一，没有形成多元化、全方位的高新技术产业格局。在全国百强县中，苏南地区百强县占据较大席位，尽管江苏省的经济增长速度较快，但产业结构存在一定的缺陷。虽然江苏省国民生产总值在全国名列前茅，但同国内其他省市相比，江苏省的高新技术产业增加值占制造业的比重偏低（许思雨等，2019）[18]。产业层次单一有可能带来的某些市场发展缺陷，例如，单一的产业难以实现产业内部的协同发展，在市场竞争中不容易分散风险等。

三、江苏省制造业自主创新能力不足

企业自主创新能力反映了企业独立开展创新活动的综合能力，可以从自主创新投入上加以衡量。江苏省制造业自主创新能力尚显不足，企业自主创新投入的绝对量上不及广东省，相对比重不及上海与北京。江苏省在产学研方面，还需要深入挖掘，以便充分发挥江苏省在人才、资金等方面的优势。

6.3.4 促进江苏省制造业高质量发展的政策建议

基于以上江苏省制造业高质量发展的核心问题探讨，本书试图提出优化策略作为促进江苏省制造业高质量发展的理论依据与决策参考。

一、优化江苏省制造业发展环境，提高产业集聚效应

江苏省制造业发现还需要继续优化发展环境，为制造业高质量发展创造良好的氛围。从政策上为江苏省制造业高质量发展保驾护航，创造良好的营商环境，吸引企业来江苏投资，共同发展江苏省制造业。同时，要进一步重视产业集聚效应，激发产业集聚的知识外溢效应。江苏省产业集聚的对城市及其周边地区的辐射效应还有待进一步加强。苏南模式带动了苏锡常经济的快速发展，其中一个原因就是区域间的相互协同，在发展中实现共赢。因此，产业集聚更应该通过产业链的延伸与整合，进一步对周边区域发挥辐射作用，带领产业集聚的城市及周边地区的经济发展。

二、加强产业融合，优化产业结构

在产业融合中，对江苏省的产业结构进行优化，以实现制造业的高质量发展。例如，在产业转型过程中，通过数字经济、"互联网＋"等新业态，加速产业融合，在制造业与服务业融合过程中，逐步探索产业结构优化之路。同时，要从理论上探索产业融合与结构优化的依据与方法。根据制造业高质量发展的系统性指标全面分析问题，对江苏省制造业中的创新，尤其是开放式创新活动进行分解，探讨企业创新推动产业融合的内部机理及外部情景因素。对江苏省制造业的产业链进行系统分析，从纵向产业链与横向产业链视角探究纵向、横向产业融合推动制造业高质量发展的过程机制。另一方面，制造业高质量发展需要借力于其他相关行业，实现制造企业链接服务化行业的融合过程。

三、通过开放式创新增强自主创新能力

鼓励企业开展多种形式的创新活动，尤其是自主创新活动，并探索通过自

主创新、开放式创新等推动制造业的高质量发展。江苏省制造业存在的问题包括缺乏核心技术、关键知识等，这不仅阻碍了制造业高质量发展，也限制了企业的国际竞争力。培育尖端制造技术及前沿共用技术是江苏省制造业迈向高质量发展阶段不可或缺的一步。而高精尖技术的突破，从很大程度上依赖于企业的自主创新能力。因此，通过协同创新、科研成果转化管理等增强自主创新能力，迫在眉睫。

6.3.5　本书的创新点

一、学术思想方面的特色和创新

本项目通过研究，试图证明以下创新思想：制造业高质量发展依赖于微观层次的制造企业高质量发展，以及相关行业（如现代服务化）的高质量发展。首先，制造行业的高质量发展的驱动力是多层次的、动态联系的。企业层面的驱动力来自开放式创新，行业层面的驱动力来自产业融合，两者相得益彰，共同决定了制造业高质量发展的路径；其次，制造业高质量发展的推动机制在于深刻理解二元式开放式创新活动在产业融合中的具体机制，包括创新模式的动态平衡、产业融合类型的动态耦合等。

二、学术观点方面的特色和创新

围绕以上学术思想创新，本项目试图证明以下假说：①制造业高质量发展的动力来自两个方面：企业的开放式创新、行业之间的产业融合；②企业层面的推动力主要在于开放式创新，关键在于实现创新模式的动态平衡；③行业层面的驱动力主要来自于产业融合，制造业需要借力其他行业，并实现开放式创新模式与产业融合类型之间动态耦合，共同完成制造业高质量发展。

三、学术价值与应用价值

首先，学术价值。本书的相关结论有可能丰富开放式创新理论，拓展基于产业融合推动制造业高质量发展的相关理论。其次，应用价值。探索产业融合促进江苏制造业高质量发展的具体路径，通过开放式创新提高企业创新能力，为江苏省制造业高质量发展提供有参考价值的经验与政策等。

6.4 双元网络对制造业高质量发展的启示

双元网络对制造业高质量发展的启示主要表现在以下几点。

一、关于双元网络与开放式创新模式的选择

开放式创新模式选择影响着创新绩效，而双元网络提供了企业开放式创新的重要情景，不可避免地作用于企业开放式创新模式的选择。尽管如此，目前学术界尚且缺乏关于双元网络与开放式创新模式的针对性研究。本书以开放式创新为视角，考虑了双元网络的情景特征，运用吸收能力、二次创新理论，针对国际化企业，提出一个两阶段的模型。采用逻辑回归与泊松回归，以高新技术企业为研究样本。研究发现吸收能力越强越倾向于选择内向型，知识积累具有中介作用。二次创新与内向型选择正相关，与外向型负相关。尽管内向型与外向型促进了创新绩效，但受到国际化程度、制度合法性距离的调节作用。研究结论有助于理解开放式创新过程，从而为提高创新能力提供理论与实践指导。

双元网络在影响企业开放式创新模式选择的同时，也提供了组织学习的重要途径，促进了网络成员企业之间的知识外溢。本书将转型升级双路径与知识跨行业外溢合理结合起来。虽然有学者提出了双路径的假说，但是没有论述其在转型升级中与互联网行业间的作用机理。以往对产业集聚、国际化的研究也都单纯注重于产业集聚、国际化的内部因素，缺乏必要的、跨行业的讨论。在信息化、全球化背景下，行业之间相互影响与作用、知识外溢等是不可避免的。知识外溢跨层次传递机制讨论是本书的另外一个理论价值。传统中小制造业与互联网行业之间的知识外溢不仅通过商业模式、全球价值链构造，在不同技术标准联盟之间传递。一方面互联网行业有自身技术标准；另一方面传统制造业也有本行业技术标准。标准联盟都是促进不同行业发展的动力，但是很少有研究讨论跨联盟的知识外溢。我们通过网络治理理论，试图阐述处于不同标准联盟中的企业如何实现知识外溢与共享。本书对于现实企业如何获得知识、塑造自主创新能力，具有重要理论参考价值。

二、关于双元网络与转型升级

双元网络在企业成长与创新过程中都是必不可少的。一方面，社会网络与知识网络构成的双元网络促进了企业对隐性知识与显性知识的获取。另一方面，企业内外部网络有助于对企业内外部知识的整合。两类典型的双元网络促进了企业成长，塑造了企业创新能力。单个企业的创新能力，与产业链中的其他企业相互影响，从一定程度上决定着产业链的整体创新能力。作为镶嵌于产业链之中的成员企业，双元网络在发挥上述机制的同时，也推动了产业链升级。

产业链升级是中国企业摆脱跨国公司低端锁定的重要途径。以企业成长与企业创新理论为基础，讨论了企业在不同成长阶段入嵌产业链的程度。研究发现青春期企业创新投入越强入嵌程度越低，吸收能力越强入嵌程度越高。新创期青春期相比，企业入嵌产业链程度较低。创新投入与入嵌程度之间关系受到新创期的负向调节。同时，吸收能力与入嵌程度之间关系受到新创期的负向调节、青春期的正向调节。双元网络视角下，不同行业之间基于异质性的知识外溢起着关键作用。结合企业转型升级路径，研究者讨论了知识溢出促进中小企业转型升级机理，并提出了政策建议，相关结论对中国企业产业链升级具有理论价值与实践启示。

本章小结

首先，探究了双元网络情景下企业开放式创新模式的选择及对创新绩效的影响机制。再次，阐述了双元网络与企业的产业链攀升。最后，讨论了双元网络对转型升级的启示。

本章参考文献

【6.1 双元网络与开放式创新】

[1] Laursen K，Salter A.Open for innovation：the role of openness in explaining innovation performance among UK manufacturing firms[J].Strategic management journal，2006，27(2)：131-150.

[2] Chesbrough H.W.Open Innovation：the New Imperative for Creating and Profiting from TechnoLogy[M].Boston：Harvard Business Publishing Corporation，2003.

[3] 吴晓波.二次创新的周期与企业组织学习模式 [J].管理世界，1995，3：168-172.

[4] 吴晓波，马如飞，毛茜敏.基于二次创新动态过程的组织学习模式演进——杭氧 1996-2008 纵向案例研究 [J].管理世界，2009，2：152-164.

[5] Laursen K，Salter A J.The paradox of openness：appropriability，external search and collaboration[J].Research Policy，2014，43(5)：867-878.

[6] 阳银娟，陈劲.开放式创新中市场导向对创新绩效的影响研究 [J].科研管理，2015，36（3）：103-110.

[7] 吴晓波，周浩军.国际化战略、多元化战略与企业绩效 [J].科学学研究，2011，29(9)：1331-1341.

[8] Cassiman B，Valentini G.Open innovation：are inbound and outbound knowledge flows really complementary?[J].Strategic Management Journal，2015，forthcoming.

[9] Miller K D，Pentland B T，Choi S.Dynamics of performing and remembering organizational routines[J].Journal of Management Studies，2012，49(8)，1536-1558.

[10] 魏江，潘秋玥，王诗翔.制度型市场与技术追赶 [J].中国工业经济，2016，9：93-108.

[11] 郑文全，卢昌崇.耦合，效率及委托代理问题——基于乔家字号的研

究［J］. 管理世界，2008，8：145-157.

　　［12］ Bjerregaard T.Studying institutional work in organizations: uses and implications of ethnographic methodoLogies[J].Journal of Organizational Change Management，2011，24(1)：51-64.

　　［13］魏江，冯军政，王海军．制度转型期中国本土企业适应性成长路径——基于海尔不连续创新的经验研究［J］. 管理学报，2011，8（4）：493-503.

　　［14］Vasudeva G，Anand J.Unpacking absorptive capacity: a study of knowledge utilization from alliance portfolios[J].Academy of Management Journal，2011，54(3)，611-623.

　　［15］张振刚，陈志明，李云健．开放式创新、吸收能力与创新绩效关系研究［J］. 科研管理，2015，36(3)：49-56.

　　［16］ 邹波，郭峰，熊新，张晓飞．企业广度与深度吸收能力的形成机理与效用——基于264 家企业数据的实证研究［J］. 科学学研究，2015，33(3)：432-439.

　　［17］ Zhou K Z，Li C B.How knowledge affects radical innovation: knowledge base，market knowledge acquisition，and internal knowledge sharing[J].Strategic Management Journal，2012，33(9)，1090-1102.

　　［18］ Phelps C，Heidl R，Wadhwa A.Knowledge，networks，and knowledge networks a review and research agenda[J].Journal of Management，2012，38(4)，1115-1166.

　　［19］ Li W.Virtual knowledge sharing in a cross-cultural context[J].Journal of Knowledge Management，2010，14(1)，38-50.

　　［20］ Denicolai S，Ramirez M，Tidd，J.Creating and capturing value from external knowledge: the moderating role of knowledge intensity[J].R&D Management，2014，44(3)，248-264.

　　［21］张军，许庆瑞，张素平．动态环境中企业知识管理与创新能力关系研

究［J］.科研管理，2014，35（4）：59-67.

［22］彭新敏，吴晓波，吴东.基于二次创新动态过程的企业网络与组织学习平衡模式演化——海天 1971-2010 年纵向案例研究［J］.管理世界，2011，4：138-149.

［23］陈劲，梁靓，吴航.开放式创新背景下产业集聚与创新绩效关系研究——以中国高技术产业为例［J］.科学学研究，2013，31（4）：623-629.

［24］Enkel E, Gassmann O, Chesbrough H.Open R&D and open innovation: exploring the phenomenon[J].R&D Management, 2009, 39(4): 311-316.

［25］陈劲，吴波.开放式创新下企业开放度与外部关键资源获取［J］.科研管理，2012，33（9）：10-21.

［26］吴航，陈劲.国际搜索与本地搜索的抉择——企业外部知识搜索双元的创新效应研究［J］.科学学与科学技术管理，2016，37（9）：102-113.

［27］Mudambi R, Piscitello L, Rabbiosi L.Reverse knowledge transfer in MNEs: subsidiary innovativeness and entry modes[J].Long Range Planning, 2014, 47(1): 49-63.

［28］Lee G K, Lieberman M B.Acquisition vs. internal development as modes of market entry[J].Strategic Management Journal, 2010, 31(2): 140-158.

［29］Deng P, Yang M.Cross-border mergers and acquisitions by emerging market firms: A comparative investigation[J].International Business Review, 2015, 24(1): 157-172.

［30］刘星，赵红.外商直接投资对我国自主创新能力影响的实证研究——基于省级单位的面板数据分析［J］.管理世界，2009（6）：170-171.

［31］陈继勇，雷欣，黄开琢.知识溢出、自主创新能力与外商直接投资［J］.管理世界，2010（7）：30-42.

［32］王华，赖明勇，柴江艺.国际技术转移、异质性与中国企业技术创新研究［J］.管理世界，2010，12：131-142.

[33] Fletcher M, Harris S.Knowledge acquisition for the internationalization of the smaller firm: Content and sources[J]. International Business Review, 2012, 21(4): 631-647.

[34] Kafouros M I, Buckley P J, Sharp J A, et al.The role of internationalization in explaining innovation performance[J]. Technovation, 2008, 28(1): 63-74.

[35] Kotabe M, Srinivasan S S, Aulakh P S.Multinationality and firm performance: the moderating role of R&D and marketing capabilities[J].Journal of International Business Studies, 2002, 33(1): 79-97.

[36] Chung J Y, Berger B K, DeCoster J.Developing measurement scales of organizational and issue legitimacy: a case of direct-to-consumer advertising in the pharmaceutical industry[J].Journal of Business Ethics, 2016, (2): 1-9.

[37] 刘洋, 应瑛, 魏江等．研发网络边界拓展、知识基与创新追赶 [J]. 科学学研究, 2015, 33 (6): 915-923.

[38] Adler P S, Kwon S W.The mutation of professionalism as a contested diffusion process: clinical guidelines as carriers of institutional change in medicine[J].Journal of Management Studies, 2013, 50(5): 930-962.

[39] Gentry R J, Dalziel T, Jamison M A.Who do start-up firms imitate? a study of new market entries in the CLEC industry[J]. Journal of Small Business Management, 2013, 51(4): 525-538.

[40] Han Y, Zheng E, Xu, M.The influence from the past: organizational imprinting and firms' compliance with social insurance policies in China[J].Journal of business ethics, 2014, 122(1): 65-77.

[41] 高照军，武常岐．制度理论视角下的企业创新行为研究——基于国家高新区企业的实证分析 [J]．科学学研究，2014，32(10)：1580-1592.

[42] Thomas A S, Litschert R J, Ramaswarmy K.The performance impact of strategy-manager coalignment: an empirical examination[J]. Strategic Management Journal, 1991, 12(7)：509-522.

[43] 李茜，张建君．制度前因与高管特点：一个实证研究 [J]．管理世界，2010，(10)：110-121.

[44] Zobel A.K.Benefiting from open innovation: a multidimensional model of absorptive capacity[J].Journal of Product Innovation Management, 2017, 34(3)：269-288.

[45] 林春培，张振刚．基于吸收能力的组织学习过程对渐进性创新与突破性创新的影响研究 [J]．科研管理，2017，38(4)：38-45.

[46] Xia T J, Roper S.Unpacking open innovation: absorptive capacity, exploratory and exploitative openness, and the growth of entrepreneurial biopharmaceutical Firms[J].Journal of Small Business Management, 2016, 54(3)：931-952.

[47] 吕迪伟，蓝海林，曾萍．基于类型学视角的开放式创新研究进展评析 [J]．科学学研究，2017，35(1)：25-33.

[48] 高照军．内向型创新、国际化与吸收能力影响技术标准的机制研究 [J]．科技进步与对策，2016，33(5)：28-32.

[49] 李宏贵，谢蕊．多重制度逻辑下企业技术创新的合法性机制 [J].科技管理研究，2017，(03)：15-21.

[50] Liou R S, Chao M C, Ellstrand A.Unpacking institutional Distance: addressing human capital development and emerging-market firms' ownership strategy in an advanced economy[J].Thunderbird International Business Review, 2016, 59(3)：281-295.

[51] 毛良虎，姜莹．长江经济带区域创新效率及空间差异研究 [J]．华东经济管理，2016，30(8)：73-78.

【6.2 双元网络与产业融合】

[1]　戴翔，张为付．全球价值链、供给侧结构性改革与外贸发展方式转变[J]．经济学家，2017，（1）：39-46．

[2]　Bracker J Y S, Pearson J N.Planning and financial performance of small, mature firms[J].Strategic Management Journal, 1986, 7(6)：503-522．

[3]　周文泳，杜珂，周新晔．区域高技术产业知识供应链效率的分类评价[J]．科研管理，2017，38(03)：86-93．

[4]　严北战．基于"三链"高级化的集群式产业链升级机理[J]．科研管理，2011，32(10)：64-70．

[5]　邬爱其，贾生华．国外企业成长理论研究框架探析[J]．外国经济与管理，2002，（12）：2-5．

[6]　蔡莉，尹苗苗．新创企业学习能力、资源整合方式对企业绩效的影响研究[J]．管理世界，2009，（10）：1-10．

[7]　Brüderl J, Preisendörfer P, Ziegler R.Survival chances of newly founded business organizations[J].American SocioLogical Review, 1991, 57(2)：227-242．

[8]　伍骏骞，阮建青，徐广彤．经济集聚、经济距离与农民增收：直接影响与空间溢出效应[J]．经济学（季刊），2016，16(1)：297-320．

[9]　Fichman M, Levinthal D A.Honeymoons and the liability of adolescence: A new perspective on duration dependence in social and organizational relationship[J].The Academy of Management Review, 1991, 16(2)：442-468．

[10]　李文莲，夏健明．基于"大数据"的商业模式创新[J]．中国工业经济，2013，（5）：83-95．

[11]　姚凯，刘明宇，芮明杰．网络状产业链的价值创新协同与平台领导[J]．中国工业经济，2009，（12）：86-95．

[12]　鲁诚至，刘愿．区域创新网络、异质企业成长与区域创新[J]．科研

管理，2017，38（2）：77-83.

[13] Srivastava M K，Gnyawali D R，Hatfield D E.Behavioral implications of absorptive capacity：The role of technoLogical effort and technoLogical capability in leveraging alliance network technoLogical resources[J].TechnoLogical Forecasting and Social Change，2015，92：346-358.

[14] Martinkenaite I，Breunig K J.The emergence of absorptive capacity through micro-macro level interactions[J].Journal of Business Research，2016，69（2）：700-708.

[15] 龙勇，梅德强，常青华.风险投资对高新技术企业技术联盟策略影响——以吸收能力为中介的实证研究[J].科研管理，2011，32（7）：76-84.

[16] 朱瑞博.核心技术链、核心产业链及其区域跃迁式升级路径[J].经济管理，2011，33（4）：43-53.

[17] 高照军，张宏如，蒋耘莛.制度合法性距离、二次创新与开放式创新绩效的关系研究[J].管理评论，2018，30（4）：88-99.

[18] 戴维奇，林巧，魏江.本地和超本地业务网络、吸收能力与集群企业升级[J].科研管理，2013，34（4）：79-89.

[19] Penrose E T.The theory of the growth of the firm（4th ed.）[M].Oxford，UK：Oxford University Press，2009.

[20] 葛宝山，董保宝.基于动态能力中介作用的资源开发过程与新创企业绩效关系研究[J].管理学报，2009，6（4）：520-526.

[21] Zahra S A.A conceptual model of entrepreneurship as firm behavior：A critique and extension[J].Entrepreneurship Theory and Practice，1993，17（4）：5-21.

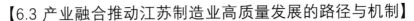

【6.3 产业融合推动江苏制造业高质量发展的路径与机制】

[1] 植草益. 信息通讯业的产业融合 [J]. 中国工业经济，2001，(2)：24-27.

[2] Ono R，Aoki K.Convergence and new regulation framework[J]. Telecommunications Policy，1998，22(10)：817-838.

[3] 李美云. 国外产业融合研究新发展 [J]. 外国经济与管理，2005，27(12)：12-20.

[4] 翁钢民，李凌雁. 中国旅游为文化产业融合发展的耦合协调度及空间相关分析 [J]. 经济地理，2016，36(1)：178-185.

[5] 周振华. 产业融合：产业发展及经济增长的新动力 [J]. 中国工业经济，2003，4：46-52.

[6] 韩顺法，李向民. 基于产业融合的产业类型演变及划分研究 [J]. 中国工业经济，2009，12：66-75.

[7] 徐盈之，孙剑. 信息产业与制造业的融合——基于绩效分析的研究 [J]. 中国工业经济，2009，7：56-66.

[8] 辛国斌. 推动制造业高质量发展 [J]. 宏观经济管理，2019，(2)：5-7.

[9] 任继球. 推动装备制造业高质量发展 [J]. 宏观经济管理，2019，(5)：24-29.

[10] Chesbrough H W.Open Innovation: the New Imperative for Creating and Profiting from TechnoLogy[M].Boston: Harvard Business Publishing Corporation，2003.

[11] Enkel E，Gassmann O，Chesbrough H.Open R&D and open innovation: exploring the phenomenon[J].R&D Management，2009，39(4)：311-316.

[12] Laursen K，Salter A.Open for innovation: the role of openness in explaining innovation performance among UK manufacturing firms[J].Strategic management journal，2006，27(2)：131-150.

[13] Laursen K, Salter A J.The paradox of openness: appropriability, external search and collaboration[J].Research Policy, 2014, 43(5)：867-878.

[14] 吴晓波，马如飞，毛茜敏.基于二次创新动态过程的组织学习模式演进——杭氧1996-2008纵向案例研究 [J]. 管理世界，2009，2：152-164.

[15] 阳银娟，陈劲.开放式创新中市场导向对创新绩效的影响研究 [J].科研管理，2015，36（3）：103-110.

[16] 吴晓波，陈小玲，李璟琰.战略导向、创新模式对企业绩效的影响机制研究 [J].科学学研究，2015，33(1)：118-127.

[17] 陈劲，吴波.开放式创新下企业开放度与外部关键资源获取 [J].科研管理，2012，33(9)：10-21.

[18] 许思雨，薛鹏.德国工业4.0对江苏省制造业高质量发展的启示 [J].中国经济导刊，2019，(7)：31-32.

第7章 总结

7.1 双元网络赋能企业创新的崭新框架

双元网络对新兴市场中的企业创新具有赋能机制，通过网络链接组织结构提升了企业创新绩效。本书将双元网络进行了区分，一方面探讨了企业内部与外部社会网络对企业集团子公司创新绩效的影响过程，另一方面阐述了社会网络与知识网络对中小企业创新的推动机理。企业集团与中小企业作为两类在新兴市场中比较典型的企业类型，在创新过程中都可以从双元网络中获得某种竞争优势。基于前文的理论分析与实证检验，本书提出了双元网络赋能企业创新的崭新的理论框架，并以此探讨了未来研究方向。

一、双元网络情境下的多层嵌入机理

企业间网络往往表现一种超网络结构，无论是企业内外部网络，还是社会网络与知识网络构成的典型创新网络，都为信息市场中企业开展创新活动提供了有利的环境。在这种特定情景中，企业可以通过多层次、多维度的嵌入形式开展组织学习与企业创新。同时，多层嵌入式学习也为新兴市场企业在激烈的市场竞争中重构产业链、实现转型升级提供了重要的途径。例如，多层镶嵌从社会网络视角探讨传统行业利用互联网行业实现转型升级的路径与机制。知识外溢发生在不同层次，包括企业层次、行业层次。首先，在企业层面，商业模式使得企业在价值创造过程中突破了企业边界，知识溢出获得跨越企业边界的流动。企业内部消化吸收能力、企业之间网络链接等都发挥着重要作用。其次，区域吸收能力、行业吸收能力、技术标准联盟等决定着行业层面的知识外溢，不同层面的知识流动与转型升级的双路径交织在一起。

二、双元网络在多层嵌入过程中有助于企业的转型升级

双元网络通过组织学习、知识外溢等机制增加了企业之间的知识共享，有

利于企业在相互合作过程中完成转型升级。对于高新技术企业与现代服务业等行业，双元网络的上述效应尤为突出。国外研究较多关注互联网企业在转型升级中的动力作用，研究表明产业集聚与国际化在转型升级中意义非凡；转型升级之路也是产业集聚与国际化相交织的路径（Zhou, 2014）[1]。首先，商业模式突破了传统企业边界，将互联网企业与中小制造企业在价值创造过程中联系起来（Schumacher, 2014）[2]。信息时代，无论是中小制造企业还是互联网企业，技术标准的制定成为获得市场优势的主要途径，直接影响到产业集聚与国际化，例如标准国际化（Gao, 2014）[3]。"跨界融合、协同服务"为代表的互联网新思维也将互联网企业与传统中小企业在市场竞争中紧密地联系在一起。知识外溢就是通过上述因素发挥着作用（Mezger, 2014）[4]。知识外溢通过组织学习得以实现，而企业间学习的是异质性知识与技术。知识溢出从关注同行业逐步发展到不同行业之间的知识流动。较早的 MAR 技术外部性理论认为同一产业由于产业知识技术的充分接近性，空间上的集聚有利于知识传播与溢出。也有学者不赞同知识溢出只会在同产业发生的武断论点，后续实证研究证实了技术差异在知识溢出与创新中的作用，即产业多样化集聚更有利于知识溢出与创新产出。

三、双元网络的联结结构

双元网络在推动企业转型过程中也表现为多种形式的网络链接结构，如战略联盟、技术标准等。国内学者同样关注转型升级过程中国际流与地域流双重效应的影响。战略联盟等社会网络为主的组织形式为此种情景下的跨边界创造价值提供了可能（宋萌等, 2017；Yoon 等, 2016）[5,6]。这一过程体现了网络联合组织的发展，企业有着不同的战略选择，例如专业化企业往往先产业集聚后国际化。行业内间的知识外溢融合在双路径中，通过关键因素影响着转型升级中企业的自主创新能力。互联网企业与中小制造企业之间的商业模式跨越了组织边界创造价值，其也将知识在企业间传递（吕鸿江等, 2012）[7]。两类企业都遵循着标准竞争的法则，技术标准将知识锁定在本行业内，但通过技术距离、产业链与商业模式发生的跨越标准联盟网络的知识溢出。毕克新等研究发现技术标准对于中小企业产生成功创新构思的重要源泉，中小企业可以直接向技术标准体系寻求技术开发的方向与路径（毕克新等, 2007）[8]。此时，网络效应作用于技术标准的市场扩散速度，而市场格局变化可能在标准竞争产生"胶着"的扩散局面（杨惠馨等，2014）[9]。网络联盟之间跨层次的知识外溢与企业吸收能力、区域吸收能力、行业吸收能力密切相关，而促进联盟的技术溢出是自主技术标准构建的关键维度之一。因此，网络治理机制是探讨技术标准如何促进知识溢出的重要视角。

综上所述，本书都具有重要的理论与实践意义。研究者以国际化、产业集聚、社会网络等理论，以新兴市场中较具代表性的两类企业（集团公司与中小企业）为代表，阐述了双元网络对企业创新的促进机制，论述了双元网络赋能企业创新的内部机理与外部情景因素，也阐述了跨行业、多层次知识外溢推动企业转型升级的过程。本书为转型升级过程的组织学习、企业创新等理论做出了贡献，为探索新兴市场企业的转型升级之路做出了有益的尝试。

7.2 未来研究方向

一、基于双元网络赋能的内部机理需要进一步深入分析

双元网络提供了一个崭新的视角，更为真实、深刻地阐述了企业创新的超网络情景，为理解组织学习与企业创新提供了恰当的视角。基于双元网络的组织学习与企业创新的研究结论为创新网络、企业创新等理论做出了理论贡献。

然而，双元网络赋能视角下的新兴企业创新的内部机理还需要系统探究，无论从网络组织结构还是从内部赋能机理、情景影响因素等，双元网络赋能过程还处于起步的阶段，需要相关研究进行持续地推进。例如，以社会网络与知识网络所构成的双元网络结构为例，两者之间的网络交互如何促进创新绩效的提高，其内部机理究竟是一个什么样的过程，设计哪些重要因素，这些都是亟待解决的学术问题。网络耦合在双元网络中的重要性，一直被忽视。同时，网络惯例更新与网络情景下的企业创新是密切相关的，现有研究并没有加以详见的阐述。因此，见图 7.2-1 所示，后续讨论应该将网络耦合、网络惯例更新等因素，在充分的理论分析基础之上合理地将其纳入现有的理论框架中，进而更加深入地理解双元网络对企业创新的赋能过程。

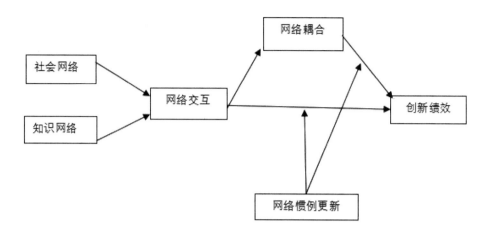

图 7.2-1　双元网络赋能的未来研究

另外，基于双元网络的跨界搜索也是理论框架中不可或缺的部分。企业创新的前端可能是企业的相关搜索行为，在搜索中寻找创新机会，从而加以选择并开展创新活动。跨界搜索需要对处于不同边界下的组织形式、情景因素等加以适应，并综合利用各种边界下的资源。社会网络与知识网络之间的网络耦合，在跨界搜索中至关重要，但却没有得到充分的重视。跨界搜索与突破式创新之间的关系一直被学术界所忽略，本书只有在两类异质性网络处于良好的耦合状态下，跨界搜索才能够获得良好的预期效果。本书通过网络耦合视角下跨界搜索与组织创新间关系的讨论，阐述了创新网络中企业在社会网络与知识网络中进行组织学习与组织创新的过程，明晰了创新网络、网络耦合等的理论边界，基于组织韧性、聚焦程度的讨论也厘清了网络情景下跨界搜索影响组织创新的情景因素。

二、基于双元网络的组织跨边界学习的理论框架需要进一步拓展

双元网络情景下的组织学习是知识整合与知识分享的过程，对于单个企业包含了知识获取、知识保留与知识利用的动态过程。双元网络有多种表现形式，例如技术标准、R&D 联盟、企业集团等。以 R&D 联盟为例，以往研究没有回答 R&D 联盟成员选择"外部知识保留"的原因。面临知识获取（内向型）、知识利用（外向型）与内部知识保留时，决定企业"外部"知识保留的关键因素与影响机理需要系统探讨。其次，关于外部知识保留，探索与利用创新之间的关

系并没有得到深入阐述。传统的两种创新导向包括探索式（Exploration）和利用式（Exploitation），这两类创新都具有某种意义的开放性，创新输入在开放式探索过程中对外部知识的获取（内向型），创新输出则描绘了开放式利用过程中的外部技术转让（外向型）。创新输入的目的是提高企业创新管理中的探索能力，而创新输出则与企业当前拥有知识和技术的开发密切相关。赫伊津也指出，开放式创新的主要研究对象是跨组织边界的探索式创新和开放式创新两个过程（Huizingh,2011）[10]。而探索与利用之间有着平衡机理，企业通过平衡探索式和开发式创新可以实现两种导向的有机组合，提高企业的生存机会和绩效。现有文献并没有述及此方面内容。基于此，我们提出了开放式创新模式平衡的理论框架。

本书认为当关注企业保留知识时，内部保留要保证不要忘记（Forget or Decay）；外部保留要保证能够在使用时及时获得（Access），探索行为与利用行为之间需要保持着某种平衡。而外向型开放式创新在外部知识利用过程中具有潜在的增强竞争对手的危险。管理开放式创新中需要六种能力，这些能力如何相互结合促进外部知识保留，同时防止"知识外泄"具有重要的理论与实践意义（Teece,2007）[11]。

其次，外部知识保留的探讨是在 R&D 联盟背景下展开的。战略联盟、交叉授权等 R&D 联盟属于内向型和外向型整合研究。中小企业 R&D 联盟是开放式创新模式的一种混合模式。联盟成员既可以获得资源，也可通过联盟实现技术商业化。联盟企业如何借助相互关系在企业外部保留资源？研究者试图探讨基于 R&D 联盟的保留方式、类型、途径等。影响内向型、外向型开放式创新的情景因素是否同样对资源保留有所作用？

再次，R&D 联盟必然受到专业化的影响，中小企业在地域流影响下，产业集聚是一个普遍现象。这种技术、空间上的影响如何作用于 R&D 联盟网络，对知识保留有何影响？此研究问题尚未得到充分重视。而中小企业 R&D 联盟作为跨企业边界的组织结构，更多地受到地域流的影响，及产业集聚的作用，影响关键因素包括，技术距离、集聚程度、社会网络等。例如，联盟网络中核心企业与边缘企业之间的知识保留的异同，边缘企业如何移动至核心企业，两种之间通过网络"外部知识保留"的特点与过程。这些都是需要深入研究的问题。

最后，外部知识保留在中国情景下更具有研究意义。陈劲等关注了开放度与外部资源获取的关系，结论显示市场化开放度与专用性互补资产负相关，目标企业对专用性互补资产的严格保护，难以利用市场化的方式获得相关技术（陈劲等，2012）[12]。此种情况下，介于市场与企业的"中间性组织"R&D联盟中的知识保留便可以消除上述缺陷，但内部机理需要得到阐述。

三、基于双元网络的开放式创新需要进一步深入讨论

综观以往国内外相关文献，呈现如下特点。第一，研究主题和内容方面偏重于内向型创新，尚未发现内向型、外向型主题整合研究。而现实中的企业通过诸如战略联盟、交叉许可等，同时获取知识与利用知识。仅有的几篇外向型文献探讨某一特定方式（如技术许可），缺乏整合性、系统性研究。第二，现有研究表明外向型开放式创新面临知识产权保护、利益分配等若干管理问题被忽视，尚缺乏企业文化和激励机制等方面的研究。现有研究通常假设或默认外部主体的参与是主动的，而没有探讨相关的激励问题。由于经济回报不确定性，知识产权存在被侵占的风险。实际情况可能并非如此（West等，2006）[13]。于开乐等按照"外部创意转化为创新的程度"和"外部创意转化为持续创新能力的可能性"两个维度组成框架，提出开放式创新的4种典型机制：完全复制、逆向工程、合资—战略联盟以及并购（于开乐等，2008）[14]。他们用案例研究证实了并购的开放式创新对企业自主创新在一定条件下能够产生积极的影响。最后，在新兴市场中，开放式创新是中小企业获取市场竞争优势的重要途径，中小企业开放式创新（Bianchi等，2010；Xia等，2016）[15,16]，而已有研究在研究设计方面，多采用发达国家高科技企业或制造企业的样本数据，而缺乏对中小企业以及发展中国家的实证研究。

本章小结

首先，提出了双元网络赋能企业创新的崭新理论框架。其次，在总结已有研究结论基础之上，展望了未来的研究方向。

本章参考文献

[1] Zhou W B.Regional institutional development,political connections,and entrepreneurial performance in China's transition economy[J].Small Business Economics,2014,43(1)：161-181.

[2] Schumacher F I.Two tales on human capital and knowledge spillovers: the case of the US and Brazil[J].Applied Economics,2014,46(23)：2733-2743.

[3] Gao X D.A latecomer's strategy to promote a technoLogy standard：The case of Datang and TD-SCDMA[J].Research Policy,2014,43(3)：597-607.

[4] Mezger F.Toward a capability-based conceptualization of business model innovation: insights from an explorative study[J]. R&D Management,2014,44(5)：429-449.

[5] 宋萌，王震，张华磊.领导跨界行为影响团队创新的内在机制和边界条件：知识管理的视角[J].管理评论,2017,29(3)：126-135.

[6] Yoon H,Lee J J.TechnoLogy-acquiring cross-border M&As by emerging market firms: role of bilateral trade openness[J]. TechnoLogy Analysis & Strategic Management,2016,28(3)：251-265.

[7] 吕鸿江，程明，李晋.商业模式结构复杂性的维度及测量研究[J].中国工业经济,2012,(11)：110-122.

[8] 毕克新，王晓红，葛晶.技术标准对我国中小企业技术创新的影响及对策研究[J].管理世界，2007,(12)：164-165.

[9] 杨蕙馨，王硕，冯文娜.网络效应视角下技术标准的竞争性扩散——来自iOS与Android之争的实证研究[J].中国工业经济,2014,(9)：135-147.

[10]Huizingh E K.Open innovation：State of the art and future perspectives[J].Technovation,2011,31(1)：2-9.

[11] Teece D J.Explicating dynamic capabilities: the nature and microfoundations of(sustainable) enterprise performance[J].

Strategic management journal, 2007, 28(13), 1319-1350.

[12] 陈劲, 吴波. 开放式创新下企业开放度与外部关键资源获取 [J]. 科研管理, 2012, 33(9): 10-21.

[13] West J, Gallagher S. Challenges of open innovation: The paradox of firm investment in open-source software[J]. R&D Management, 2006, 36(3): 319-331.

[14] 于开乐, 王铁民. 基于并购的开放式创新对企业自主创新的影响——南汽并购罗孚经验及一般启示 [J]. 管理世界, 2008, (4): 150-159.

[15] Bianchi M, Campodall'Orto S, Frattini F, et al. Enabling open innovation in small‐and medium‐sized enterprises: how to find alternative applications for your technoLogies[J]. R&d Management, 2010, 40(4): 414-431.

[16] Xia T J, Roper S. Unpacking Open Innovation: Absorptive Capacity, Exploratory and Exploitative Openness, and the Growth of Entrepreneurial Biopharmaceutical Firms[J]. Journal of Small Business Management, 2016, 54(3): 931-952.